本教材出版受到西安文理学院历史文化旅游学院
旅游管理国家级一流本科专业建设经费资助

U0719750

DAOYOU CHUANGXIN CHUANGYI SHIXUN JIAOCHENG

导游创新创意实训教程

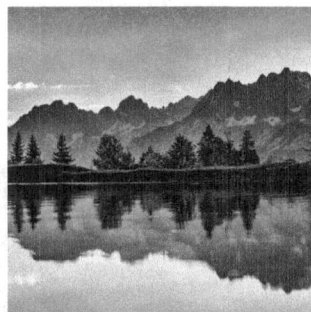

主编　岳冬菊　　副主编　刘康美

西安交通大学出版社
XI'AN JIAOTONG UNIVERSITY PRESS

国家一级出版社
全国百佳图书出版单位

图书在版编目(CIP)数据

导游创新创意实训教程 / 岳冬菊主编. — 西
安 : 西安交通大学出版社, 2021.5
ISBN 978 - 7 - 5693 - 2134 - 0

Ⅰ. ①导… Ⅱ. ①岳… Ⅲ. ①导游-高等学校-教材
Ⅳ. ①F590.63

中国版本图书馆 CIP 数据核字(2021)第 044939 号

书　　名	导游创新创意实训教程
主　　编	岳冬菊
责任编辑	王建洪
责任校对	史菲菲

出版发行	西安交通大学出版社
	(西安市兴庆南路 1 号　邮政编码 710048)
网　　址	http://www.xjtupress.com
电　　话	(029)82668357　82667874(发行中心)
	(029)82668315(总编办)
传　　真	(029)82668280
印　　刷	西安日报社印务中心

开　　本	787mm×1092mm　1/16	**印张**	15.375	**字数**	386 千字
版次印次	2021 年 5 月第 1 版　　2021 年 5 月第 1 次印刷				
书　　号	ISBN 978 - 7 - 5693 - 2134 - 0				
定　　价	46.80 元				

发现印装质量问题,请与本社发行中心联系、调换。
订购热线:(029)82665248　(029)82665249
投稿热线:(029)82665379
读者信箱:xj_rwjg@126.com

前言 Preface

伴随文化与旅游的融合,旅游产业内涵与产业环境的变化与拓展,旅游者的个性化、品质化、情感化体验需求特征明显增强。具有管理能力、掌握专业技能,又有深厚历史文化底蕴和创新能力的导游成为刚需,导游人才素质能力的要求更加趋向于跨领域、跨专业、复合型。这不仅成为导游人才培养的突破口,而且将成为旅游消费升级的关键节点。同时,新技术的创新应用也必将传导到导游人才培养体系中,对"导游业务"课程的教学模式、内容、形式、知识结构等带来巨大冲击。导游业务实训教学是旅游管理专业的实践教学环节,更是培养学生未来从事导游工作的专业技能不可或缺的教学组成部分。在文旅融合大背景之下,以"传承、创新、发展"为理念,结合旅游市场需求,利用云平台、大数据、VR/AR技术,构建符合导游创新人才培养需求,让导游成为品质旅游生活的系统提供者的实训教学体系成为导游业务实训教学创新改革的关键。

纵观各类教材,适用于旅游服务与管理专业应用型复合人才培养的实用性、创新性导游实训教材较少,且很难满足高等院校该专业人才培养计划的教学要求及教学安排。本教材着眼于导游工作的专业技能和素质能力培养,在教育理念、课程体系、教学内容、教学方法和实践环节等方面进行探索和创新,力求编写出符合目前旅游专业教育教学改革实际需求的实训教材,为推进旅游人才培养模式改革创新,加快培养具有创新意识、扎实的带团服务技能和专业素养的高技能一线服务人才提供坚实保障。

本教材注重导游服务规范性和技能性训练,从学习目标、能力目标、素质目标等方面强化学生的技能与素养的培养,提高其导游服务能力和服务水平。通过技能实训、知识链接、案例分析等形式,对导游人员应具备的专业素养、带团技能、组织技能、促销技能、讲解技能、组织协调技能、才艺技能、应变能力等内容进行全面介绍,并在教育理念、教学方法、教材体系、教学内容等方面进行了创新性尝试。

本教材具有以下特色:

(1)实训体系完善。本教材以导游带团所需要的基本技能和任务体系为主线,划分出11个实训模块,下设实训项目、实训任务,从导游员基本素养、专业技能、知识拓展等方面入手,通过案例引导、知识链接等方式使导游服务技能、带团技巧更接近实际,同时详细且规范地编写实战训练教学的各个步骤,使其更贴近导游业务实训教学的实际运作特点。

(2)体现创新。本教材在编写过程中注重学生创新能力的培养,在教材体系、模块设置、训练方法等方面均尝试突出意识创新、技能创新、技术创新。

(3)教学资源丰富。在教材内容编写方面,采用多维、多元和案例、图解等多样化的知识结构,充分反映当前导游接待工作的多样化特点,又讲究多元变化,体现针对性,在过程中体现完整,在类型上体现全面,在服务中体现细节,力争使学生能掌握每一个环节。

1

（4）操作性强。本教材注重实战训练，在每一个项目的实战训练中，进行实地或模拟项目演练。同时，以导游实际工作为主线，在相关知识链接中，增加了适量的操作示例和操作解析，并配备了二维码，以便于学生自主训练，举一反三，并运用到实际工作中去。

（5）应用新技术。在教材编写和实战训练中充分利用最新的教学软件、教学方法、辅助训练设备，以提高训练的实用效果。

西安文理学院岳冬菊老师担任本书主编，撰写书稿大纲，承担书稿主要的编写工作，并对全书进行统稿。西安文理学院刘康美老师担任本书副主编，承担实训模块十实训项目四的编写工作，并负责教材中所有图片的拍摄。西安文理学院时敏、惠珂、王将、左思嘉同学在拍摄礼仪照片过程中提供了帮助，西安千策电子信息科技有限公司巩高峰、杜丽娜、王司琪、靳巧协助完成书稿的设计与编撰工作，在此对他们表示感谢。

本教材难免有不足和差错之处，恳请各相关院校的同仁、专家和读者在使用本教材的过程中进行指正，并将意见及时反馈给我们，以臻完善。

编者

2021 年 1 月

目录 Contents

实训模块一　导游服务基本礼仪训练

学习目标

1. 了解礼仪形象相关理论与知识。
2. 了解旅游服务人员仪容仪表的基本要求,并能在旅游接待中正确应用。
3. 了解旅游服务人员仪态礼仪的相关知识,掌握正确的站姿、坐姿、走姿等身体姿态。

能力目标

加强个人礼仪修养,具备旅游接待礼仪知识、正确的形体姿态,提高学生鉴赏美的能力,使其具备优美的姿态和高雅的气质,使个人的言行在旅游活动中与其身份、地位、角色相适应。提升学生的职场魅力,为长期从事旅游相关工作奠定扎实的职业素养基础。

素质目标

塑造良好的个人形象,培养学生具备直接胜任岗位资格所需的相关素质,提高职业能力。

导游是旅游接待工作中最具代表性的工种。导游员礼仪水平的高低反映出个人素养的高低,更折射出旅游企业管理水平的高低。导游员的职业形象不仅是个人形象的体现,很多时候更是代表企业形象、地区形象,甚至是国家的形象。因此,导游员需要具有良好的仪容仪表和礼仪规范,在旅游接待中讲究礼仪,注重礼节。

案例引领

最有礼貌的中国团队

郑红是国内一家国际旅行社的导游员。在多年的职业生涯中,她一直注重旅游礼仪形象的塑造,并获得了游客和合作导游的一致好评。每次接受导游任务后,郑红都会根据不同国家和地区的礼仪习俗做好充分的接待准备。如在带领游客前往泰国旅游时,她潜心研究泰国的民俗、礼仪,并编制成朗朗上口的顺口溜,以游戏的形式向游客宣传,既活跃了团队旅游氛围,又让游客们了解了当地的礼仪风俗,避免在旅游过程中造成不必要的误会。无论是在景点游览,还是与当地导游合作中,她带头遵守当地的礼仪习俗。例如,寺庙游览时,她会提前告知游客要衣着得体端庄,不穿短裙、短裤或袒胸露背的服装;在得到当地导游或居民的帮助时,她会面带微笑,行合十礼表示感谢。在她的带动下,她所带领的旅游团队懂文明重礼仪,被泰国导游称为"最有礼貌的中国团队",不仅赢得了对方的尊重、信任,建立了友谊,也树立了中国游客良好的文明礼貌形象。

【案例解析】导游员在导游服务过程中,会遇到来自不同国家、不同地区、不同民族的旅游者,会接触不同旅游目的地的工作人员和当地居民,而不同的国家、民族和地区因历史文化的传统与地理条件等的差异,形成了许多不同的礼节、礼貌和风俗、禁忌,导游人员必须了解、理解并尊重它,在接待服务中自觉正确运用,才能建立友谊与赢得尊重。

我国是世界文明古国之一,具有优良的文明礼貌传统,素有"礼仪之邦"的美称,几千年光辉灿烂的文化,培养了中华民族高尚的道德情操,也形成了一整套完善的礼仪模式。礼仪是一个人外在美与内在美的有机结合,是一个民族文明进步的标志,同时也是个人思想道德与文化素质的体现。在社会生活中,人们常常把礼仪作为一个民族精神面貌和凝聚力的体现,把文明礼貌程度作为衡量一个国家和民族发达程度的标志之一。对个人而言,礼仪则是衡量道德水准和修养素质的尺度。

在旅游服务中,导游人员是旅游者直接接触的最初对象,导游人员的个人礼仪是游客第一印象的来源,也是影响接待效果的重要因素,普遍受到游客重视。同时,旅游者往往将导游人员的礼仪规范作为判断旅游服务质量的指标之一。因此,旅游工作者必须重视自身的礼仪行为,使其符合旅游行业的要求,否则,不仅是对他人的不尊敬,而且会影响企业乃至国家的整体形象。

实训项目一 为什么要学习礼仪

🔖 实训目标

认识礼仪在现代社会中的性质、作用和意义,了解礼仪的基本概念、起源与发展。

❓ 课前思考

1. 你是怎样认识礼仪的?
2. 你碰到过哪些关于职业形象与服务礼仪的难题?
3. 我们为什么要学习礼仪?

中国素有"礼仪之邦"的美誉。古语云:"人而无仪,不死何为?"《荀子·修身》中记载:"人无礼则不生,事无礼则不成,国家无礼则不宁。"《三字经》说:"为人子,方少时。亲师友,习礼仪。"这充分说明了礼仪修养的重要性。"仓廪实而知礼节,衣食足而知荣辱",随着我国改革开放程度的进一步加强,人民物质和精神生活水平的日益提高,以及对美好生活的期望,人们学习礼仪、掌握礼仪、运用礼仪的积极性日益高涨。同时,旅游者对旅游接待人员的礼仪规范要求也越来越高。

我们为什么要学习礼仪?

荀子说:"礼者,养也;礼者,敬人也。"就是说,有礼节的人,就是有修养的人;有礼仪素养的人,首先会尊重他人,以他人为尊!

礼仪具有重要的作用。对个人来说,礼仪能提升个人素质修养,塑造个人职业形象。对企业来说,礼仪能提升企业的专业服务水平,强化组织的品牌价值,树立良好的组织和社会形象。对社会来说,礼仪是情感交流的纽带,是人际交往的钥匙。

综上,学习礼仪、掌握礼仪、运用礼仪既可以提升个人的品位与素养,又可以约束个人的言行举止与规范交往应酬。在这一意义上完全可以说,礼仪在我国的广泛普及,必将有助于社会主义精神文明的建设,必将有助于和谐社会的建立。

知识链接

"礼"的繁体"禮"是"示"旁一个"豐"字。"示",《说文解字》表示:"天垂象,见吉凶,所以示人也。"(天显现出某种征象,预示出吉凶,用来告示人们)"示"的上部像天,下面的"小"原是三垂,代表日、月、星。凡"示"字旁的汉字,往往与天地、祖宗、鬼神有关,如祸、福、神、祖、祀、祥等。"豐",象形字,是行礼之器,在字中也兼表字音。其本义为:举行仪礼,祭神求福,像古人祭祀时用的祭器[国学大师王国维认为"豐"字像豆(古代的一种高脚盘)上放着祭祀的玉]。《说文解字》是这样解释繁体"礼"字的:"礼,履也,所以事神致福也。"(礼,履行,用以事奉神灵获得福祉)以礼祭拜神灵,必须恭恭敬敬,并有庄重的仪式。后来,表示敬意、举行仪式都与"礼"字有关了。

实战训练

自身礼仪行为规范检视训练

训练项目	自身礼仪行为规范检视
训练要求	检视自己在日常生活、学习、工作等方面对礼仪规范的运用情况。以镜为鉴可以正衣冠,正确了解自身礼仪修养状况,发现不足,确定学习训练目标
训练地点	讨论教室
训练材料	多媒体设备、形体训练镜
训练内容与步骤	一、训练准备 学生分成若干小组。 二、技术要领 1.每位同学检视自身礼仪的优势与劣势,并分析原因。 2.同学互评互检。 3.交流提升礼仪修养的经验。 三、训练开始 1.每位同学依次进行自我检视分析。 2.小组成员互评互检。 3.展示、交流礼仪修养。 4.确定提升目标。 四、训练结束
主要观测点	正确了解自身礼仪修养状况,发现不足,确定学习训练目标

实训项目二 礼仪的起源与发展

实训目标

了解中国礼仪的起源与发展,正确认识现代礼仪与古代礼仪的差异。

课前思考

1.中国为什么被称为"礼仪之邦"?

2.中国礼仪发展可划分为哪几个阶段?各阶段的特征如何?

3.中国古代礼仪与现代礼仪的差异表现在哪些方面?

一、中国"礼仪之邦"的由来

(一)周公制礼

中国是一个文明古国,素有"礼仪之邦"之美称。周公(姬旦),为周朝的开国元勋、大思想家,是礼法和典章的创造者、东方文化的奠基人。《周礼》一书,相传为周公所著。《周礼》以天官、地官、春官、夏官、秋官、冬官等六篇为间架,其中的许多礼制,对后世产生了重大影响。如从隋代开始实行的"三省六部制",其中的"六部"就是仿照《周礼》的"六官"设置的。唐代将六部之名定为吏部、户部、礼部、兵部、刑部、工部,作为中央官制的主体,为后世所遵循,一直沿用到清朝灭亡。《周礼》一书,体大思精,学术与治术无所不包,得到了历代统治者和学者的重视。

(二)中国礼的经典"礼"著

我国最早的三部礼书是《周礼》《仪礼》《礼记》。

1.《周礼》

《周礼》是儒家经典,"十三经"之一,世传为周公所著。《周礼》与《仪礼》《礼记》合称"三礼",是古代华夏民族礼乐文化的理论形态,对礼法、礼义做了最权威的记载和解释,对历代礼制的影响深远。经学大师郑玄为《周礼》作了出色的注,由于郑玄的崇高学术声望,《周礼》一跃而居"三礼"之首,成为儒家的辉煌大典之一。

《周礼》在汉代最初名为《周官》,始见于《史记·封禅书》。《周礼》中记载的先秦时期社会政治、经济、文化、风俗、礼法诸制,多有史料可采,所涉之内容极为丰富,无所不包,分天官、地官、春官、夏官、秋官、冬官等六篇,共计四十二卷,堪称中国文化史之宝库。

2.《仪礼》

《仪礼》是儒家传习较早的一部书,成书于东周时代。书中不仅记载了贵族冠、婚、丧、祭、乡、射、朝、聘等各种礼仪,还保留了一些远古礼俗,全书共有十七篇内容。《仪礼》所记的仪节制度,对后世的影响十分深远。冠、婚、丧、祭各种礼仪一般都为后世承袭,只是细节上略有增减。

3.《礼记》

《礼记》又名《小戴礼记》《小戴记》,成书于汉代,为西汉礼学家戴圣所编。《礼记》是"三礼"之一,"五经"之一,"十三经"之一。《礼记》是中国古代一部重要的典章制度选集,共二十卷四十九篇,书中内容主要涉及先秦的礼制,体现了先秦儒家的哲学思想、教育思想、政治思想、美学思想,是研究先秦社会的重要资料,是一部儒家思想的资料汇编。《礼记》中记载的古代文化史知识及思想学说,对儒家文化传承、当代文化教育和德性教养以及社会主义和谐社会建设有重要影响。

二、中国礼仪的起源与发展脉络

(一)中国礼仪的起源

1.理论依据

从理论上来说,礼的产生源于人类为了协调主客观矛盾的需要。

首先,礼的产生是为了维护自然的"人伦秩序"的需要。人类为了生存和发展,必须与大自然抗争,不得不以群居的形式相互依存,人类的群居性使得人与人之间相互依赖又相互制约。在群体生活中,男女有别,老少有异,既是一种天然的人伦秩序,又是一种需要被所有成员共同认定、保证和维护的社会秩序。人类面临的内部关系必须妥善处理,因此,逐步积累和自然约定出一系列"人伦秩序",这就是最初的"礼"。

其次,礼起源于人类寻求满足自身欲望与实现欲望的条件之间动态平衡的需要。人对欲望的追求是人的本能。人们在实现欲望的过程中,人与人之间难免会发生矛盾和冲突,为了避免这些矛盾和冲突,就需要为"止欲制乱"而制礼,这是礼的进一步强化。

2. 具体仪式

从具体的仪式上看,礼产生于原始宗教的祭祀活动。

礼仪的本质是治人之道,是鬼神信仰的派生物,人们认为一切事物都由看不见的鬼神在操纵,履行礼仪即是向鬼神讨好求福。因此,礼仪源于鬼神信仰,也是鬼神信仰的一种特殊体现形式。原始宗教的祭祀活动是最早也是最简单的以祭天、敬神为主要内容的"礼"。这些祭祀活动在历史发展中逐步完善出相应的规范和制度,正式形成祭祀礼仪。随着人类对自然与社会各种关系认识的逐步深入,仅以祭祀天地鬼神祖先为礼,已经不能满足人类日益发展的精神需要和用来调节日益复杂的现实关系。于是,人们将敬神祈福活动中的一系列行为,从内容和形式扩展到了各种人际交往活动,从最初的祭祀之礼扩展到社会各个领域的各种各样的礼仪。

从礼的起源可以看出,礼是在人们的社会活动中,为了维护一种稳定的秩序,为了保持一种交际的和谐应运而生的。至今为止,礼依然保持着这种本质特点与独特的功能。同时在发展中,礼得到了根本的改革,在政治社会礼仪、生活礼仪各方面都改革成无神论的新内容,从而成为现代文明礼仪。

(二)中国古代礼仪的发展

中国礼仪文化的发展有其历史渊源,可以追溯到久远的过去。应当说,在中华民族的历史掀开第一页的时候,礼仪就伴随着人的活动,伴随着原始宗教而产生了。礼仪制度正是为处理人与神、人与鬼、人与人的三大关系而制定出来的。从人类把对神、对自然力的恐惧和敬畏转向人类自身之后,随着人类社会生活的发展,人们表达敬畏、祭祀的活动日益纷繁,逐步形成种种固定的模式,从而形成礼仪规范。可见,从礼仪的产生和发展来考察,礼仪是人类社会生活发展的需要,是人类社会关系的一种必然要求和必然的反映。

从历史发展的角度看,中国古代礼仪的演变可分为以下四个阶段。

1. 古代礼仪的孕育时期——尧舜时期

礼起源于原始社会,在原始社会中、晚期(约旧石器时代),出现了早期礼仪的萌芽,不具有阶级性。其内容包括:制定了明确血缘关系的婚嫁礼俗;区别部族内部尊卑等级的礼制;为祭天敬神而确定的一些祭奠仪式;制定了一些在人们的相互交往中表示礼节和表示恭敬的动作。

2. 古代礼仪的形成期——夏、商、周

进入奴隶社会,政治需要礼制,礼被打上了阶级的烙印。在夏、商、周时期,中国第一次形成了比较完整的国家礼制。如"五礼"①就是一整套涉及社会生活各方面的礼俗规范和行为标

---

① "五礼":祭祀之事为吉礼,冠婚之事为嘉礼,宾客之事为宾礼,军旅之事为军礼,丧葬之事为凶礼。

准,特别是《周礼》《仪礼》《礼记》三部礼仪著作的出现标志着中国古代礼仪发展的系统化。"礼"为社会构建了等级阶梯,任何僭越行为都是不允许的,因而西周时期等级制度森严,君臣、嫡庶、尊卑、贵贱、妻妾等级皆一目了然,可谓君有君的威仪,臣有臣的礼仪。通过各种礼仪以及与之相配的音乐,西周统治者不断强化人们的尊卑意识,以维护统治阶级的利益,巩固其统治地位。

3.古代礼仪的变革时期——春秋战国时期

这一时期,诸子百家争鸣,礼仪也产生了分化。礼仪制度为国礼,民众交往的礼俗演化为家礼。以孔子、孟子、荀子为代表的诸子百家对礼教进行了研究和发展,对礼的起源、本质和功能进行了系统阐述,第一次在理论上全面而深刻地论述了社会等级秩序的划分及其意义。

4.古代礼仪的强化时期——秦汉到清末

秦汉以来,历代统治者推崇儒家的"礼治"。在我国的封建社会里,尽管在不同的朝代,礼仪文化具有不同的社会政治、经济、文化特征,但却有一个共同点,就是一直为统治阶级所利用,礼是维护封建社会等级秩序的工具。这一时期,礼的重要特点是尊君抑臣、尊夫抑妇、尊父抑子、尊神抑人。在漫长的历史演变过程中,它成为妨碍人类个性自由发展、阻挠人类平等交往、窒息思想自由的精神枷锁。

(三)中国近现代礼仪的形成与发展

鸦片战争之后,伴随着西方政治、经济、文化、思想的渗透,中国的传统礼仪文化也受到了冲击,一些西方流行的礼节在我国被接受和传播,如我们今天普遍使用的握手礼、注目礼、敬礼等。辛亥革命后,符合现代社会道德、思想、伦理观念的新礼仪开始兴起,如鞠躬礼、握手礼取代了跪拜礼。1915年"新文化运动"对以儒家学说为代表的维护封建专制制度的旧礼教、旧道德发动了猛烈的攻击,并大力宣传男女平等、个性解放的新思想。这些礼仪形式的变化,反映了时代的进步和当时中国资产阶级革除陈规陋习的良好愿望,推动了礼仪文化的发展。随着新中国的成立,人与人之间的关系发生了根本的变化,平等相处、友好往来、互相帮助、团结友爱为礼仪的重要原则。

知识链接

古代礼仪与现代礼仪的区别

古代礼仪与现代礼仪的区别见表1-1。

表1-1 古代礼仪与现代礼仪的区别

不同之处	古代礼仪	现代礼仪
基础不同	以等级制度为基础	承认身份差异,但更强调人格平等、社会平等,以尊重他人为立足点和出发点
目标不同	以维护封建专制统治秩序为目的	重在追求人际交往和谐顺利
范围不同	讲究"礼不庶下人",因而与平民百姓无关	适用于所有交际活动的参与者

实战训练

中国礼仪发展的阶段特征

训练项目	中国礼仪发展的阶段特征
训练要求	搜集整理资料,分析中国礼仪发展的阶段特征
训练地点	课后拓展教室
训练材料	图书资料、网络资料库
训练内容与步骤	一、训练准备 3～5人分小组训练。 二、技术要领 1.资料搜集、整理、分析,形成分析报告,利用现代技术制作演示报告。 2.要求内容正确,资料翔实,分析有理有据,结论清晰,呈现新颖。 3.可利用各种手机应用程序(App)、大数据等现代化表现手段提升报告的质量和观赏性。 三、训练开始 1.训练准备。 2.每组制作一份分析演示报告。 3.展示训练报告,进行互评。 四、训练结束
主要观测点	1.中国礼仪发展特征的掌握情况。 2.资料获取与归纳整合能力。 3.新媒体技术手段的培养与应用能力

实训项目三 正确认识礼仪

实训目标

通过学习,掌握礼仪的相关概念,正确认识礼仪。

课前思考

1.什么是礼仪?

2.个人礼仪的培养途径有哪些?

一、礼仪的基本概念

礼仪是行礼的过程和仪式。"礼"即尊重,"仪"即表达尊重的方式。礼仪是指在日常交往中人们所认同和必须遵循的表示尊重和友好的一系列行为、道德、社会规范和惯用形式。

对个人而言,礼仪是一个人内在修养和素质的外在表现。对社会而言,礼仪是社会文明程度、道德风尚和生活风俗的反映。从交际的角度来看,礼仪可以说是人际交往中使用的一种艺术、一种交际方式或交际方法,是人际交往中约定俗成的示人以尊重、友好的习惯做法。从传播的角度来看,礼仪可以说是在人际交往中进行相互沟通的技巧。

二、礼仪的基本内涵

关于礼仪的内涵，可以从五个方面去理解：①礼仪是一种行为准则或规范；②礼仪是约定俗成的行为规范；③礼仪是一种情感互动的过程；④礼仪是为了实现互相尊重、相互和谐的目的；⑤礼仪包括礼貌、礼节、礼俗等内容。

三、旅游礼仪

旅游礼仪以礼仪为基础和内容，是礼仪在旅游接待服务活动中的具体运用。旅游礼仪是旅游过程中人际交往的礼节礼仪，包括旅游过程中旅游者与旅游者之间、旅游工作者与旅游者之间以及其他交往场合的礼节礼仪。本书着重于旅游工作者与旅游者之间的礼仪，即在旅游过程中，旅游从业者为旅游者提供行、吃、住、游、购、娱全方位旅游服务时的礼节礼貌和服务程序。

四、服务礼仪

服务礼仪就是服务人员在工作岗位上通过言谈、举止、行为等对客户表示尊重和友好的行为规范和惯例。简单地说，服务礼仪就是服务人员在工作场合使用的礼仪规范和工作艺术。服务礼仪是体现服务的具体过程和手段，使无形的服务有形化、规范化、系统化。

有形、规范、系统的服务礼仪，不仅可以树立服务人员和企业良好的形象，而且可以塑造受客户欢迎的服务规范和服务技巧，能让服务人员在与客户交往中赢得理解、好感和信任。

服务礼仪主要以服务人员的仪容规范、仪态规范、语言规范和岗位规范为基本内容。

实战训练

礼貌语言与行为模拟训练

训练项目	礼貌语言与行为模拟
训练要求	正确运用礼貌语言和礼貌行为，做到言行统一
训练地点	形体实训室
训练材料	训练镜、训练场地
训练内容与步骤	一、训练准备 学生分成若干小组，着实训服。 二、技术要领 1.依据不同场景与岗位要求，进行礼貌语言、礼貌行为训练。 2."您好""请""谢谢""对不起""再见"等礼貌语言与"鞠躬""微笑""点头"等礼貌行为相结合，做到言与行相统一。 三、训练开始 1.训练准备。 2.创设不同场景，分组训练。 3.教师点评，学生互评。 四、训练结束
主要观测点	不同场景与岗位礼貌语言、礼貌行为的掌握与运用能力

实训项目四 礼仪的特征与原则

实训目标

了解礼仪的功能、原则和特征,认识中西方礼仪的差异,并能在旅游接待中正确运用。

课前思考

1. 礼仪的基本特征表现在哪些方面?

2. 在运用礼仪的过程中,应遵循哪些原则?

一、礼仪的基本特征

1. 规范性

礼仪是一种规范,它不是人们主观臆断形成的结果。礼仪规范是对人们在社会交往实践中形成的一定礼仪关系的概括和反映,通过风俗、习惯和传统的方式保留下来。进一步说,礼仪是一定社会或阶级对人们的言行举止所提出的要求,并由社会思想家们集中概括出来,见之于人们的生活实践,从而形成人们普遍遵循的行为准则。每个人要想在社会场合中表现得彬彬有礼、有修养,都必须无条件地遵守礼仪规范。

2. 多样性

礼仪作为一种行为规范,涉及社会生活的各个方面,从而决定了礼仪具有多样性的特点。任何人因为不同的职业、不同的生活领域需要遵循不同的礼仪规范,因此,无论在内容上,还是形式上,礼仪都是丰富多样的。

3. 继承性

礼仪是一个国家、民族传统文化的重要组成部分。它的形成和完善是历史发展的产物,其一旦形成,便会长期沿袭、经久不衰。

4. 民族性

俗话说:"十里不同风,百里不同俗。"礼仪作为约定俗成的行为规范,在拥有共性的同时,又表现出较为明显的民族、国别的差异性。不同国家、不同民族由于各自历史文化传统、语言、文字、活动区域不同,以及各自在长期历史过程中形成的心理素质特征不同,使各个国家、各个民族的礼仪都带有本国家、本民族的特点。

5. 社会性

礼仪贯穿于整个人类的始终,遍及社会各个领域,渗透到各种社会关系之中,只要有人和人的关系存在,就会有作为人的行为准则和规范的礼仪的存在。在现实生活中,每个人都不能脱离社会而独立存在,都希望在自己的交际活动中取得成功,那么礼仪就是一把在社会活动中取得成功的"金钥匙"。

6. 时代性

礼仪作为一种文化范畴,具有浓厚的时代特色。不同时代的特性和内容变化,往往就决定了礼仪的时代表现特征。

二、礼仪应遵循的原则

1.尊重原则

《礼论》中记载:"礼者,养也;礼者,敬人也。"苏格拉底曾言:"不要靠馈赠去获得朋友,你须贡献你诚挚的爱,学会怎样用正当的方法来赢得一个人的心。"在人际交往中,我们要以尊重为前提,尊重对方,同时保持自尊。

2.遵守原则

礼仪作为一种维护共同利益的行为规范,每个人都有责任和义务去维护它,共同遵守它,同时自觉接受礼仪的约束并在日常行为中表现出规范礼仪。我们应遵守公德,遵时守信。

3.适度原则

花至半开色正浓,酒至微醺境最佳。中国人讲究中庸的处世艺术,人之处世,盛而必衰,物极必反,所以凡事讲究适度。人类学家论证古代"礼"通"履(鞋子)",就是说,礼要像鞋子一样大小合适,即适度原则。也就是说,现代礼仪强调人与人之间的交流与沟通一定要把握适度性,应该处处讲究恰当分寸,要留有回旋的余地,不及是错,太过是恶,恰到好处最好,这就是适度。

4.自律原则

要求对方尊重自己之前,首先应检查自己的行为是否符合礼仪规范的要求,应做到"严于律己,宽以待人",这样才能赢得别人的尊敬和好感。俗语云:"己所不欲,勿施于人。"又曰:"穷则独善其身,达则兼济天下。"中国礼仪讲究"慎独",是指在独处活动、无人监督,有做各种不道德事情的可能而又不被人发现的时候,仍然坚持自己的道德信念,自觉按一定的道德准则去做,很好地体现了礼仪的自律性。

实战训练

中西方礼仪差异分析

训练项目	中西方礼仪差异分析
训练要求	搜集整理资料,分析并掌握中西方礼仪差异,并能在实践中正确应用
训练地点	课后拓展教室
训练材料	图书资料、网络资料库
训练内容与步骤	一、训练准备 3~5人一组,任务分解,落实到人。 二、技术要领 1.每组根据任务分配进行资料搜集、整理、分析,形成分析报告,利用现代技术制作演示报告。 2.要求内容正确,资料翔实,分析有据,结论明细,呈现新颖。 3.可利用各种手机应用程序(App)、大数据等现代化表现手段提升报告的质量和观赏性。 三、训练开始 1.训练准备。 2.每组制作一份分析演示报告。 3.展示训练报告,进行互评。 四、训练结束

主要 观测点	1.中西方礼仪在实践中的掌握与应用能力。 2.资料获取与归纳整合能力。 3.新媒体技术手段的培养与应用能力

实训项目五　导游员的仪容仪表礼仪

实训目标

了解旅游服务人员仪容仪表礼仪的基本要求,并能根据职业要求与个人特点正确塑造个人仪容形象。

案例引领

美国一个研究工作小组做过一次试验,他们派几个学生分别穿着不同的服装在人来人往的曼哈顿街头问路,结果发现一个有趣的现象:当打扮成绅士模样的学生出现时,被询问者总是彬彬有礼地回答,并致以尊敬的目光;而那些穿着类似于无业游民的学生出现时,跟他们套近乎的无一例外的是一个又一个流浪汉,那些绅士模样的人,没有一个愿意靠近他,即使有,也是来向他借火点烟的。

【案例解析】心理学家的实验证明,对于第一次接触的人来说,第一印象的形成主要来自视觉,即人的仪表仪容。良好的第一印象关键在于人际接触的前四分钟:走向对方的第一分钟的音容笑貌,主要是仪容仪表的表现;与对方握手、介绍的一分钟的礼节性表现;寒暄、打招呼的内容,约为三十秒钟;坐在座位上的一分三十秒所展示的体态特征等。每一个细节的表现都会在对方脑海中留下深刻的印象。

什么是仪表和仪容呢?仪表,是人的外表,包括容貌、服饰、姿态、个人卫生等,是一个人的精神面貌的外在体现。仪容,是指人的容貌。不难发现,人的仪容仪表往往是与他的生活情调、思想修养、道德品质、文明程度密切相关。在人际交往中,仪容仪表是一个不容忽视的交际因素,因为良好的仪容仪表会令人产生美好的第一印象。

案例引领

某集团公司的董事长接受电视台的采访。为了慎重起见,事前董事长特意向特聘的个人形象顾问咨询有关特别需要注意的事项。顾问专程赶来后仅仅向董事长提了一项建议:换一个较为儒雅而精神的发型,并建议一定要剃去鬓角,理由是发型对一个人的上镜效果至关重要。果不其然,改变了发型之后的董事长在电视上亮相时,形象确实焕然一新。其发型使他显得精明强干,谈吐使他显得深刻稳健。

一、整洁适合的发型

头发是每个人身体的制高点,也是被人注视第一眼时,不会被"错过"的地方。因此,要维护个人的形象,自然要从"头"做起。

头发的基本要求是干净整齐,长短适当,发型简单大方、朴素典雅。选择发型时,首先要根据自身特点,如发质、脸型、体型、年龄、气质等,选择适合自己的发型;其次要根据个人的职业、身份、社会地位、工作环境等的不同,选择合适的发型。

导游员的发型应该体现落落大方、富有朝气、干练稳重的特点,不适合将头发染成红色或黄色等鲜艳的颜色,或者剃光头。旅游业对女性导游员的发型要求是长发不披肩,短发不过肩;对男性导游员则要求是前不覆额、侧不盖耳、后不及颈、面不留须。

知识链接

如何选择适合自己的发型

第一,发型与脸型协调。发型对人的容貌有极强的修饰作用,甚至可以"改变"人的容貌。任何一种脸型都有其特殊的发型要求。所以要根据自己的脸型选择适合的发型,这是发型修饰的关键。例如:圆脸型适合选择将头顶部头发梳高,避免遮挡额头,两侧头发适当遮住两颊,使脸部视觉拉长;长脸型适合选择用"刘海儿"遮住额头,并加大两侧头发的量,使脸部丰满起来。

第二,发型与体型协调。发型的选择得当与否,会对体型的整体效果产生极大的影响。比如:脖颈粗短的人,适合选择高而短的发型;脖颈细长者,宜选择齐颈搭肩、舒展或外翘的发型;体型瘦高的人,适合留长发;体型矮胖者,适宜选择有层次的短发。

第三,发型与年龄、职业协调。发型是一个人文化修养、社会地位、精神状态的集中反映。通常年长者最适宜的发型是大花型短发或盘发,给人以精神、温婉可亲的印象;而年轻人则适合那些活泼、粗放、简单、富有青春活力的发型。

第四,发型与服饰协调。头发为人体之冠,为体现服饰的整体美,发型必须根据服饰的变化而变化。如穿着礼服或制服时,可选择盘头或短发以显得端庄、秀丽、文雅;穿着轻便服装时,可选择各种适合自己脸型的发型。

二、清爽的面孔

对于面孔,保持干净是第一要素。对男士而言,重要的是要经常修面;对女士而言,重要的是得体的化妆。

知识链接

化妆原则与步骤

1. 化妆的原则

美化——化妆要适度矫正,能够避短藏拙,以达到美化、生动,具有生命力。

自然——化妆要真实、自然,最高境界是没有人工修饰的痕迹,显得天然美丽。

协调——化妆应与妆面协调、全身协调、场合协调、身份协调。

得体——化妆虽然讲究个性化,但也要得体。

2. 化妆的步骤

从技巧上讲,进行一次完整而全面的化妆,其程序与步骤也有一定之规。下面列举一位女性全套化妆的大体步骤以供参考。

第一步,沐浴。沐浴时使用浴液,浴后使用润肤产品保养、护理全身肌肤,并注意保护手部。

第二步,做头发。在沐浴时,使用洗发水洗头。浴后吹干头发,冷烫定型,或使用发胶、摩丝,做出合适的发型。

第三步,洁面。用洗面奶去除油污、汗水与灰尘,使面部彻底清洁。随后,在脸上扑打化妆水,为面部化妆做好准备。

第四步,涂敷粉底。先用少量的护肤乳、面霜、防晒隔离霜,以保护皮肤免受其他化妆品的刺激。此外,护肤霜还有助于使涂敷粉底打底色的工作进行得更容易。接下来,在面部的不同区域使用深浅不同的粉底,使妆面产生立体感。完成之后,可使用少许定妆粉,来固定粉底。

第五步,描眉画眼。首先,修眉、拔眉、画眉;其次,沿着睫毛的根部,画好眼线;再次,运用睫毛膏、睫毛器,对眼睫毛进行"加工"、造型;最后,通过涂眼影来为眼部着色,加强眼睛的立体感。

第六步,美化鼻部,即画鼻翼影,以改善鼻形的缺陷。

第七步,打腮红。扑打腮红是为了修饰、美化面颊,使人看上去容光焕发。涂好腮红之后,应再次用定妆粉定妆。

第八步,修饰唇形。先用唇笔描出唇形,然后填入色彩适宜的唇膏,使红唇生色。

第九步,喷洒香水,美化身体的整体"大环境"。

第十步,修整补妆。检查化妆的效果,进行必要的调整、补充、修饰和矫正。

至此,一次全套化妆彻底完成。

无论是什么人、什么性别,准备在什么场合"抛头露面",其化妆的步骤,大致都是在上述范例的基础上增减变化而已。故此,可将其称之为导游人员化妆的基本步骤。

导游员的仪容仪表如图1-1所示。

图1-1　导游员的仪容仪表

三、着装礼仪

案例引领

导游员的着装

王先生是西安某旅行社的导游员,在导游接待工作中一贯很注重自己的着装。某一次,他接待一个日本团队,在去秦始皇兵马俑的路上,该团的领队陈小姐对他说:"王先生,我的客人很欣赏你的外表,因为他们注意到你每天都会换衬衫;上次那位导游先生,人很好,可是大家都对他敬而远之,因为他的T恤七天里只换过一次,味道很难闻。"

【案例解析】导游员在职业着装方面主要是突出标志作用,要求一目了然,虽然也有美观、实用的因素。导游员的着装并不是一件很容易把握的事情。导游员和客人一起活动,比客人活动量要大,也更加辛苦,然而客人是在休闲,导游员却是在工作,因此,导游员在着装上不能一味地谋求舒适和方便,更不能片面强调自己的习惯,一定要注重自己着装的美观和标志意义,注重着装对客人情绪的影响。

虽然我国导游员还没有统一的着装,但是每一个导游员都要认真把握自己的着装问题,把着装看成关乎"德诚于中,礼形于外"的大事情。

1.着装的基本原则

(1)着装的色彩原则。色彩,是择衣的第一条黄金规律。其中,最重要的是掌握色彩的象征意义、色彩的特性和色彩的搭配。作为导游员,更要了解不同色彩在不同民族和国家的代表意义,正确选择服装色彩,以避免不必要的误会。

色彩的象征意义

(2)色彩的搭配。①同色搭配。即由色彩相近、明度有层次变化的颜色相互搭配形成统一和谐的效果。一般而言,同色搭配时应掌握一个原则,就是上浅下深,上明下暗。②相似的搭配。如奶黄与橙、绿与蓝、绿与青紫、红与橙黄等。相似色搭配时,两个色的明度、纯度须错开,如深蓝与浅绿。③主色调搭配。一种起主导作用的基调为主色,相配各种颜色,形成一种相互陪衬,相映成趣之效。

掌握以上色彩知识后,导游人员必须根据自身的具体情况,如肤色、身材、脸型、季节、场合等,有针对性地选择适合自己的色彩。一般来说,黑、白、灰是安全色,它们最容易与其他色彩搭配,并取得很好的效果。

2.着装的 TPO 原则

TPO,是三个英语单词的缩写,它们分别是时间(time)、地点(place)和场合(occasion),即着装应该与当时的时间、所处的场合和地点相协调。

(1)时间原则。不同时段的着装规则对女士尤其重要。男士有一套质地上乘的深色西装或中山装足以包打天下,而女士的着装则要随时间而变换。白天工作时,女士应穿着正式套装,以体现专业性;晚上出席鸡尾酒会就需多加一些修饰,如换一双高跟鞋,戴上有光泽的配饰,围一条漂亮的丝巾。同时,服装的选择还要适合季节气候特点,保持与潮流大势同步。

(2)地点原则。在自己家接待客人,可以穿着舒适而整洁的休闲服;如果是去公司或单位拜访,穿职业套装会显得专业;外出时要顾及当地的传统和风俗习惯,如去教堂或寺庙等场所,则不能穿过露或过短的服装。

(3)场合原则。衣着要与场合协调。与客人会谈、参加正式会议等,衣着应庄重考究;听音乐会或看芭蕾舞,则应按惯例着正装;出席正式宴会时,则应穿中国的传统旗袍或西方的长裙晚礼服;在朋友聚会、郊游等场合,着装应轻便舒适。试想一下,如果大家都穿便装,你却穿礼服就有欠轻松;同样地,如果以便装出席正式宴会,不仅是对宴会主人的不尊重,也会令自己颇感尴尬。

3.着装的基本规范

(1)面料要好。尽可能选择纯毛、纯棉、纯丝、纯麻等纯天然质地的面料,其质地较好,美观、挺括、耐磨、贴身、吸湿、透气,显得高雅而华贵。

(2)色彩要少。全身一色可以,两色不少,色彩不过三。

(3)款式要雅。服装的样式应当端庄雅气,使人穿上显得文质彬彬、精明干练,力戒露、透、短、紧、异。

(4)做工要细。精细严谨,不偷工减料,不粗针大线。

(5)穿着要美。中规中矩,干干净净,忌乱、脏、破、皱。

4.导游人员的着装打扮基本要求

(1)得体。得体,是导游员穿着打扮的基本要求。具体体现在以下几个方面:

①合身。合身是服饰的规格必须与自己身高体型相一致,这就要求"量体裁衣"。无论是何种场合,穿着过大过小的服饰都是不合适的。

②合时。合时是服饰的穿着应符合环境、场合和季节。符合环境,即指服饰要因地制宜、入乡随俗,在正式场合应穿正式服装,在一般场合应穿休闲服装,在户外不应穿居家的服装。把衣服穿错是最糟糕的,如登山时穿笔挺的西服,参加宴会时穿运动装等,都是不合时宜的。符合季节,是指服饰的款式、质地和颜色要与季节相一致,不要穿反季节的服饰。

③合适。合适是指服饰的款式和颜色要符合个人的身份、地位、年龄、身材和长相。由于男士服饰的款式和颜色变化很小,相应地可供选择的余地也很小,因此,合适主要指女士的服饰。

(2)导游人员着装打扮应该注意的问题。

①导游员着装要讲究度,也就是讲究分寸,着装不能过于随便、过分个性化或过分奢华。

②夏装要透气、吸汗,且不宜暴露。

③女性导游员不要穿超短裙。

④无论天气多热,女导游员切勿撩裙当扇,有伤风雅。

⑤男导游员不穿圆领衫,不穿短裤。

⑥冬季服饰要柔和、保暖,但不宜过于臃肿。

⑦鞋袜要讲究,因时间、地点而变换。

⑧可以光脚穿凉鞋,如果穿长丝袜,袜口一定不能露出来。

⑨导游所戴首饰应少而精。

导游员仪容仪表规范如图1-2所示。

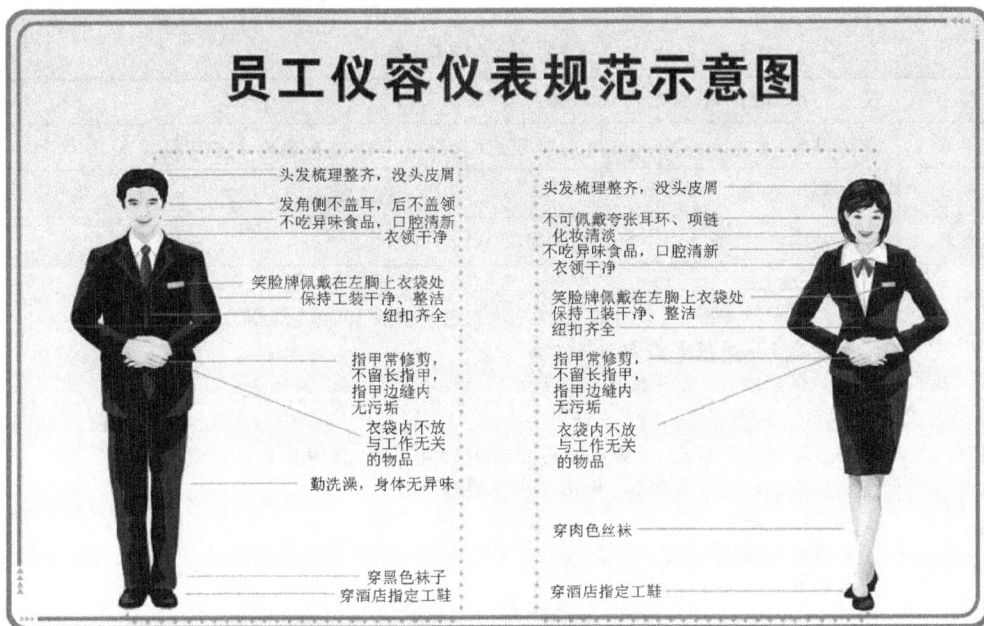

图1-2　导游员仪容仪表规范示意图

【任务导入】小张接到旅行社的通知,由他担任一个 4 日游日本旅游团的地接,由于初次带团,他既紧张又高兴,于是就个人的仪容、仪表、仪态进行准备,并查找不足,力求以最好的姿态出现在游客面前。

【即问即答】小张应如何进行个人仪容仪表的准备?

实战训练

仪容礼仪训练

训练项目	仪容礼仪训练——自然得体的妆容
训练要求	通过训练,使学生掌握正确的化妆方法,能根据工作需要选择合适的仪容
训练地点	形体实训室
训练材料	形体训练镜、化妆用品、头发打理辅助工具
训练内容与步骤	一、训练准备 1.学生根据职业要求,设计适合自身的妆容并准备相应的化妆用品。 2.根据场景完成仪容修饰。 3.学生分组(3~5 人一组)。 二、训练开始 1.学生阐述妆容的设计理念、职业特点与场景要求,展示自己的妆容。 2.学生分组检视妆容,相互提出需要修正的建议。 3.补妆修正妆容。 4.教师检视妆容,提出修正建议。 5.学生进一步修正妆容。 三、训练结束
主要观测点	考核与训练学生仪容礼仪习惯与技巧,依据职业需要正确装饰仪容的能力

仪表礼仪训练

训练项目	仪表礼仪训练——自然得体的仪表
训练要求	通过训练,使学生掌握正确的着装方法,能根据工作需要选择合适的服饰
训练地点	形体实训室
训练材料	形体训练镜、化妆用品、合适的服装
训练内容与步骤	一、训练准备 1.学生根据职业要求,设计适合自身的仪表并准备相应的服饰。 2.根据场景完成仪表修饰。 3.学生分组(3~5 人一组)。 二、训练开始 1.学生阐述职业特点、场景要求与仪表的设计理念,展示自己的仪表服饰搭配。 2.学生分组检视仪表服饰,相互提出需要修正的建议。 3.修正仪表服饰。 4.教师检视仪表,提出修正建议。 5.学生进一步修正仪表服饰。 三、训练结束
主要观测点	考核与训练学生仪表礼仪习惯与技巧,依据职业需要正确进行服饰搭配的能力

实训项目六　导游员仪态礼仪

实训目标

　　了解旅游接待中体姿仪态的概念与内容,正确掌握主要形体仪态要领,塑造优美的身姿和高雅的气质,为从事旅游相关工作奠定扎实的形象基础。

　　仪态,是指人的举止、动作、姿势、体态等。仪态美即动作与姿态美,是人体具有造型性因素的动态美和静态美,包括人的站姿、走姿、坐姿、蹲姿、神情、手势等方面的礼仪规范。仪态是一个人知识、阅历、文化和教养的集合。在旅游服务接待礼仪要求中,"站有站相,坐有坐相"是对旅游服务人员行为举止的最基本的要求。通过仪态礼仪训练,使服务人员以谦虚谨慎、彬彬有礼、落落大方的举止作风,得到客人的尊重与信任。

实训任务一　站姿训练

　　站,是人类的一种象征,站姿是生活静力造型动作。优美典雅的站姿是发展不同质感动态美的起点和基础。站姿,是人们生活、工作及社会交往中最基本的举止之一。

案例引领

别让不良站姿毁了你

　　某旅行社导游人员小韩上门到李先生所在公司介绍云南旅游产品,并成功地说服了李先生购买本旅行社的产品。但是,当谈到具体的服务细节时,小韩却没注意自己的姿态,歪歪斜斜地站在那里,一只脚不停地点地,好像在打拍子一样。李先生觉得小韩在表示不耐烦和催促,于是就用"下次再说吧"这句话把小韩打发走了,最终没有谈成。小韩因为不雅的站姿导致旅游产品销售失败。

　　【案例解析】本案例中,小韩服务热情,产品介绍细致,具有一定的吸引力,因而获得了李先生的基本认可,产生了购买旅游产品的愿望。但是,小韩的站姿传递给李先生的信息是:不耐烦、急于达成目标,忽视了顾客此时"要详细了解服务细节"的心理需求。小韩服务不专业,导致李先生放弃购买意愿。可见,站姿对旅游接待工作而言是非常重要的,它直接影响顾客对导游人员的看法,进而影响旅行社产品销售和旅游接待的达成。

　　【任务导入】旅游服务人员应保持怎样的站立姿态才是符合礼仪的呢?

　　良好的站立姿态,通常应将身体重心置于双脚之间,上体挺直,双肩打开并自然下垂,保持头正、目平、立腰、开肩。

一、站姿基础训练

　　1.站姿基础训练——立正站立

实战训练

站姿基础训练——立正

训练项目	站姿基础训练——立正
训练要求	立正是站立的基本功,通过训练,使学生在站立时做到挺、直、高
训练地点	形体实训室

训练材料	多媒体设备、形体训练镜、训练音乐
训练内容与步骤	一、训练准备 学生分成若干小组，着修身训练服。 二、技术要领 1.面向12点位，两腿并拢、脚跟相靠成60°站立。 2.将身体重心置于双脚之间，上体挺直，双肩打开并自然下垂。 3.两臂自然下垂，中指靠近裤缝。 4.保持头正、目平、立腰、展胸、夹背、开肩。 5.面容平和自然，精神饱满。 三、训练开始 1.五点一线站立法（见图1-3）：后脑勺、肩背、臀、小腿肚、脚跟五点成一直线，紧靠墙面站直，15分钟一组。 2.贴墙直立法（见图1-4）：背着墙站直，背部紧贴墙壁，后脑勺、肩、腰、臀部及脚后跟与墙壁之间的距离保持在同一个水平面上，让头、肩、臀、腿之间纵向成直线，15分钟一组。 3.双腿夹纸法：站立者在两大腿间夹上一张纸，保持纸不松、不掉，以训练腿部的控制能力，5分钟一组。 4.头顶书本法（见图1-5）：把书放在头顶上，保持正确的站立姿态，5分钟一组。 四、训练结束
主要观测点	考核与训练学生的站立基础姿态，形成良好的站姿习惯，保持较高的肌肉紧张，使练习者感到"长高了"

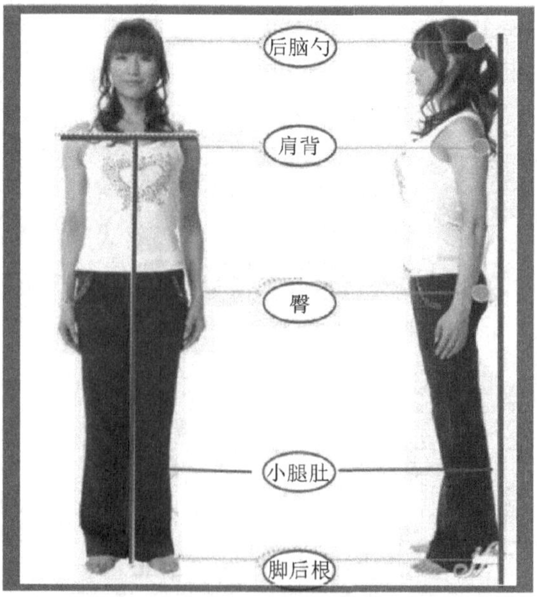

图1-3　五点一线站立训练

图 1-4　贴墙直立训练

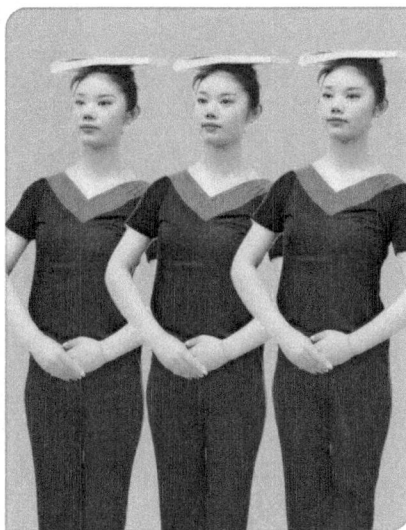

图 1-5　头顶书本站立训练

知识链接

身体方位

进行基础训练时,要有明确的方向概念。身体的方位,要以自身为基点,每向右旋转 45°为一个方向,共分八个方向。本书为了记述方便,用时针指示方向来代替八个方向,称作 12 位点、1 点位……11 点位(如图 1-6 所示)。

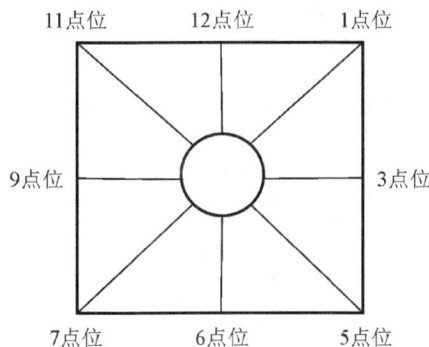

图 1-6　站姿训练基础方位图解

2.站姿基础训练——头部动作

头部姿势训练主要包括头部前屈、后屈、侧屈、侧转、环绕等一系列动作,通过训练,可拉伸颈部肌肉,形成优美的颈部线条,可提升形象气质,保证优雅的站姿(见图 1-7)。

(1)前屈:头部前屈,颈部前侧肌肉充分放松,后侧肌肉拉伸,呼吸放松还原。

(2)后屈:颈部前侧肌肉充分伸长,下颌向前上方抬起,后侧肌肉放松,呼吸放松还原。

(3)侧屈:头向左(右)屈,耳朵贴近左(右)侧肩部,呼吸放松还原。

(4)侧转:头向左(右)转,下巴对着左(右)侧肩部,呼吸放松还原。

(5)头绕环:由前屈开始向左侧屈、向后屈、向右侧屈至前屈绕环一周,还原。

— 19 —

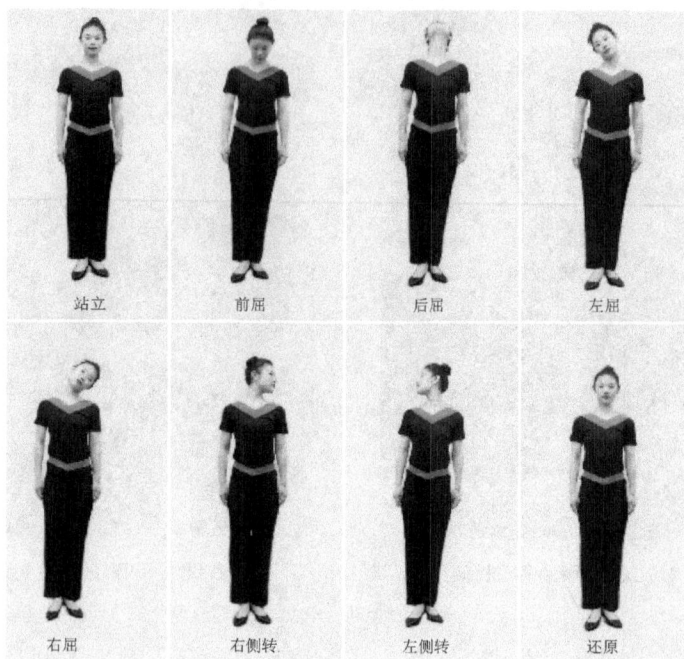

图 1-7 站姿基础训练——头部动作图解

🔖 **实战训练**

站姿基础训练——头部动作

训练项目	站姿基础训练——头部动作
训练要求	通过训练，养成正确、优雅站姿体态，保持头正、颈直
训练地点	形体实训室
训练材料	多媒体设备、形体训练镜、音乐设备
训练内容与步骤	一、训练准备 学生分成若干小组，着修身训练服。 二、技术要领 取站立姿态将身体重心置于双脚之间，上体挺直，双肩打开并自然下垂，保持头正、目平、立腰，注意调整呼吸、颈部肌肉的拉伸与放松。 三、训练开始 1.前屈：头部前屈，颈部前侧肌肉充分放松，后侧肌肉拉伸，呼吸放松还原，一拍一动。 2.后屈：颈部前侧肌肉充分伸长，下颌向前上方抬起，后侧肌肉放松，呼吸放松还原，一拍一动。 3.侧屈：头向左（右）屈，耳朵贴近左（右）侧肩部，呼吸放松还原，一拍一动。 4.侧转：头向左（右）转，下巴对着左（右）侧肩部，呼吸放松还原，一拍一动。 5.头绕环：由前屈开始向左侧屈、向后屈、向右侧屈至前屈绕环一周。 四、训练结束
主要观测点	考核与训练学生站姿中的头部与颈部姿态

3.站姿基础训练——手型手臂动作

手型手臂动作包括基本手位训练和手臂动作训练。通过训练,可养成正确、优雅站姿体态,保持手臂自然,手型优美(见图1-8)。

(1)手型动作。

①一位:两臂体前成弧形,掌心向内,指尖相对,两手相距一个拳心。

②二位:两臂前举稍低于肩,手臂成弧形,掌心向内,指尖相对。

③三位:两臂成弧形上举,至头前上方,掌心向下。

④四位:两臂呈弧形,一手臂保持三位位置,另一手臂至二位位置,掌心向内。

⑤五位:一臂仍然保持在三位,掌心向下;另一手臂弧形移向侧举,掌心向前。

⑥六位:一臂保持侧平举位置,手臂弧形,掌心向前;另一臂从三位回到二位位置。

⑦七位:两臂侧举,掌心向前。

⑧还原:回到一位。

图1-8 站姿基础训练——手型动作图解

📖 **实战训练**

站姿基础训练——手型动作

训练项目	站姿基础训练——手型动作
训练要求	通过训练,养成正确、优雅站姿体态,保持手臂自然,手型优美
训练地点	形体实训室

续表

训练材料	多媒体设备、形体训练镜、音乐设备
训练内容与步骤	一、训练准备 学生分成若干小组，着修身训练服。 二、技术要领 1.各部位动作要准确，才能使动作规范化。 2.手臂动作要和头、胸、肩、腰动作协调配合。 三、训练开始 1.手型。 形体训练手型多半是采用芭蕾手型，五指自然放松伸展，大拇指和小指稍向里合。 2.手臂的基本部位。 预备姿势：站立。 一位：两臂体前成弧形，掌心向内，指尖相对，两手相距一个拳心。 二位：两臂前举稍低于肩，手臂成弧形，掌心向内，指尖相对。 三位：两臂成弧形上举，至头前上方，掌心向下，保持呼吸。 四位：两臂呈弧形，一手臂保持三位位置，另一手臂至二位位置，掌心向内。 五位：一臂仍然保持在三位，掌心向下；另一手臂弧形移向侧举，掌心向前。注意调整呼吸，延伸手臂。 六位：一臂保持侧平举位置，手臂弧形，掌心向前；另一臂从三位回到二位位置。注意调整呼吸，延伸手臂。 七位：两臂侧举，掌心向前。注意调整呼吸，延伸手臂。 还原：调整呼吸，回到一位。 首先依次逐一部位练习，然后逐渐进行三到四个部位的联合练习，最后在音乐伴奏下完整练习。 四、训练结束
主要观测点	考核与训练学生站姿中的手型与手臂姿态

(2)手臂动作。

①预备姿势：自然站立，手臂处于一位位置。

②前下举：大臂带动小臂，肘关节稍高，肩关节放松，臂成弧形，向前摆置斜下方成45°掌心向下。

③前平举：大臂带动小臂，肘关节稍高，肩关节放松，臂成弧形，向前摆置水平，掌心向下。

④前侧上举：同前举动作，但位置在前上方45°。

⑤前上举：同前举动作，但位置在上举，当摆过头顶时掌心向内。

⑥侧下摆：大臂带动小臂，肘关节稍高，肩关节放松，臂成弧形，向两侧摆置斜下方成45°掌心向内。

⑦侧平举：同前举动作，摆至两侧平举，臂与肩平，掌心向内。

⑧侧上举：同前举动作，但位置在侧上举，掌心向内。

⑨后上举：肩带放松，臂由下向后或者向前绕至后举，摆到最大限度，掌心向上或者向内。

⑩后平举：同后举动作，但位置在后上45°，掌心向里或向后。

⑪后斜上举：同后举动作，但位置在后上45°，掌心向上或者向外。

站姿基础训练——手臂动作如图 1-9 所示。

图 1-9 站姿基础训练——手臂动作图解

实战训练

站姿基础训练——手臂动作

训练项目	站姿基础训练——手臂动作
训练要求	通过训练,养成正确、优雅站姿体态,保持手臂自然,手型优美
训练地点	形体实训室
训练材料	多媒体设备、形体训练镜
训练内容与步骤	一、训练准备 学生分成若干小组,着修身训练服。 二、技术要领 摆臂时身体姿势同站立,不论臂摆至任何部位,身体都不能变形和摇动;肩部要放松,不能出现端肩和夹肩的现象。 三、训练开始 1.预备姿势:自然站立,手臂处于一位位置。

续表

训练内容与步骤	2. 摆至前下举:大臂带动小臂,肘关节稍高,肩关节放松,臂成弧形,向前摆置斜下方成 45°掌心向下,还原一位。 3. 摆至前平举:大臂带动小臂,肘关节稍高,肩关节放松,臂成弧形,向前摆置水平,掌心向下,还原一位。 4. 摆至前上举:同前举动作,但位置在前上方 45°,还原一位。 5. 摆至上举:同前举动作,但位置在上举,当摆过头顶时掌心向内,还原一位。 6. 自然站立,两手放在身体两侧。 7. 摆至两侧下举:同前举动作,但位置在侧下方 45°,掌心向内,还原一位。 8. 摆至两侧平举:同前举动作,摆至两侧平举,臂与肩平,掌心向内,还原一位。 9. 摆至两侧上举:同前举动作,但位置在侧上举,掌心向内,还原一位。 10. 自然站立,两手放在身体两侧。 11. 摆至后上举:肩部放松,臂由下向后或者向前绕至后举,摆到最大限度,掌心向上或者向内,还原一位。 12. 摆至后平举:同后举动作,但位置在后 45°,掌心向里或向后,还原一位。 13. 摆至后斜上举:同后举动作,但位置在后上 45°,掌心向上或者向外,还原一位。 先进行单臂练习,然后双臂同时进行练习,配合音乐,两拍一动。 四、训练结束
主要观测点	考核与训练学生站姿中的手臂姿态

二、男士标准的站姿

男士站立的正确姿势不但应该自己觉得舒适,而且应该给人一种稳重的信赖感(见图 1-10)。

男士站姿的基本要求是:

(1)头正,双目平视,嘴角微闭,下颌微收,伸长后颈,面容平和自然。

(2)肩部放松,双肩往后拉,两侧平衡对称,稍向下沉,人有向上的感觉。

(3)躯干挺直,挺胸,收腹,立腰。

(4)两种脚位。

①两脚平行直立:双腿立直、并拢,膝盖放松,两脚跟相靠,两脚尖张开约 60°,身体重心落于两脚正中。

②两脚分腿直立:两腿分开,大约与肩膀同宽或稍窄于肩,脚尖向前或略微张开,身体重心落于两脚正中。

(5)四种手位。

①两手平行侧放式:双臂自然下垂于身体两侧,中指贴拢裤缝,两手自然放松,或双手呈虚握拳的状态。

②后搭手式:两手自然后背,在背后自然相握。

③前搭手式:一手呈虚握拳状置于前腹,另一手轻握该手手腕部分;两手可以交换位置。

④背垂手式:一手自然下垂置于身体一侧,另一手自然后背,拇指与无名指轻握,食指与中指呈 45°指向斜下方。

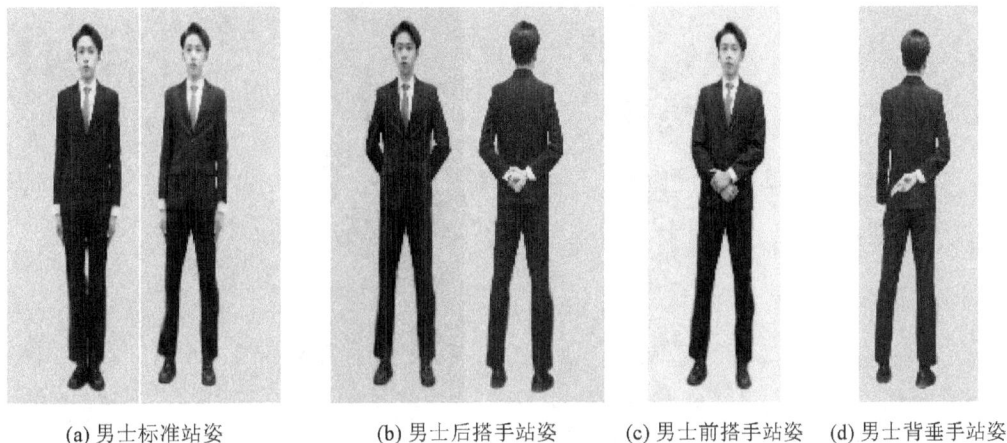

(a) 男士标准站姿　　(b) 男士后搭手站姿　　(c) 男士前搭手站姿　(d) 男士背垂手站姿

图 1－10　男士站姿

三、女士标准站姿

女士站立的正确姿势不但应该自己觉得舒适,而且应该给人优雅大方的感觉(见图 1－11)。

女士站姿的基本要求是:

(1)头正目平,下颌内收,伸长后颈,保持微笑。

(2)肩部放松,双肩往后拉,两侧平衡对称,稍向下沉,人有向上的感觉。

(3)躯干挺直,挺胸,收腹,立腰。

(4)五种手位。

①平行侧放式:将双手侧放在两腿外侧,手掌自然平伸,中指指尖紧贴裤缝中线,此种手位最适合于两脚平行直立式脚位。

②两手腹前交叉式:一掌平抚前腹,另一手轻握该掌手掌部分;两掌可以交换位置。采用这种手位,脚位最好是双脚前后直立式或平行直立式两种。

③两手胸前相握式:两手胸前相握,左右手均可在上,肩平,肘部微微抬起,三种脚位都可采取这种手位。

④两手万福式:两手相扣或两掌相抚,放于身体一侧,形似古人道万福状。注意哪只脚在前,则将手放于哪一侧,肘部要上抬,两手相扣或两掌相抚均应在平面位置。此种手位最适合于两脚前后直立式和两脚前后分腿站立式。

⑤两手后背式:两手自然后背,在后背自然相握,此种手位可以适用于两脚平行直立式。

(5)三种脚位。

①两脚前后直立式:前脚后跟紧靠后脚脚心弯曲部分直立。

②两脚平行直立式:双腿立直、并拢,膝盖放松,脚跟相靠,两脚尖张开约 $60°$。

③两脚前后分腿站立式:前脚朝前迈半步,脚尖朝前或稍往外撇,前脚后脚跟与后脚的后脚跟在同一条竖线上,后脚脚尖平行朝外站立,重心最好落在前脚。

(a) 前后直立式脚位，胸前相握式手位 (b) 前后分腿直立式脚位，万福式手位 (c) 前后直立式脚位，腹前交叉式手位 (d) 平行直立式脚位，平行侧放式手位

图 1-11　女士不同站姿

实战训练

分组练习不同姿态的站姿

训练项目	导游接待中的站姿训练
训练要求	掌握正确的站姿并能在导游接待中始终保持与工作相适应的良好站姿
训练地点	形体实训室
训练材料	多媒体设备、形体训练镜
训练内容与步骤	一、训练准备 学生分成若干小组。 二、训练开始 1.标准站姿的基本要领。 2.不同手位、脚位的站立姿态训练。 3.在旅游接待中保持良好站姿，体现导游员良好的职业素养。 4.教师对学生训练中的问题进行纠正，并对训练结果进行点评。 三、训练结束
主要观测点	考核与训练学生站姿的掌握与使用情况

实训任务二　坐姿训练

坐姿包括入座、坐定、起坐，要求做到：入座从容，把握位置；身正腰直，挺胸收腹；肩平足安，脚位得当；两膝靠拢，腿位有度；手位得当，大方得体；表情自然，目光平视；起座舒缓，动作轻缓。

一、男士标准坐姿要领

1.男士坐姿要领

①入座要轻缓，走到座位前，自然转身，右脚向后撤半步，安稳坐下。

②头部端正，面带微笑，双目平视或注视交谈对象，嘴唇微闭，下颌微收，精神饱满，表情自然。

③双肩平正放松，挺胸、立腰，身体端正舒展，重心垂直向下或稍向前倾，腰背挺直，臀部占

座椅面的 2/3。

④双膝并拢或微微分开,两膝距离以一拳左右为宜,脚尖向前;双手掌心垂直向下,自然放在膝上或椅子的扶手上。

2.男士常用坐姿

①标准式:两膝并拢,上身与大腿呈直角,大腿与小腿成直角,小腿与地面成直角垂直于地面,两脚尖朝正前方。

②垂腿开膝式:双腿分开,比肩略窄,双手置于膝上。

③重叠式(标准式架腿):在标准式坐姿的基础上,一腿向前,一条腿提起,腿窝落在另一腿的膝关节上边,脚尖向下。

男士常用坐姿如图 1-12 所示。

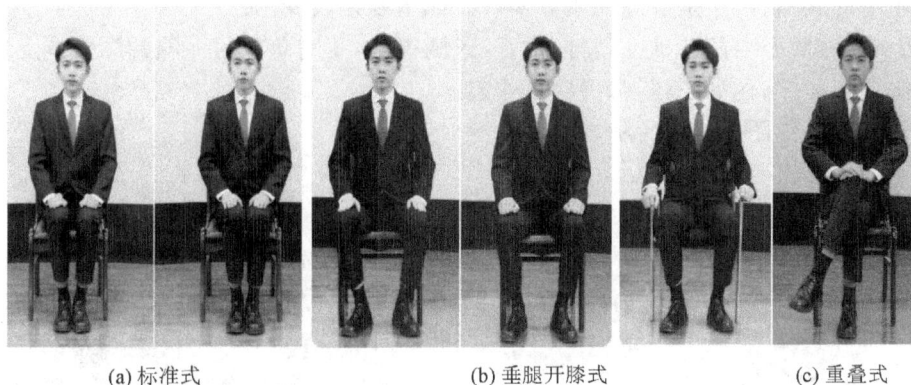

(a) 标准式 (b) 垂腿开膝式 (c) 重叠式

图 1-12 男士常用坐姿

二、女士坐姿要领

1.女士坐姿礼仪

①入座轻而稳,女士着裙装要先轻拢裙摆,而后入座。

②面带笑容,双目平视,嘴唇微闭,微收下颌。

③双肩平正放松,两臂自然弯曲,双手放在膝上,或放在椅子或沙发扶手上。

④立腰、挺胸、上体自然挺直。

⑤双膝自然并拢,双腿正放或侧放。

⑥至少坐满椅子的 2/3,脊背轻靠椅背。

⑦起立时,右脚向后收半步而后起立。

⑧谈话时,可以侧坐,此时上体与腿同时转向一侧。

2.女士常用坐姿

①标准式。标准坐姿可以称之为第一坐姿,这种坐姿适合于刚刚与客人接洽,也是我们的入座式。

要领:抬头收颌,挺胸收肩,两臂自然弯曲,两手交叉叠放在偏左腿或是偏右腿的地方,并靠近小腹。两膝并拢,小腿垂直于地面,两脚尖朝正前方。着裙装的女士在入座时要用双手将裙摆内拢,以防坐出皱纹或因裙子打折而使腿部裸露过多。

②前伸式。此坐姿适合于与交谈方面对面坐着。

27

要领:在标准坐姿的基础上,两小腿向前伸出一脚的距离,脚尖不要翘起。前身可略向前倾,表示对对方的尊敬。

③前交叉式。要领:在前伸式坐姿的基础上,右脚后缩,左脚交叉,两踝关节重叠,两脚尖着地。

④屈直式。要领:左脚前伸,右小腿屈回,大腿靠近,两脚前脚掌着地,并在一条直线上。

⑤后点式。要领:两小腿后屈,脚尖着地,双膝并拢。

⑥侧点式。要领:两小腿向左斜出,两膝并拢,右脚跟靠拢左脚内侧,右脚掌着地,左脚尖着地,头和身躯向左斜。注意大腿小腿要成 90° 的直角,小腿要充分伸直,尽量显示小腿长度。

⑦侧挂式。要领:在侧点式基础上,右小腿后屈,脚绷直,脚掌内侧着地,左脚提起,用脚面贴住左踝,膝和小腿并拢,上身右转。

⑧重叠式。重叠式坐姿俗称二郎腿,长期采用此坐姿容易造成腰椎与胸椎压力分布不均,引起原因不明的腰痛,甚至是静脉曲张等疾病。此坐姿建议少用。

要领:在标准式坐姿的基础上,腿向前,一条腿提起,腿窝落在另一腿的膝关节上边。要注意上边的腿向里收,贴住另一腿,脚尖向下收起。

女士常用坐姿如图 1-13 所示。

(a) 标准式　　(b) 前伸式　　(c) 前交叉式　　(d) 屈直式

(e) 后点式　　(f) 侧点式　　(g) 侧挂式　　(h) 重叠式

图 1-13　女士常用坐姿

实战训练

分组练习不同姿态的坐姿

训练项目	导游接待中的坐姿训练
训练要求	掌握正确的坐姿,并能在导游接待中始终保持与工作相适应的良好坐姿
训练地点	形体实训室
训练材料	多媒体设备、形体训练镜、椅子
训练内容与步骤	一、训练准备 学生分成若干小组。 二、训练开始 1.坐姿礼仪训练。 2.标准坐姿的基本要领。 3.常用坐姿训练。 4.在旅游接待中保持良好坐姿,体现导游员良好的职业素养。 5.教师对学生训练中的问题进行纠正,并对训练结果进行点评。 三、训练结束
主要观测点	考核与训练学生坐姿的掌握与使用情况

实训任务三　走姿训练

标准走姿的要领如下:

(1)走姿是站姿的延续动作,行走时,必须保持站姿中除手和脚以外的各种要领。

(2)走路时使用腰力,身体重心宜稍向前倾。

(3)跨步均匀,步幅约一只脚到一只半脚。

(4)迈步时,两腿间距离要小。女性穿裙子或旗袍时要走成一条直线,使裙子或旗袍的下摆与脚的动作协调,呈现优美的韵律感;穿裤装时,宜走成两条平行的直线。

(5)出脚和落脚时,脚尖脚跟应与前进方向近乎一条直线,避免"内八字"或"外八字"。

(6)两手前后自然协调摆动,手臂与身体的夹角一般为 $10°\sim15°$,由大臂带动小臂摆动,肘关节可微曲。

(7)上下楼梯,应保持上体正直,脚步轻盈平稳,尽量少用眼睛看楼梯,最好不要手扶栏杆。

实战训练

分组练习正确的行走姿态

训练项目	导游接待中的行走姿态训练
训练要求	掌握正确的行走姿态并能在导游接待中始终保持与工作相适应的良好姿态
训练地点	形体实训室
训练材料	多媒体设备、形体训练镜、音乐设备

续表

	一、训练准备
训练内容与步骤	学生分成若干小组。
	二、训练开始
	1.标准行走姿态的基本要领。
	2.在旅游接待中保持正确的行走姿态,体现导游员良好的职业素养。
	3.教师对学生训练中的问题进行纠正,并对训练结果进行点评。
	三、训练结束
主要观测点	考核与训练学生行走姿态的掌握与使用情况

实训任务四 **蹲姿训练**

【任务导入】如何捡起掉在地上的物品?

蹲姿是由立姿或走姿变化而来的相对处于静态的体位,具有体态静态、时间短暂、情形特殊三个特点。

一、标准蹲姿要领

(1)站在所取物品的旁边,蹲下屈膝去拿,抬头挺胸,再慢慢地将腰部放下。

(2)两腿合力支撑身体,掌握好身体的重心,臀部向下。

(3)牢记三个务必:务必上身挺直,务必目视前方,务必稳定重心。

(3)注意三个要点:力量性、稳定性、活动性。

(5)把握方位:男正女侧,头、胸、膝在一个角度。

(6)切记六个忌讳:随意下蹲、离人太近、方位不当(正面或背面)、毫无掩饰、卫生间蹲姿、蹲在椅子上。

二、常用蹲姿的形式

①交叉式——右前左后,重叠,合力支撑身体。特点:双腿交叉在一起。

②高低式——左前右后,不重叠,右腿支撑身体。特点:双膝一高一低。

③半蹲式——左前右后,不重叠,左腿支撑身体。特点:半立半蹲。

④半跪式——左前右后,身体重心在左腿。特点:一蹲一跪。

常用蹲姿如图 1－14 所示。

(a) 男士蹲姿　　　(b) 女士前交叉式蹲姿　　　(c) 女士高低式蹲姿

图 1－14　常用蹲姿

实战训练

分组练习各种蹲姿

训练项目	导游接待中的蹲姿训练
训练要求	掌握正确的蹲姿并能在导游接待中始终保持与工作相适应的良好蹲姿
训练地点	形体实训室
训练材料	多媒体设备、形体训练镜
训练内容与步骤	一、训练准备 学生分成若干小组。 二、训练开始 1.常用标准蹲姿的基本要领。 2.设置场景,训练不同蹲姿,在旅游接待中保持良好蹲姿,体现导游员良好的职业素养。 3.教师对学生训练中的问题进行纠正,并对训练结果进行点评。 三、训练结束
主要观测点	考核与训练学生蹲姿的掌握与使用情况

实训项目七 见面礼仪

实训目标

熟练掌握并正确运用旅游接待中的见面仪态。

一、表情与眼神

在导游接待中,表情与眼神的要领为:表情自然、具有亲和力;坦然、亲切、有神;真诚、发自内心的微笑。

【任务导入】比较一下,图 1-15 中哪一种表情更适合导游接待,为什么?

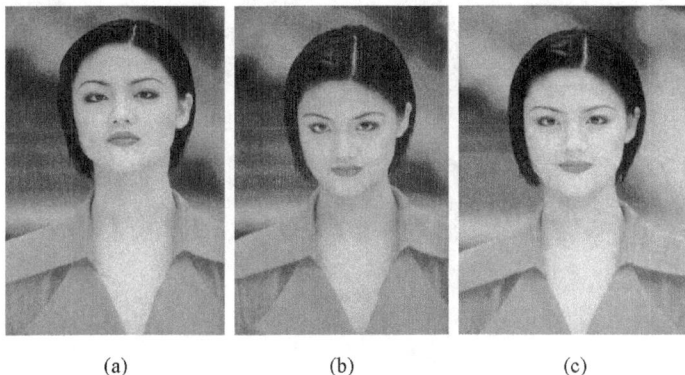

(a)   (b)   (c)

图 1-15 不同的表情与眼神

【任务导入】比较一下,图 1-16 中哪种注视方式更适合导游接待,为什么?

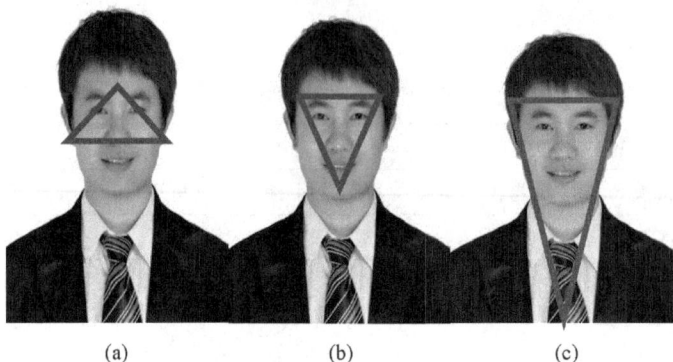

(a)　　　　　　　(b)　　　　　　　(c)

图1-16　注意眼神注视部位——公务和社交注视

二、致意与称呼

1.致意

(1)当客人走近时,其接收到的信息首先是肢体动作所发出的信息,包括站姿、头部姿态、眼神、表情、恰当的距离等。

(2)停止站立。身体微微前倾,或者点头、鞠躬。

(3)眼睛注视客人,与客人眼神交流,眼神保持亲切、柔和。

(4)保持微笑的表情。

(5)一般在与客人相距1.5米的时候进行问候比较合适。

(6)行鞠躬礼时,面对客人,并拢双脚,视线由对方脸上落至自己的脚前1.5米处(15°礼)或脚前1米处(30°礼)。男性双手放在身体两侧,女性双手合起放在身体前面(见图1-17)。

鞠躬小常识

图1-17　鞠躬礼

2.称呼

称呼即称谓,反映了人与人之间的相互关系,显示出一个人的修养。称呼的运用与对待游客的态度直接相关,是给对方的第一印象。因此,如何称呼游客至关重要。尊重客人,首先要从尊重客人的姓名开始,从有礼貌的、友好的称呼开始。在与游客交往中,我们既要学习掌握称呼的基本规律和通行的做法,又要特别注意各国之间的差别,认真区别对待。

导游员在面对单个游客时,应重视称谓并正确运用,若能在短时间内记住游客的姓名,了解他们的身份,并能在日常交往中正确称呼他们,定会产生很好的效果。

导游员在面对团队游客时,一般称谓有三种:一是交际关系型,主要强调导游与游客在导游交际中的角色关系,如"各位游客""各位团友""各位嘉宾"等。二是套用尊称型,在各种场合都比较适用,是对各个阶层、各种身份的通称,如"女士们、先生们""各位女士、各位先生"等。三是亲密关系型,多用于比较密切的人际关系的称谓,如"各位朋友""朋友们"等。运用礼貌的问候语,要注意时空感,即针对不同客人、不同时间、不同地点有所区分,避免千篇一律,不然客人听起来会感到单调、乏味。

(1)一般性招呼问候话。如"你好!""很高兴见到你!"或者换以更表达尊敬的"您""您好!"。

(2)加入个性化内容的招呼问候。加入时间内涵的问候语,比如:"早上好!""下午好!""晚上好!""中秋节愉快!"加入性别内涵的问候,比如:"王先生,早上好!""李小姐,晚上好!""王女士,很高兴又见到您!"对熟识的客人,加入具体内容的问候,如"好久不见了,李总!"问候工作、学习、生活、身体等情况,如"近来可好?""王总,您身体好吗?"等。

(3)问候中带上客人的姓名或职务。如:"王教授,很荣幸见到你!""威廉博士,您好!"

三、握手

(1)注意手位:伸出右手,掌心向左,虎口向上,指尖微微向下倾斜。
(2)握手要热情:表情自然,面带微笑,目光注视对方。
(3)握手力度适中:以轻触对方为度。
(4)握手时间:1~3秒为宜。
(5)握手礼仪:长为先,上为先,女为先,主为先。

四、常用引导手势

(1)手掌自然伸直,手指并拢,拇指自然稍稍分开,手腕伸直,使手与小臂成一直线,肘关节自然弯曲,掌心向斜上方,手掌与地面成45°。

(2)常用引导式手势有:中位横摆式(请,请进,这边请,大家请等),高位直臂式(请看,请上楼),低位斜臂式(请坐)(见图1-18至图1-20)。

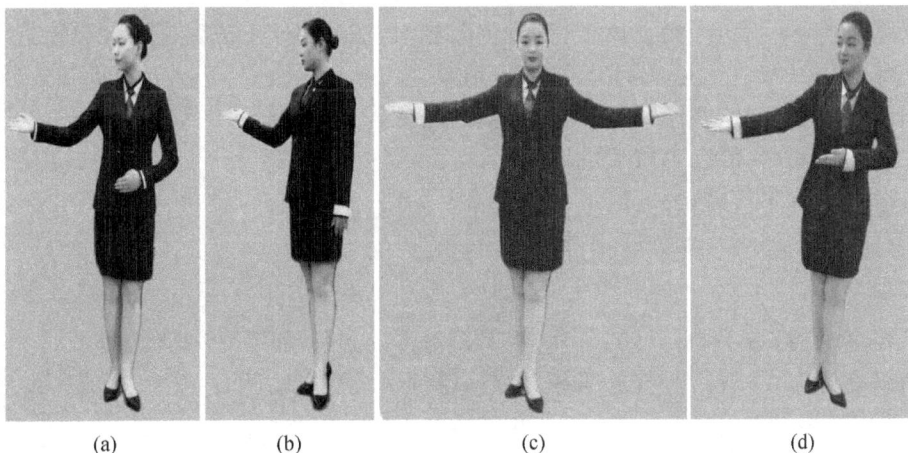

(a) (b) (c) (d)

图1-18 中位手势——横摆式

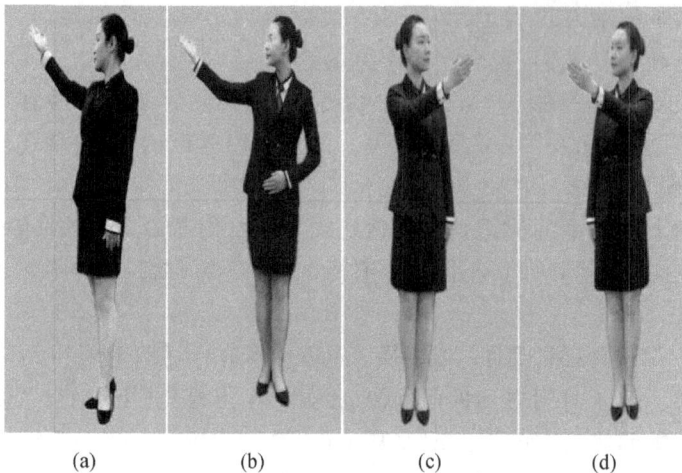

图 1-19　高位手势——直臂式　　　　图 1-20　低位手势——斜臂式

五、名片礼仪

1. 准备名片

(1)名片要用名片夹存放,请勿放在钱包、笔记本里。

(2)名片夹里保持一定数量(如 20 张)的名片,留一张名片以备随时可拿出来。

(3)名片夹可放在西装的内袋里,切勿放在裤兜里。

2. 递送名片

(1)用双手的拇指和食指分别持握名片上端的两角,正面朝上,正对对方。

(2)双手向对方递名片,齐自己胸部,并自我介绍,说:"您好,非常荣幸为您服务,我是地接导游员王×,这是我的名片,请多多关照。"

(3)应面带微笑,注视对方,身体略向前倾。

(4)如果是坐着的,应当起立或欠身递送。

(5)次序是下级、访问方、被介绍方先递名片。

3. 接收名片

(1)必须起身接收名片,站立弯腰,身体正面相对,面带微笑,双手的拇指和食指接住名片下方两角。

(2)认真看一遍名片,并说"×先生(总经理、处长),真是幸会……"

(3)仔细地放入名片夹,不可遗忘。

(4)接收的名片不可来回摆弄。

(5)不要在接收的名片上做标记或写字。

4. 交换名片

(1)互换名片时,右手拿自己的名片,左手接对方的名片后用双手托住。

(2)互换名片时,要看清对方的职务、姓名,遇到疑难字应询问。

实战训练

导游员见面礼仪训练

训练项目	导游员见面礼仪训练
训练要求	掌握正确的见面礼仪,能在导游接待中始终保持与工作相适应的良好仪态
训练地点	形体实训室、导游实训室
训练材料	多媒体设备、形体训练镜、名片
训练内容与步骤	一、训练准备 学生分成若干小组,设置不同的接待场景。 二、训练开始 1.不同场景下见面礼仪——招呼、握手、指示手势。 2.递送、接收名片的正确方式。 3.自我介绍。 4.教师对学生的训练结果进行点评。 三、训练结束
主要观测点	考核与训练学生的亲和力,考核其见面礼仪、交换名片动作等的掌握程度

知识链接

导游员形象要求

导游员形象要求如表 1-2 所示。

表 1-2　导游员形象要求一览表

项目	要　　求	注意事项
服装	着装整洁大方、得体,衣着打扮要与时间、地点、场合相适应。迎送客人或在正式场合应着工作服或指定服装,一般游览场合可着休闲装。要保持所穿服装的整洁	忌正式场合不着正装;服装不宜肮脏有污损;忌领口、袖口肮脏;夏天男导游忌穿短裤、拖鞋,女导游忌穿超短裙或穿丝袜漏出袜沿;女导游带团时不宜穿高跟鞋
饰物	除手表、结婚戒指外,不佩戴其他的饰物。室外佩戴墨镜时,要选择浅色墨镜,让游客看清眼睛为宜	一般不宜佩戴耳环、手镯、脚链、别针等饰物,室外带团不宜戴深色墨镜
化妆	女导游可化淡妆	不宜浓妆艳抹,不宜当众化妆
站姿	双脚直立,肩膀平直,胸部挺起,腹部收缩,头抬起,双手平放在身体两侧或两手相叠放于腹部	不宜一腿直一腿弯曲歪着身子,不宜摇晃身体、摇头晃脑,不宜手插裤子口袋或叉腰、双臂交叉
走姿	要求轻巧、稳重、大方、自然。上身须自然挺拔,收腹挺胸,身体重心随着步伐前移;手臂放松,手指弯曲,脚步轻快,两臂自然摆动;目光平稳,注意观察游客动向	不宜摇头晃肩、步履蹒跚,不要把手插在裤子口袋,不要不顾游客动向闷头赶路

35

项目	要　　求	注意事项
坐姿	入座时,男导游应上身正直、微微分开双腿而坐,以一脚距离为宜;女导游保持上身正直,腹背可微靠椅背,双腿并拢	不宜跷二郎腿或坐下后腿脚不停抖动
目光	一般应正视,视线平行接触游客,表示理性、平等,给游客自信、坦诚、认真、亲切之感。在讲解时用环视观察游客的反应	避免仰视或俯视游客,避免正视时间过长,避免眼神飘忽不定
手势	1.握手:握手时要立正。上身微向前倾,目视对方,面带微笑,摘帽、摘手套。 2.指示手势:五指并拢并伸直,掌心倾斜朝上,目光应与手指方向一致	切忌把一只手插在裤子口袋,不能交叉握手。注意握手的顺序:男女之间,女方先伸手;长晚辈之间,长辈先伸手;宾主之间,主人先伸手;上下级之间,上级先伸手。握手力度不宜过大,时间不宜过长。指示手势不能只伸出一根食指

❓ 课后思考

1. 在导游接待中,导游员应如何运用礼仪?

2. 导游员在接待过程中应从哪些方面规范自己的着装?

3. 在实际工作中,导游员应如何正确使用迎送接待礼仪?

4. 导游员在语言礼仪中应注意哪些问题?

5. 导游员在工作中应注意的购物、就餐、交通礼仪是什么?

实训模块二 导游常用带团方法训练

学习目标

1. 明确导游带团要领，树立正确的带团理念。
2. 掌握导游员带团的常用技巧，综合利用各种技能为游客提供高质量的导游服务。
3. 了解导游员带团应规避的问题。
4. 能在旅游接待中应对不同的旅游团队和接待状况。

能力目标

具备根据旅游团的整体需要和不同游客的个别需要，熟练运用所掌握的知识和经验，以提高旅游产品使用价值的方式、方法和技巧的能力。

素质目标

培养独立带团进行游览活动，提升导游服务效果的职业素养。

导游带团技能是指导游员根据旅游团的整体需要和不同游客的个别需要，熟练运用所掌握的知识和经验，以提高旅游产品使用价值的方式、方法和技巧的能力。它贯穿于旅游活动的全过程之中，其能力高低直接影响导游服务效果的好坏。

案例引领

旅游团内有数个小团体

全陪小沈带的是由25位游客组成的大团，行程时间长达13天。前三天的行程下来后，小沈发觉有点不对劲。晚餐去品尝风味的时候，坐在后面的几位游客突然提出要去另外一家知名度较大的酒楼。再想想这几天的游览过程中，25位游客好像是三个旅游团，在旅行车上，三拨游客分别占据前、中、后的位置，绝不含糊；下了车也是你一团、我一堆、他一伙，旅游战线拉得很长；用餐时，你坐你的，我坐我的，他有他的位置。总之，这一拨游客与那一拨游客很少交谈，形同陌路。面对这种情况，小沈心想："旅游团行程已经好几天了，仍然这样三三两两，长此以往，后面这样那样的事一定不会少，得想办法解决这种状况。"但是这种情况小沈以前又没有碰到过，虽然心里有想法，可又不知从何处着手去解决。

【案例解析】 本案例叙述的是一个旅游团中存在着数个小团体的情况。小团体的存在有利有弊。有利的一面是可以满足游客相互之间交往的需要，满足游客"合群"的愿望。然而，小团体的存在，也会对整个旅游团的利益带来损失。因为这样的团体只在其内部交流，必定会减少与其他团体的交流，甚至与其他团体完全不接触，其结果将可能导致全团相互之间关系的紧张、抵触、冲突，影响全团共同目标的实现。导游员作为旅游团的管理者，作为旅游这出戏的"导演"，一定要注意到这种情况的存在及演变，并及时地加以引导，使之往好的一方面发展，从而促使旅游团拥有和睦、友好的氛围。

碰到这种情况时，导游员不妨从以下三个方面着手解决。第一，了解小团体形成的原因，是不是来自同一单位、同一地区的，还是在加入旅游团前就形成了？第二，找出几个小团体的核心人物。这些小团体的核心人物由于自身社会地位或经济地位等原因，往往身后有许多追随者，一呼百应，他们说话较有影响力。第三，对症下药，采取适当措施。首先，从小团体的核心人物开始做工作，介绍他们相互认识，请求他们对自己工作的配合；其次，设法提供所有团员相互接触、认识的机会，如互换位置、全团游客自我介绍、介绍团员的特长、文娱爱好表演等。当然，这些办法的采用是以"趣味""有吸引力"为前提的。

总之，导游员就是一个团队的领导，必须有效地驾驭旅游活动的节奏和内容，主导游客的情绪和意向，努力使游客的行为趋于一致，使一个临时组成的松散团队成为一个井然有序的旅游团队，这样才能带领团队愉快顺利的旅行。

知识链接

导游员的带团层次

导游员带团的层次，是指导游员带团的质量级数。在旅游活动中，导游服务是由导游员来完成的，但是这并不意味着所有导游员的服务质量和服务层次都处于同一水平线上。导游员的思想与业务素质在客观上存在的差别，自然反映到带团的质量上，出现不同的质量层次。

导游员带团的层次共分为五级，即带领团队、服务团队、管理团队、征服团队和驾驭团队，它们由低向高排列，高级别涵盖着低级别的内容。

1. 带领团队

这是导游员带团的最低层次。近年来，大批进入导游队伍的人员中，有许多人还停留在这一层次。导游员只是带领游客到景区走一遍，只起到向导和代买门票的作用，途中没有讲解介绍，或景点风光介绍不得要领，使游客的利益受到损失，求知、求奇、求新的愿望得不到满足，体会不到旅游产品的真正价值。

2. 服务团队

因为有了导游服务的内容，所以这一层次较之带领团队的层次有所提高。导游服务是导游员带团的最基本业务。从导游服务的全面要求上来讲，导游员不仅要有基本的功能性服务，还要有超常的情感性服务。一些导游员在带团过程中，住宿时安排房间，用餐时安排餐饮，游览时安排景点，只是一种机械的、公事公办的服务，缺乏为游客提供超常服务和情感性服务，更谈不上个性化服务。这样的带团仅仅有了基本的功能性服务的内容，而没有超常的情感性服务，距离导游服务质量标准的要求还差很远。只有做到了全方位的服务，才能算是真正意义上的服务团队。

3. 管理团队

导游员在带团中，要把管理团队的内容始终贯穿于游览的全过程之中。旅游团队需要服务，更需要管理。这种管理是更高层次的服务，是主动性、目标化的服务。只有将这种主动性、目标化服务的管理内容融入旅游团的接待中，才算是合格的导游员。旅游团是一个人员复杂的群体，年龄、性别、职业、兴趣各不相同，在旅游中的要求也不一样，要把这样的群体统一到能充分配合导游员的工作上来，确实需要一番艰苦的努力。正因为如此，导游员就更应该注意旅游团队的管理工作。在时间的安排、气氛的调动、内部的和谐相处以及纪律的约束等方面,都需要有相应的管理性服务。所以说,管理是旅游行程顺利完成的重要前提。

4.征服团队

征服团队是导游员带团的较高层次。如果说前三个层次是对导游员的基本要求,那么征服团队就应该是对导游员的更高要求。导游员通过自身的努力,对团队的征服主要依靠以下两个方面:①人格的魅力,以高度敬业的精神、坦诚相待的态度、周到热情的服务展现出导游员的人格魅力;②能力的展现,以丰富广博的知识、生动活泼的讲解展现出导游员高超的带团技能。

只有做到征服团队的层次,导游员才能真正达到挥洒自如的地步,从而形成较高的职业境界。

5.驾驭团队

驾驭团队是导游员带团的最高层次,它是在征服团队的基础上,体现出更多的情感因素。如果说征服团队还停留在导游员与游客之间的服务与接受服务单纯的商品交换关系上,那么驾驭团队就应该是导游员与游客之间形成超越一般交换关系的友情关系。在这个层次上,导游员在带团中,与游客进行了成功的沟通,投入了更多的情感与辛勤劳动,使游客暂时忘记了他是导游员的角色,愿意与他真心相交,并信服导游员做的一切。导游员带团达到这种层次后,游客就变成了他的忠实朋友。他走到哪里,游客就会跟着他到哪里,并且最终使游客对导游员产生极大的品牌忠诚。

实训项目一　把握全局法

实训目标

熟练掌握并正确运用把握全局法,提升导游带团能力。

把握全局法是指导游员有计划、有步骤、妥善而又完整地把握团队旅游活动的全过程,并运用灵活机动和确实有效的做法,完成旅游接待任务的带团方法。把握全局法是导游员最重要的工作方法之一,也是导游员工作的灵魂和核心,更是导游员必须具备的职业素质。

要把握好整个旅游团队的全局,必须注意以下几个方面。

一、依据游客体质差异,合理布局游览节奏

案例引领

导游员王××在带领游客参观南京中山陵时,从博爱坊走到祭堂共有392级台阶(其中有8个平台)。王××带了一段路就站在平台上开始讲解孙中山先生的伟大一生。等到后面的游客到齐后,又归纳性地总结并介绍孙中山先生的趣闻轶事,然后再带领旅游团队继续行走。过了一会儿,她又停了下来,讲解"天下为公"的历史背景和由来。随后,她依次停下来讲解了纪念碑、两侧的桂花树……就这样,导游一会儿停,一会儿讲,停停讲讲,讲讲停停,带着游客一直来到纪念堂门前,游客既不觉得累,又增长了不少知识,整个旅游团没有一个游客掉队和走失。

【案例解析】对一个旅游团来说,体质上的差异是十分明显的。导游员在参观游览时就要重视和注意该问题。导游员应以"我"为核心,四周是紧紧围着或者相对紧跟着你的游客,而不是七零八落、"溃不成军"的"散兵"。因此,导游员一方面要满足游客求新、求美、求知的需求,另一方面又要照顾好年老体弱的游客。

导游员也应该十分清楚,如果走失了一名"弱者"游客,那是导游员的失职行为,同时要把走失者找回来,其消耗的精力巨大。导游员要善于将较长距离的路程(包括爬山等),有计划地分割成几个较短的路程,同时加上导游员在此期间风趣、幽默、出色的"表演"以及得当的宣传鼓动工作,可以比较妥善地解决游客在体质上的差异问题。

二、管大抓小,有机结合

案例引领

一个旅游团队中,大部分游客想去某景点观光游览,一小部分游客认为该旅游项目没多大意义而想去购物。这时,导游员王×就将购物的游客安排在旅游景点附近的购物商场,并且确定了全体集合的时间,先将购物的游客送到购物商场,同时指派领队负责游客安全问题,然后带领另一部分游客进行景点观光游览,再按照规定时间上车,将全体游客集中起来进行下一个旅游项目。

【案例解析】在处理这类问题时,导游员要注意在合理而可能的原则下,本着"游客第一"的原则,合理巧妙地安排旅游活动,充分照顾游客不同的需求,处理好多数与少数游客的利益关系,千万不能临时"抱佛脚",来一招所谓"举手表决"的方式。如果这样,结局也许不是多数与少数的问题,可能出现四分五裂以及意见得不到统一的尴尬局面,那时导游员就完全处于被动的状态。

所谓"管大抓小",是指导游员如何正确处理多数游客与少数游客利益关系的问题,同时又是如何把握两者关系的,以尽量圆满解决问题。作为导游员,总是希望游客在他的带领下"步调一致",但实际上往往事与愿违。这是因为一个旅游团的游客各有所需,游客之间虽然彼此认识,或者同属一个企业,但是他们之间毕竟存在经历、层次和修养等的不同。出于这些原因,加上游客普遍存在"我们是出钱旅游的,导游员应该满足游客需要"的意识,在旅游过程中,时常会出现多数游客与少数游客发生利益矛盾的冲突。在这种情况下,导游员应努力使自己所带领的团队在完成任务的前提下,尽量满足他们合理而又可能的要求,而不应该有意或无意地去伤害少数游客的自尊心。导游员对待游客发生利益矛盾冲突的问题,最为恰当的办法莫过于事先把工作做得尽善尽美,至于游客提出的过分和不合理的要求,应另当别论。

三、处理好领队与"群头"的关系

一名导游员带团顺利与否,和导游员与团队领队的关系是否密切相关。一般来说,游客把领队视作"保护神"和可信赖者。导游员首先要积极争取领队的支持和配合,不能怀有"我的地盘我做主"的思想。同时,应在尊重和支持领队的基础上,建立起良好的、正常的感情。一方面尽可能地满足对方的需求,合情合理地做到做好"主随客便",另一方面可以通过领队了解游客的心理和愿望,速记每位游客的姓名,尽早地说出他们的姓和名,这样彼此感情的距离就拉近了。

作为导游员也许都会有这样的体会,就是每一个旅游团中都会自然产生一个或几个"群头"。这些"群头"大都好胜心强,好表现自己的行为。他们在旅游团队中有威望、影响大、说话灵,旅游团队中的游客也都比较支持他们,如果导游员在某些问题上的意见和游客不一致,并且在众人面前指责他们,游客就会煽动"群头"向导游发动"反击"和"进攻",就会给带团带来不利影响。导游员要妥善处理好与"群头"的关系,办法有两个:一是利用"群头"的特点来积极配合组织好导游工作,充分发挥"群头"的"责任心";二是导游员主动找"群头"做工作,磋商问题,以满足"群头"的自尊心和荣誉感。

导游员和领队、"群头"的关系处理好了,即使在以后的旅游过程中出现一些遗憾和不足,由他们出面说几句话,遗憾和不足就会得到弥补,游客不愉快的情绪也会很快过去。

四、灵活机动组合活动内容

导游员是旅游活动的组织领导者。在整个游览活动过程中,导游员不仅要当好讲解员,而且要关心游客的各方面需要,要灵活、机动、合理地安排游览活动。

1. 有张有弛,先张后弛

"有张有弛,先张后弛",生动地反映了导游在带团过程中掌握游览活动节奏的三部曲。导游员对景点景区的考虑应首先遵循"旅速游缓"的原则,对景点的选择采取"先一般后精彩、渐入佳境"的方法,高潮要放在最后。比如,导游员带领游客参观南京时,可先游玩中华门、雨花台、玄武湖等景点,然后再安排东郊三个景点,即中山陵、明孝陵、灵谷寺,不走重复路线和回头路线。总之,导游员要视时间和需要等情况而定,不要一概而论。

2. 先远后近,先高后低

导游员在带团中要兼顾"先远后近"和"先高后低"的原则。所谓"先远后近",是指在游览活动中,先到离游客住宿点最远的一个景点游玩,然后逐渐向游客住宿点靠近,这样做的目的是给游客一个安全感,等到游览结束,旅游团也离住宿地很近了。

所谓"先高后低",是指导游员可以先安排爬山项目,这是因为游客在游玩第一个景点时,其精神状态以及体力最为充沛。反之,一天游玩结束前再安排登山活动,也许相当一部分游客由于体力关系,只能望山却步了。

3. 游览内容艺术搭配

导游员是组织游览活动的核心人物。导游员在活动内容的搭配上是否妥当,活动节奏是否合理,都会影响着游客的情绪和心理活动。把握好游览活动中的内容搭配,实质上是掌握导游工作主动权的方法。一般来说,游客参加旅游活动的兴趣既是浓厚的,又是广泛好奇的。这为导游工作提供了良好的前提,问题是如何将这种兴趣和好奇进一步发展和满足,让游客高兴而来,满意而归。

首先,当天的游览景点安排要避免雷同。游客来到异地他乡,他们需要的不仅仅是"到此一游",更多的是陶冶情操,以及更高的精神追求。现代导游员所提供的服务不仅仅局限在游览层面,还应体现在满足游客多方面、多层次的需求上,并适应游客不断变化的心理需要。

从现代旅游者心理的一般特征来看,共同的心理需求是探奇、求知和美好的期望等,所以,导游员在安排当天的游览内容时应尽量避免重复。如上午安排参观寺庙,下午就可以安排游览园林或参观工厂;又如上午安排游览溶洞,下午最好安排游湖等,参观与游览兼顾是避免内容重复的好方法。

其次,游览要与购物、娱乐活动相结合。旅游中"游"是龙头,其余行、吃、住、购、娱五个环节是龙身龙尾,缺一不可。导游员水平高低就表现在行、吃、住、游、购、娱六个环节调节运用水平的高低,调节运用得法,游客才能得到更大的满足。

五、交代注意事项永不忘

不少导游员认为,交代注意事项只要选择一个机会总体讲一讲就可以了,何必要谈"重视"二字呢? 其实,只要冷静地想想,导游员在整个旅游活动中交代注意事项的数量还少吗? 介绍注意事项的实质就是交代安全问题,没有安全就没有旅游。因此,导游员交代注意事项不能一蹴而就,而应体现在时时处处。从导游工作角度考虑,比如游客在景点逗留多长时间,游客怎样解决在异地他乡的诸多不便,游客如何尊重当地的民俗礼仪,游客必须清楚所遵循的规定,特别是国内旅游还要告诉游客在购买土特产品时应妥善处理与当地商家的关系等。导游员轻视或忽略注意事项的交代工作,所造成的后果在导游界是有目共睹的,应该引起广大导游员足够的重视。同时,导游员在带团过程中哪些已经交代过,哪些还没交代过,思路必须清楚,方法必须灵活机动。

六、灵活掌握,排除干扰

往往有这种情况,导游员在景点或旅游车厢内向游客讲解时,游客不愿听讲,有的还聊天、开玩笑,甚至做其他事情。这些干扰因素既妨碍了其他游客的听讲,同时也使得导游员内心很不快。此时导游员必须控制自己的情绪,并且迅速查找游客产生干扰的原因,及时调整讲解内容、方式方法以及讲解时间,努力使游客产生听讲兴趣。

实训项目二　最佳控制法

实训目标
熟练掌握并正确运用最佳控制法,提升导游带团能力。

案例引领

一个炎热的夏天,导游员在上海带领着兴致勃勃的游客参观游览龙华古寺,在宝塔下他滔滔不绝地讲解着。开始时,游客们津津有味地听着,10分钟后,游客走掉三分之一,15分钟后,游客又走掉一半,当他讲解20分钟后,身旁的游客已寥寥无几,这时,有几位游客在一旁的遮阳处大声叫喊起来:"导游,差不多了,有人要中暑了"……

【案例解析】显而易见,导游员的目的是希望通过自己丰富而又全面地讲解,让游客获得更多的知识,但由于不顾天气炎热,让游客在太阳底下直晒,再加上滔滔不绝地讲个没完,结果事与愿违,原来兴致勃勃的游客,后来纷纷离去,不但没有听完介绍,反而在一边的遮阳处大声劝阻导游员停止讲解。案例提醒我们,介绍和讲解时一定要注意和讲究控制,任何长篇大论都不会起到应有的效果。换言之,导游员要善于控制讲解的时间,要尽可能地精练简洁和恰到好处。

如何正确使用最佳控制法,是每个导游员值得研究的大课题。

一、控制要得法、精练

经验告诉我们，游客注意力往往集中在对新事物的开头，而不是在末尾。导游员对某一景点的讲解最佳时间控制在 15 分钟之内，如果天气异常冷热，那么讲解时间还要缩短。经验丰富的导游时常有这样一个感觉，在对新的景点讲解或介绍时，时间过长，游客的兴趣会大打折扣，注意力也会下降。

因此，导游员的讲解内容一般要以短小精悍为宜，时间过长和内容枯燥的介绍只能让游客产生疲劳和厌倦情绪，导游员辛勤的劳动也只能在游客这种情绪中付诸东流。当然，制约导游员的因素有许多，善于控制各种因素，结合游客特点和需求进行短小精悍、内容丰富的精彩讲解，是导游员取得成功的关键。为此，导游员面对游客进行讲解时，应当尽可能地简短精练，力求控制。

二、控制应因人而异

导游员的带团过程均需按旅行社制定的"节目单"进行，"宜长宜短"要由导游员控制。假如是"休闲式"旅游，时间上允许放宽，导游员必须全面生动地讲解；假如时间有限，导游员对景点的讲解需短小精悍，要在有限的时间内把精华部分充分地表达出来。

在旅游过程中，导游员时常会碰到旅游景点游人如织的局面，这种情况下，若导游员讲解时间过长，不但自己很累，游客也容易产生焦虑情绪和分散注意力，有个别游客还可能会走散。此刻，需要导游员在尽可能短的时间内把内容介绍完，避免出现以上情况。有位刚踏上导游工作岗位的导游员，原先准备了一套非常美妙动听的导游词，曾打算在上海豫园门口露一手，谁知带团到了豫园门口一看，真是人山人海，热闹非凡，于是导游员放开嗓门讲了几句话："刚才我介绍了上海的豫园如何的美，有人还存有怀疑，看看现在的场面，豫园的美我就不用提啦。"在场的游客听他这么一说，再亲身体验眼前的情景，都说导游员虽没漂亮好听的导游词，但这是他们听到的最动人、最精彩的导游词。

三、控制需要随机应变

案例引领

导游员正在豫园九曲桥旁向游客介绍湖心亭的建筑特点和中国民间风俗，忽然，耳边传来了悠扬动听的唢呐声，只见 6 位穿着民族服装的抬轿人，随着唢呐声吆喝着、翩翩起舞着，轿内那位游客乐得笑个不停。这位导游员深知游客的兴趣已转移到花轿上，自己的讲解时间越长，其效果就越差，倒不如顺水推舟。想到这儿，导游干脆领着游客来到花轿旁说："各位来宾，这就是中国古代的'的士'，世界上第一辆汽车诞生时远远不如它这么漂亮。"说完，他走到花轿旁，学着抬轿夫的姿势边跳舞边吆喝着。游客如梦初醒，拍着手哈哈大笑起来。事后游客都说："了不起，短短一席话使我们了解了中国民间风俗的一个侧面。"导游的这番介绍只有几十个字，不到 10 秒钟，却给游客留下了深刻的印象，取得了较好的效果。

【案例解析】当导游员正按照自己的思路津津有味、滔滔不绝地讲解，而游客对别的事情的兴趣大大超过听导游员讲解内容的兴趣时，导游员应随机应变，改变原有的思路，干净利落地转到游客所感兴趣的问题上来。

经验丰富和老资格的导游员常有这种体会，即讲解时间有控制，讲解内容短小精悍和风趣幽默，游客的兴趣就越大；反之，游客就会产生厌倦和疲劳感。如果讲解内容压缩不了，那讲解中间一定要穿插一些生动活泼的提问和对答等之类的导游技巧，其目的是转移游客厌倦情绪和防止疲劳感的产生。

当然，最佳控制法并不是要求所有讲解或介绍都必须控制在15分钟以内。最佳控制法要突出一个"佳"字，使讲解内容和游客兴趣有机地结合起来，创造出一种和谐与轻松愉快的气氛，使旅游活动能顺利健康地发展。

实训项目三　话随境迁法

🐾 实训目标

熟练掌握并正确运用话随境迁法，提升导游带团能力。

🐰 案例引领

意想不到的舞蹈

在欢送西藏同胞旅游团返藏的联欢晚会上，一名藏族同胞拿着话筒引吭高歌《毛主席的光辉》，在场的所有嘉宾都拍着手随着节奏同声歌唱。旅游团领队高兴地对身旁的导游员说："你怎么不一显身手呢？"说着，他把导游员拉到人群中间。导游员抓后脑勺，低下头显得很尴尬。突然，只见他猛地伸开双臂，竟然跳起藏舞来，这时人们沸腾起来，边唱边跳，晚会的气氛达到高潮。一曲唱完后，领队高兴地走到导游员身边笑着说："想不到，你还有这么一手啊！"只见导游员眨了眨眼，笑眯眯地说："这就好比你们身上的服饰……"众嘉宾都愣住了，领队也不解其意。接着导游员大声地说："那位同胞唱歌是露一手，我这跳舞是藏一手，中国歇后语中有一条叫作'西藏人穿衣服——露一手，藏一手'。"说完逗得满堂嘉宾大笑不止，拍手叫绝。领队也高兴极了，紧紧抱着导游员。

【案例解析】说话做事要顾及场合，运用这种技巧方法称为话随境迁法。

所谓"境"，通常是指导游员和游客之间说话、交流沟通等的具体场景。说话做事不顾及场合，再好的语言、再大的努力也收不到应有的效果，有时可能会适得其反。比如，游客在生气时，你像相声演员那样通篇笑料之语；游客因不慎遗失贵重物品，你像歌唱家那样拉腔拉调，这将会产生怎样的后果？游客心里又会怎样想呢？因此，导游员的一言一行都要符合话随境迁的原则。

🐰 案例引领

破镜重圆的妙用

一对刚和好的夫妻参加了旅游，在整理行李过程中，不小心把一只精美的化妆镜摔坏了，为此事夫妻俩又闹出了矛盾，心里十分不悦。这事让导游员知道了，他问："你们俩在以前有没有摔碎过东西？""没有啊。"两人异口同声地说着，"那就对啦。"导游员高兴地接着说："摔碎其他东西你们真正好不起来，唯独是这个化妆镜摔坏了，你们才能真正地好起来。""怎么？你……"夫妻俩真有点丈二和尚摸不着头脑。"你们想想"，导游员的态度变得认真起来，说："化妆镜摔坏了，这就叫破镜重圆，这是天意。""啊！"夫妻俩的脸色"多云转晴"了。这时，在座的许多游客都为夫妻俩重新和好鼓掌，为导游员的妙语鼓掌。导游员出于美好愿望，利用"破镜重圆"一句古语，产生了良好的效应。当然，导游员并不是在宣扬迷信，而是巧妙灵活地利用了话随境迁的功能。

所谓"话随境迁"，"随"要随得有艺术，"迁"要迁得有魅力，导游员要充分利用话随境迁的功能，更好地为游客服务。同时，导游员也不要刻意地制造出话随境迁的意境。导游员只有通过努力，积累知识到相当的层次才能对话随境迁运用自如。

话随境迁的方法大体可以分为借景增情、借景增效、借景造绝、借景避直、正话反说等，总之，就是利用场景的微妙关系，言此意彼，达到彼此之间心领神会，摆脱不利困境的目的。

实训项目四　弥补缺陷法

实训目标

熟练掌握并正确运用弥补缺陷法，提升导游带团能力。

导游员在带团过程中或多或少地会出现各种各样、程度不同的旅游服务缺陷。

所谓弥补缺陷法是指导游员在整个带团过程中，游客应得到的服务出现偏差或不到位时，导游员通过积极努力并且利用各接待部门积极配合，把旅游服务的缺陷降低到最低限度或比较妥善解决游客投诉问题的导游方式。

知识链接

旅游服务缺陷的分类

一般来说，旅游服务缺陷分为一般缺陷、轻度缺陷和重大缺陷三种不同程度的缺陷。在旅游过程中，旅游六大要素吃、住、行、游、购、娱，包括导游员本身服务等都会出现或发生一些小问题和存在一些小缺点，但这些小问题和小缺点都属一般性的旅游服务缺陷，只要稍加注意和努力就能弥补，游客也能谅解和理解，为一般缺陷。如果这些缺陷多次出现和发生，从量变到质变，就转化为轻度缺陷；重大缺陷主要是指旅游过程中发生的对游客影响较大，损失严重，很难甚至不可挽回的缺陷。

一、弥补缺陷的方法与措施

弥补缺陷的办法必须根据"谁发生缺陷，谁来弥补"的原则来制定。如果是导游员的服务出现缺陷，由导游员本人负责，其余的缺陷如宾馆、饭店、景点、旅游车等出现的问题，导游员只承担积极配合的工作义务，没有承担全部责任的义务。为了妥善圆满解决旅游服务缺陷，根据游客投诉时的心理特征，可采取以下措施。

1.认真倾听，做好笔记，满足游客发泄的心理需要

在现代旅游中，旅游者的法制意识在不断增强。一旦出现服务缺陷，特别是重大服务缺陷，作为游客完全有权终止与旅行社的签约合同，同时也可提出要旅行社赔偿损失。极个别游客还会自行解决矛盾和问题，比如饭店菜肴不好，他们会自选一家餐馆吃饭而离开旅游团队；宾馆卫生设施差，隔音效果差，服务不到位，游客自己会去附近找一家较好宾馆住下；等等。最后游程全部结束，他们会去旅行社投诉。为此，导游员必须重视在游客自行解决问题之前的弥

补工作。

首先，认真倾听、做好笔记是导游员真诚弥补服务缺陷的态度，也是减轻游客发泄程度的办法，更是解决矛盾和问题的第一步，要知道，只有当你拿起笔认真记录和倾听时，游客才容易理解导游员弥补服务缺陷是有诚意的。其次，了解游客的观点，善于听出游客的弦外之音。同时，面对发泄的游客时，导游员要有耐性和"肚量"，要经得起游客的指责和谩骂。此时导游员要格外地注意自己的一言一行，事先最好自我估计一下，这句话说出来产生的后果将是怎样的。

2. 调查研究，做好笔录，为弥补缺陷提供依据

一般来说，在旅游中出现某些轻度和重大服务缺陷时，游客首先想到的是要求赔偿损失，而这种要求往往会超出接待部门所能承受的能力。首先，导游员要搞清楚游客所投诉的内容和性质，必须对导致服务缺陷的情况进行广泛的调查研究与核实，认真做好笔录。旅游产品的服务缺陷绝大多数是人为因素造成的，比如说组团社的接待计划与地接社发生偏差，企业工作人员玩忽职守造成当地接待部门漏接、客房饭店没落实等，又比如各接待部门擅自降低游客的各种接待标准等。其次，导游员必须迅速及时地向旅行社以及当地有关部门汇报，然后做出预期的判断。其依据有两条：一是确定服务缺陷的性质与程度，二是找出缺陷的起因与时间，必要时还要请游客签名留据，为妥善圆满解决服务缺陷提供足够的依据。

3. 合情合理妥善处理

弥补是一种消除服务缺陷的办法，一旦问题弄明白后，导游员首先应该遵循"谁接待，谁负责"的原则，并耐心细致地做好解释工作和诚恳的赔礼道歉工作。最好的办法是"就地消化，当场解决"。总而言之，合情合理妥善处理是弥补服务缺陷的核心，既尊重游客，也能对游客提出的要求有个合理的交代，更能使出现服务缺陷的接待部门有提高服务质量的"机会"。

4. 做好预防，继续努力

从心理学角度讲，服务缺陷得到解决后，许多游客的内心仍会存在着阴影，害怕在以后的旅途中发生类似的缺陷。要消除这种阴影，唯一的办法是加强预防工作，做好各接待部门的衔接工作，确保万无一失。同时，导游员更应提供热情周到的服务，一切从头开始。

二、弥补缺陷应注意的几个问题

（1）游客在旅途中一旦发生问题，提出投诉或者要求赔偿损失等，并不等于全部是正确的，但是也可能是合情合理的，因此，在听取游客投诉和要求时，切忌采取全面否定和全盘接受的态度。

（2）导游服务是整个旅游产品中的一项服务。其他服务环节出现缺陷，游客冲着导游员也没错。因为游客购买的是旅行社的旅游产品，而不是其他服务项目的产品，导游员是代表旅行社负责接待游客的，导游员有权利和义务帮助游客解决服务缺陷问题。

（3）导游员既要维护旅行社的利益，也要维护游客的利益，两者必须兼顾，绝不可偏袒任何一方，绝不允许导游员为了个人利益而联合游客把矛头指向旅行社和其他接待部门。

（4）有时游客会提出一些莫名其妙的投诉，也许是心情不好、旅途太累、对旅游景点不太满意等因素造成的，导游员应区别对待，不要前怕狼后怕虎，应一如既往地开展工作。

（5）游客的旅游动机与目的各有不同，其中少不了有抱着过分奢望的人来观光游览的。对待这些游客,导游员也要做好工作,他们怎样发牢骚,你都要有耐心并且克制自己。

（6）一旦发生服务缺陷,游客怒不可遏而大吵大闹时,唯一的办法是让他们充分发泄完,再以友好和开诚布公的态度对待。同时,尽早尽快弄清发生服务缺陷的原因,是正确的判断和合情合理地解决问题的基础。

【任务导入】

游客把所有的不愉快都归咎于导游员,你如何处置?

【参考提示】 游客之所以产生不愉快的情绪,原因是多方面的,但主要是服务方面。要消除游客的不愉快情绪,可对客人提出的合理而可能的要求尽力满足,或适当采取弥补措施,取得客人的理解和原谅,为后续工作打好基础。

实训项目五　对付扰乱法

实训目标

熟练掌握并正确运用对付扰乱法,提升导游带团能力。

每次带团,作为导游员都有一种愿望,那就是高高兴兴带团、平平安安回家。然而往往事与愿违,有时在旅游团中或多或少会出现些"难弄的游客"以及"小团体"。这些扰乱旅游正常秩序的因素,常常搞得导游员头昏脑涨,严重影响带团质量。为了带好旅游团,做到既不受扰乱因素干扰而影响整个团的情绪,又要用导游员的智慧去对待这些扰乱行为,要做好以下几个方面的工作。

一、对待"难弄"的游客要用"心计"

有时在旅游团队中会出现一个或几个"难弄"的游客,他们中间有些人做人精明,办事老练,时常用自己的处世哲学去衡量导游员的所作所为。他们在旅游过程中也常常表现出与导游员对着干的姿态,好胜心又极强。在游客眼里,他(她)像个"旅游批评家",专门从事评头论足的"专业工作"。比如导游员要安排游览行程,他却要打乱导游员的安排并且发表自己的另一套高论;又比如在旅游餐厅用餐时,尽管膳食质量无可挑剔,但也少不了这位评论家的评判等。这些人的种种表现自然也会引起其他一些游客的注意,因而使不少游客"人云亦云"起来。

作为导游员,此时心里必须明白,在某些处事方面你可能远不如这些人,但你应该扬长避短,主动权还是在导游员手中,关键是用智慧去对待这些游客。首先,导游员切忌用语言和行动去迎合这些人的胃口,对于那些奇谈怪论和歪点子要及时给予制止。与此同时,也可及时赞赏这些人所提的合理化建议,但必须有节制。此举是为了让这些人懂得,如果是真正想把事情办好,自然会得到绝大多数游客的拥护;如果是扰乱,那只会受到反对和谴责。其次,关于游览行程的安排问题,导游员既可充分肯定旅行社安排的科学性、紧凑性和合理性,或拿出旅行社所规定的行程安排表,以示遵照游客与旅行社所签合同执行,亦可采用因人、因时、因地的旅游原则作一解释。这些人可能多次来到此地,但是新变化的情况肯定没有导游员清楚。

总之,对待某些游客的扰乱,导游员处事为人要小心谨慎,事先要有一个明确和周密的安排和计划,不要给这些人"抓辫子"和"钻空子"的机会。

二、对待"有些游客"必须认真

在旅游团中,或许有极少数为心术不正、品行不端、时时处处想占便宜之人,这些人在观光游览中总是在寻找各种机会和借口,一旦出现服务缺陷,他们马上跳出来扩大事态,并且提出过分的要求和赔偿目标,不达目的誓不罢休。这不仅会影响正常的旅游秩序,而且会使全团产生不稳定情绪,最为严重的还可能会搞得全团乱七八糟,旅程也被迫终止。

事实告诉我们,一名成熟的导游员从带团开始那一刻起就必须以敏锐的眼光观察周围的一切,同时要使出浑身的本领牢牢掌握和控制整个旅游团的情绪,确实做到眼观六路、耳听八方。当服务缺陷苗子一抬头,就必须以十倍的努力、百倍的热情全力以赴地把隐患消除在萌芽状态。

同时,导游员要多花时间和精力去关心和了解游客的意见,特别是对那些意见的传播者,因为那些传播意见的人有可能掺杂着个人的目的和私利。因此,导游员对全团情况掌握得越详细、越彻底,就越能做出正确的判断和决定。同时在听取游客意见时,也能从游客口中得到真正实质性的内容,这会给导游员带来另外的好处,至少此刻你能大致分辨出哪些游客是真心提意见,哪些游客带有私心杂念。

值得一提的是,导游员不能盲目轻信游客和旅游接待部门的意见,因为这两者都会站在自己的利益角度发表有利于自己的意见,导游员必须站在公正的立场上做出公平的评判。

三、对待"小团体"要巧妙

有时,导游员们所带的旅游团是个大团体,而旅游团又是由好几个小团体组成的,其组成的对象有家庭成员、亲戚朋友、单位同事等;还有一种小团体成员原先互不认识,后来经常在一起接触彼此间有了感情,于是无形中也成了小团体。旅游团队中的小团体是客观存在的,谁都无法将之打破,我们提倡的是具有积极健康意义上的小团体,它确实能起到满足游客交际需要的作用,同时我们也反对那些仗着人多势众滋事生非的"乌合之众"。

旅游团队中的小团体之间发生矛盾或产生敌对情绪的事是经常发生的,它会影响整个团队的情绪,但总体上问题还不算严重。如果那些小团体把矛盾指向导游员,那么就可能导致致命的打击,造成整个旅游计划不能实现。作为导游员,如果控制不住整个局面,那就意味着失职和失败。导游员是为整个旅游团队服务的,因此,正确的态度应该是保持具有积极意义的"中立",除需要特殊照顾的老弱病残者之外,对待每位游客以及小团体既有同等的亲近,又有一定"友好"的距离,不然会使游客产生误解和怀疑。但是,导游员这种"中立"立场又不是一成不变的。当游客的自尊心得不到满足时,导游员就得采取措施,临时偏离一下中立立场,满足游客的自尊心,到了一定程度后导游员就应微笑得体地"撤军",再回到中立立场上,这种"中立偏离、偏离又中立"不断循环重复的做法是制止小团体朝不良方向发展的有效办法。

同时,导游员也可想方设法使某些小团体重新组合,该方法的好处在于既能使游客享有更多的交际机会,同时也能分化瓦解不利于旅游进程的因素。具体的方法可以是导游员有目的地向游客介绍某某先生是何种职业,某某女士又有何种特长等,这样既可满足被介绍人的荣誉感,同时也使个别游客的好奇心以及兴趣得到刺激。事实也证明这是一种行之有效的办法。

小团体原则上是随着旅游团队进行活动的,但是一旦出现自由活动时间,他们立刻会抱成一团,而且喜欢做他们认为值得的事情,更为严重的是向导游员提出集体离团进行活动。

综上所述,作为一名成熟的导游员,要对自己所带团队的情况有充分的了解,要了解他们是什么样的人? 哪些是小团体的"灵魂"和"代表人物"? 同时,导游员要知道,不管他们身份如何、目的怎样,他们都是你服务的对象,你都要尽心尽职地做好服务工作。此外,在旅游过程中应该支持他们积极有利的方面,警惕和防止他们利用服务缺陷制造消极不利影响。

【任务导入】如何与团队"领袖"人物相处?

【参考提示】对待这样的人,你可以利用他在团队中的号召力,来积极配合组织好导游工作,如让其担任一些组织工作,配合导游做好游客的思想工作等。但要注意,绝不能让他代替你的位置。同时,要和"领袖"人物搞好关系,由他出面说话,事情会变得简单得多,也便于自己的工作能够顺利开展。

实训项目六　投诉处理法

实训目标

熟练掌握并正确运用投诉处理法,提升导游带团能力。

案例引领

寺庙不同意游客举行宗教仪式

4月的一个周日,某旅游公司地陪李小姐接了一个台湾团。该团刚从机场出口处出来,便引得众人纷纷围观,原因是他们每人胸前都挂着一个济公像,全为清一色的济公信徒。该团此番来杭州的目的,是探寻南宋僧人济公的遗迹,主要游览点是与济公有关的飞来峰、灵隐寺、净慈寺、虎跑泉等地。游客上车后,便直奔济公生前出家地——灵隐寺,并欲在该寺举行一个小时的朝拜济公仪式。可到了灵隐寺,当领队和地陪李小姐为此事与寺庙有关负责人商量时,却遭到了拒绝。原因是寺庙事先没有接到有关方面的通知,再加上灵隐寺游客众多,如准许该团举行朝拜仪式将影响寺庙的正常秩序。朝拜仪式未能如愿,游客们提出了投诉,认为导游员未能满足游客的个性化需求,没有提供优质服务。

【案例解析】李小姐所带的旅游团人数较多、举行仪式时间较长,而灵隐寺场地不太宽敞,又刚好是周日,游客如云,所以寺庙没有同意举行仪式,这是为了维护寺庙的正常游览秩序。当然,如果该团的台湾组团社能事先与大陆接待旅行社通报情况,并要求有关地方接待社与灵隐寺管理部门接洽、协商,相信及时举行宗教仪式是没有问题的。

那么,本案例中导致台湾游客没能在灵隐寺如愿举行济公朝拜仪式的原因是什么呢? 首先,计划接待书上未提及该旅游团的这一特殊要求,是台湾组团社同大陆组团社的失误;其次,地陪李小姐在知道该团此行的主要目的是宗教朝拜后,也未及时采取相应的措施,提供"超常规服务",从而导致游客愿望不能实现。

处理此项投诉积极的做法是,当李小姐知道游客此行的主要目的后,在与灵隐寺负责人协商未果的情况下,应做好以下三个方面的工作:

(1)向游客宣传大陆的宗教政策,并解释不能如愿的原因,解释时应考虑台湾组团社及大陆组团社的利益,对由他们造成的过错要避重就轻。

（2）艺术地与灵隐寺管理人员协商，如建议将仪式改在游客较少的 16:30 以后举行。

（3）如果改时也行不通的话，李小姐应建议游客做一下变通，改在与济公关系密切的虎跑泉等地举行仪式。

所谓投诉处理法，是指导游员在旅游过程中巧妙、灵活、妥善地处理游客各种投诉的方法。游客投诉所涉及的相关问题大致可归纳为两类：一类是人为因素造成的，另一类是非人为因素造成的。

从导游实践来看，越是旅游旺季，导游人员所带团队的时间越长，游客投诉的概率也会越大。游客投诉是难免的，投诉涉及面较广，情况较为复杂，原因也是多方面的。比如，有些旅游接待部门的软、硬件不符合服务标准，游客情绪不佳，个别人提出不切实际的要求，导游员的活动日程安排存在缺陷和失误，以及各种不可抗拒的因素制约旅游活动顺利进行等。面对游客的投诉，导游人员该如何处理呢？

一、尽量采用个别接触的方式

一旦游客向导游员提出投诉，其复杂心理和不满情绪是可以想象的，问题在于这种不满情绪可能引起其他游客的注意和响应。因此，把游客的不满情绪降低到最小限度、控制在一定范围，是导游人员必须重视的问题。此时导游员要采取积极认真的态度，最好把游客请到远离旅游团队的地方，如在导游员单独住的房间里或把游客请到另一边等，切忌在游客中间议论交谈，也不要在乱哄哄的环境中交谈。即使是集体投诉，也应要求游客选派少数代表前来进行谈判。要知道游客人数越多，情况越混乱，越不利于达成解决问题的协议。同时，要防止因事态进一步扩散而造成不良后果。

二、头脑冷静，认真倾听

一般而言，游客向导游人员提出投诉时，情绪往往比较激动，声调较为高亢，甚至带有一些侮辱性的语言。游客的观点可能是合情不合理，也可能是合理不合情。此刻，导游员要保持冷静的头脑，认真倾听和理解其投诉的内容和实质，必要时做一些记录，使游客觉得导游员是在认真听取他的陈述，态度是端正的。同时，导游员要善于引导游客尽量把投诉内容讲得详细和具体，以便把情况掌握得更全面、更准确。另外，头脑冷静是指导游员既要有耐心，又要不带任何框架。因为带有框架的头脑，容易产生偏见，这是极为有害的。假如因游客情绪激动而无法交谈下去，导游人员也必须有礼貌地向游客提出建议，另找时间再谈，使紧张的气氛逐渐缓和下来，同时使游客情绪慢慢地趋于稳定。需注意的是，不管游客的投诉正确与否，导游人员均须持认真的态度，那种无所谓或与游客争吵的态度都是不可取的。

三、努力找出投诉的核心问题

游客提出投诉必然有其目的和要求，这些目的和要求是属于什么性质的问题？其核心又是什么？导游员必须花大力气去搞懂弄通，不然，连自己还没搞清楚投诉的问题及其实质，下一步的处理建议和意见又从何而来呢？处理投诉的关键在于搞清问题的实质，主要矛盾抓住了，其他问题就迎刃而解了。比如，游客投诉的是住宿问题，那么问题就涉及宾馆，是宾馆不达标,还是房间脏、乱、差? 是服务员的态度不好,还是菜肴不佳等? 搞清了这些问题,就可以顺理成章地找到解决的办法。如果是宾馆不达标,请有关部门出示可以证明宾馆等级的有关材料;如果是房间不够卫生,请宾馆领导速派人清理打扫;如果是服务员态度不好,赶紧换人或督促有关方面改善服务;如果是菜肴不佳,应及时调整。当然,导游人员有权促使宾馆作出表态,除向游客赔礼道歉外,还可根据情况适当补偿游客的一些实际损失。

四、分析游客投诉的性质

导游人员对游客投诉的性质一定要搞清楚,进而为"谁接待,谁负责"打下投诉处理的基础。在分析游客投诉的性质时,一是分析投诉的事实是否属实,二是分析其核心问题性质的轻重程度,三是分析解决投诉的初步方案,四是选择最佳解决办法。值得注意的是,导游员千万不可轻易对解决问题的方案表态,即使是旅行社的责任,也须向旅行社汇报,得到认可后方可明示。解决投诉问题,导游员的基本态度十分关键,他既是游客、旅行社和各旅游接待部门三者之间的协调者,又是这三者利益的维护者,更是确保旅游顺利进行的执行者。因此,"实事求是,妥善解决"的指导思想显得尤为重要。导游员可以这么说:"给我一点时间让我好好想想。"(此举的目的是为了缓和紧张气氛,争取时间做好调查研究)"让我了解一些情况。"(此举是为了与被投诉单位取得联系,以达成共识)"让我和有关部门联系一下。"(此举是为了避开游客单独和有关部门联系,因为协商的过程不宜让游客知道)总之,导游员要注意方式方法,确实做到有理、有利、有节、有步骤地处理投诉问题。

当然,作为投诉者的游客,从内心上讲是希望尽快解决问题的,同时也想在最短的时间里得到答案,这自然和导游员暂不表态的做法产生了矛盾,为了使这种矛盾降到最低限度,承诺给游客答复的时间要有一定期限,说话要算数,千万不可失信于游客,即使一时还解决不了问题,也要及时通知游客。

五、向游客转达答复的方法

给游客做答复,在某种意义上说是一个经过协商而产生的成熟的结论。作为导游员,首先要考虑游客是否能接受这种"答复",要充分做好两手准备。这是因为游客的投诉要求并不一定都是正确的,或者是游客提出了过高、过多的不合理要求,从而使被投诉方的"答复"不能或不能完全满足投诉者的要求。

游客的投诉并不是每一项都与导游人员有关,但游客往往每一项投诉都要向导游人员提出,并同时希望和要求导游人员帮助他们解决问题。由此可见,解决投诉问题要看"答复"与游客要求之间的距离相差有多远,是差一步、两步,还是相差甚远。比如,游客提出要赔偿 800 元,而旅游接待部门只同意少量的额度,有的甚至不同意赔偿等,这就需要导游人员来协调和减小这种差距。

向游客转达答复的方法有如下几种:一是由自己直接向游客表达。这种方法必须是在"答复"单位同意游客要求的前提下方可使用,如果双方意见有一定差距,就必须事先做些解释工作,争取游客的理解与支持,然后再转达答复内容。二是请"答复"单位出面协调解决。该方法一般是在双方意见相差甚远的情况下采用。三是由导游员参加双方协商交谈会。必须说明的是,此法的主角是当事双方,导游员应该持促使谈判成功的调解和中间立场,不可有意无意地偏袒任何一方,更不可妄下定论,而应敦促双方各自作出合理的让步,这才是上策。

需注意的是,导游员不可将"答复"内容轻易地由第三者或其他无关游客转达,以免误传信息和产生不必要的麻烦。

【任务导入】游客给你出难题该如何处理?

【参考提示】在带团过程中,难免有个别游客出些难题来考验导游人员,面对这些难题,你既不能直接面对问题,也不能逃避问题。在这种情况下,采用一些模糊语言也许能够解决问题,这样的语言,既没有回避问题,又绕开了难题的实质,使那些出难题的游客无法抓住把柄,同时也给自己留有余地,不管以后发生何种情况,至少不会使你陷入尴尬和难堪。

【任务导入】住宿单位服务发生故障,导游员该怎么办?

【参考提示】排除住宿单位服务上的故障,原则上掌握以下几条:一是事先与宾馆确认,做到心中有数;二是出现故障后要积极主动协助解决。比如,旅游团队已经到达宾馆,但房间还没准备好,如果此时导游员与宾馆前台服务员当着游客的面互相责怪,那就是严重的错误。因为绝大多数游客对此不感兴趣,他们只是希望快点入住进房。这时,导游人员应采取积极的办法来减轻游客的烦恼。比如,向游客介绍宾馆的设施,第二天游程安排及叫早时间。一般来说,宾馆整理房间的时间不会太长,必要时设法让每个游客都有座位休息,避免发生乱哄哄的局面,使宾馆对导游人员产生意见。

至于房间不干净,导游员应及时向服务总台提出换房要求,并帮助游客住进新换的房间。另外,对宾馆服务员的态度问题、电梯出毛病的问题以及饮食卫生等问题,导游员应尽快协调,以免游客产生怨气和不满。

知识链接

规范化服务与个性化服务

规范化服务又称标准化服务,它是由国家和行业主管部门制定并发布的某项服务应达到的统一标准,要求从事该项服务的人员在规定的时间内按标准进行服务。目前指导中国导游工作的权威性文件有:《导游服务规范》国家标准,《旅行社国内旅游服务规范》和《旅行社出境旅游服务规范》行业标准。由于国家和行业标准只是对导游服务提出了基本要求,按照标准提供的导游服务并不等于优质服务,导游员应该在圆满实施标准服务的基础上,将规范化服务与个性化服务结合起来。

个性化服务又称特殊服务,它是指导游人员按照国家和行业主管部门制定的统一标准完成游客与旅行社签订的合同或约定的内容之外,针对游客在旅游过程中提出的合理要求而提供的个别服务。

导游员在接待过程中只有将个性化服务与规范化服务相结合,才能提供优质的服务。

🖥 **实战训练**

导游带团技能训练

训练项目	导游员常用带团方法
训练要求	掌握导游员常用带团方法,并能根据接待中的实际情况有针对性地应用
训练地点	导游模拟实训室
训练材料	多媒体设备、"导游实战演练平台"设备
训练内容与步骤	一、训练准备 学生分成若干小组,设置不同的带团场景。 二、训练开始 1.不同场景下的带团方法。 2.有针对性地正确使用带团方法。 3.学生阐述场景设计和采用的带团方法的效果。 4.教师对学生的训练结果进行点评并纠正错误。 三、训练结束
主要观测点	考核与训练学生的带团技能,考核常用带团方法的掌握程度

❓ **课后思考**

1.导游带团的层次可划分为哪几级?其特点是什么?

2.常用导游带团的方法有哪些?在接待工作中应如何应用?

实训模块三　团队合作能力训练

学习目标

1.掌握旅游接待中与旅游者相处的原则与方法,并能在实践中正确运用,同时建立和谐的团队氛围,保证旅游活动的顺利进行。

2.掌握旅游接待中旅游服务集体关系维系与处理方法,并能在实践中正确运用,同时相互合作,顺利完成接待任务。

3.了解大型团队、系列团队接待过程中同行的合作与配合方法。

能力目标

具备带团过程中正确处理各方关系的能力。

素质目标

培养旅游接待过程中良好公共关系的素养。

团队旅游具有接触的短暂性、工作的流动性、服务的互动性的特点,而导游工作是联系各项旅游服务的纽带和桥梁。旅游团能顺利地完成整个团队的行程,离不开全陪、地陪、领队、司机的辛勤工作,特别是他们之间的密切友好合作、精诚团结是旅游团成功旅行的重要保证。这就要求导游员要掌握各种关系的处理技巧,根据团队旅游的特点,正确执行宾客至上、履行合同、公平对待的带团原则,组织好团队旅游活动。

实训项目一　导游员与旅游者的交往

实训目标

熟练掌握并正确运用与游客交往的技巧,提升组织协调能力。

旅游活动中,游客不仅是导游员的服务对象,也是合作伙伴,只有与游客的通力合作,旅游活动才能顺利进行并达到预期的良好效果。为了得到游客的支持,一个很重要的方法就是导游员设法与游客建立正常的伙伴关系。

在主客关系中,起关键作用的是导游员,因此,导游员在带团过程中应注意把握以下几点。

1.自信谦恭

为了满足旅游者对导游员的期望,首先,导游员要表现出自信,始终精神饱满,遇事沉着果断,办事干净利落,说话不模棱两可,不推诿责任;其次,要谦虚谨慎,忌狂妄自大、夸夸其谈,更忌不懂装懂、目中无人,以赢得旅游者的尊敬和信赖。

2.热情诚恳,建立客、导之间正常的情感关系

游客渴望导游员能尊重他们的人格,达成他们的愿望,满足他们的自尊心和虚荣心,因此,

导游员在工作中必须做到：对待游客的态度要热情友好；重视游客的意见和建议；尽量满足游客合理而可能的要求；礼貌待客，不破坏游客的隐私；真诚公道，不欺诈游客；对待游客要一视同仁，不能厚此薄彼。只有如此，导游员才能与旅游者在短暂的旅程中建立良好的伙伴关系，才能赢得旅游者的理解、体谅、合作与帮助。

尊重旅游者的人格，尊重他们的习俗，满足他们合理合法且有可能实现的要求，是导游员应尽的义务。旅游者可以借故出气、可以投诉，但导游员绝不能意气用事，要始终主动、热情、诚恳、礼貌地为旅游者服务。

3.细微之处见真情

旅游者需要真情、渴望真情，他们可能会忘却某一次旅游经历中看过的景物、住过的宾馆，但忘不掉导游员真诚的关怀。有时导游员为旅游者所做的一件小事、一个细致的礼貌动作、一句暖心的话语，都会给身在异地他乡的旅游者留下深刻的印象。如在旅游过程中，帮助旅游者买到了他想要的书刊、纪念品、土特产品，记住了旅游者的姓名，为旅游者过生日等，这些细微的、不经意间做的事会让旅游者感受到温暖，从而收到意想不到的效果。

4.正确把握与游客交往的心态

导游员要与游客保持平行性交往的心理状态，力戒交锋性交往的心理状态，尊重游客，努力与游客建立融洽无间的关系，使他们产生满足感；要积极主动地了解游客的兴趣爱好，为游客提供从大处着眼、小处着想、有针对性的、体贴入微的、富有人情味的服务。

5.善于协调游客之间的关系

(1)纯属游客间的矛盾。对于这种矛盾，导游员不宜介入，可通过领队出面调解。

(2)因导游员工作失误而引起游客间的矛盾。对于这种矛盾，导游员应事先根据个人不同情况加以合理安排，在做决定前，导游员可先与领队协商，并事先做必要的说明，避免矛盾出现。如在乘坐交通工具，需将较理想的位置分给需要照顾的游客时，导游员在与领队协商的前提下，可由领队宣布座位分配名单，并作出必要的说明。

案例引领

树立游客的荣誉感有助于发挥团队精神

某年5月，大连的导游员魏先生参加了一个大型旅游团的接待工作。由于人多，游客们被分成不同的编号团乘车游览。魏先生负责头车。于是，魏先生反复向大家强调了头车的重要性，以激发大家的荣誉感，希望他们在团队活动中遵守时间，起到表率作用，成为名副其实的头车成员。有了魏先生的鼓动，大家情绪非常高涨，都为能成为头车的一员而感到自豪。

但是，由于团内的游客年龄不一，年轻人精力旺盛，而老年人体力不足，所以在参观完第一个旅游景点后，团队显得很松散，有些人没有按时返回，结果让全团等了很长时间。在回饭店的路上，魏先生微笑着对大家说："这次我们的表现不好，耽误了大家的时间。如果下次仍然如此，头车的位置将被替换，我们的车将被排到最后去。"此言一出，立即响起了一片反对声，大家纷纷埋怨那些不守时的人，并让魏先生争取保住头车的位置。在以后的活动中，魏先生带领的游客再也没有出现拖延和迟到的现象，大家都非常守时，有的客人在游览途中因照相耽误时间后，会快速赶上队伍，还开玩笑地向魏先生立正敬礼。离开大连时，他们自豪地对魏先生说："我们的位置永远是1号。"魏先生会意地向客人打出了表示胜利的"V"字形手势。

【案例解析】导游员与游客的关系在形式上是一种主客关系，但实际是一种微妙的人际关系。在导游接待过程中，导游员要处理好这种关系，就要掌握公关技巧，使客人乐于接受你的意见，赢得他们的支持。这样，这种主客关系便会在和谐的气氛上顺利发展。本例中的魏先生较好地应用了宣传鼓动的公关技巧，充分调动起了游客们维护荣誉的积极性。可见，导游员为了争取游客的合作，应巧妙地激发他们的荣誉感，发挥他们的团队精神，这种方式远比强行的命令要好得多。

实训项目二　地陪导游与全陪导游的合作

实训目标

熟练掌握并正确运用地陪与全陪合作的技巧，提升组织协调能力。

案例引领

尊重全陪权限，争取合作支持

导游员小李接待了一个上海的旅游团，飞机落地时间为21:35，乘旅游大巴回到市区已经近22:30。即将抵达酒店时，小李直接在车上宣布了第二天的叫早时间为6:00，客人还没有反应，全陪直接喊着："6:00不行，太早了！"小李又说："要不6:30？""6:30也早。"全陪说。"那您看几点合适？"全陪此时非常严肃，冷冷地说："一会儿再说吧！"车上的气氛顿时紧张起来，地陪小李也非常窘迫。

【案例解析】在本案例中，地陪小李在宣布第二天叫早时间时，受到了全陪导游不礼貌的对待。其实问题的关键不在于到底几点叫早合适，而是地陪小李没有和全陪商量就直接宣布了叫早时间，在全陪看来是对他的不尊重，或是目中无人。显然地陪小李忽略了这个细节，不但得罪了全陪，而且给接下来的工作造成了被动。

地陪导游在具体接待工作中，遇事要多和全陪商量（没有全陪时多征求领队的意见）。同时，在团队接站后要找合适的机会快速和全陪商定接下来的具体行程，一是全陪有权审核该团旅游活动计划的落实情况，二是地陪导游可以通过与全陪沟通更清楚地了解团队客人的兴趣爱好以及生活、游览方面的具体要求，从而向团队客人提供更有针对性的服务，掌握工作的主动权。

在游览项目被迫变更、旅游计划发生变化、增加新的游览项目、团队客人与地陪导游发生矛盾等情况出现时，地陪导游要多与全陪商量，实事求是地说明情况，争取全陪的理解和合作。相互尊重，相互支持，是地陪与全陪合作的重要基础。

实训项目三　导游员与领队之间的合作

实训目标

熟练掌握并正确运用导游与领队合作的技巧，提升组织协调能力。

案例引领

碰见了什么都不想管的领队

导游员小张接到一个山东21人的旅游团队，但组团社竟然没有派全陪，让客户单位的领导直

56

接担任领队并和地陪导游接洽。接飞机后直接入住酒店,当地陪小张把房卡转交给客人领队时,领队反问一声:"还要我分房吗? 放到桌子上,让他们自己拿!"地陪小张一下子蒙了……

【案例解析】在本案例中,碰到这种情况,地陪小张应该第一时间先处理眼前的分房事宜,积极主动地给旅游团队分房,即使客人在出发前没有提前安排好入住酒店时人员的组合分配,也应该快速提醒团队客人2人一组自由组合,到自己跟前登记领取房卡,然后在团队客人名单表上认真登记,委托前台将分房名单表复印后给领队一份,自己留存一份,并引导团队客人进电梯回房间休息。

组团社没有委派全陪,地陪小张应该是知情的,所以从领到计划单那一刻起就要肩负起全陪和地陪的双重身份角色。虽然组团社指定了客人单位的领导直接担任领队,但是接团后入住酒店分房时,地陪导游也应该积极主动来配合客人领队。即使是碰见了这样什么也不想管的客人领队,在接下来的团队行程中也要尊重领队。同时在团队行程中也要主动分担一些领队的工作,甚至可以把他当作特殊的客人,遇事多积极主动与他商量,重视他所提出的意见和建议,切忌与他针锋相对,公开冲突。当然,整个旅行过程中,主要的执行者还是地陪导游。

案例引领

一份简单的打包早餐加水果,开启了友好合作之旅

带36人的团队从西安出发乘自备车去云台山是我职业生涯中为数不多的全陪之旅,因为要一早出发,前一天在和领队沟通的时候,领队提出能否给团队备上一份简单的早餐,一人一个肉夹馍外加一瓶水就可以了,一共400块钱让我看着安排。我估算了一下费用,又想着这个团队行程中旅行社是提供矿泉水的,刚好时值夏季,所以就做主将多余的费用在前一天下午买成了自备车行程中非常受欢迎的黄瓜、西红柿和香蕉,并清洗干净分成了38份分别打包。第二天一早出发,当我把那热腾腾的肉夹馍以及装了两根黄瓜、一根香蕉、一个西红柿的简单水果包分发给车上游客时,并特别强调这是领队的特意安排,全车的客人都非常满意,同时领队也向我投来了赞许的目光。服务区休息的时候,领队特意来感谢我的贴心安排。当然,接下来的团队行程非常顺利,领队几乎不参与,即使云台山地陪要商量什么事情,领队也是一句"和我们的导游商量就可以了,我们听她的!"这样的团队,带起来是相当轻松的!

【案例解析】本团中,在出团前一天和客人领队进行沟通时,领队提出了要给团队备一份简单的早餐,导游不但满足了领队提出的要求,而且在没有超支的情况下配备了简单的水果一同打包,上车分发时特意强调是领队交代的,虽然是小小的细节,但是取得了非常好的效果,不但让全团的游客满意,而且使领队非常有面子,这让领队感受到了导游的一颗诚心并给予了善意回报,这种协作便是愉悦的,也为接下来工作的顺利开展打开了一个很好的局面。

通常,在组织和接待国际旅游团队的过程中,全程导游员、地方导游员和旅游团领队构成了导游服务集体,其相互间的配合协作至关重要,直接关系到导游工作的服务质量和接待效果。导游工作中,全陪、地陪、领队代表不同的层面,具有各自的工作职责(见表3-1),各方要明确自己的职责,相互协助。

表 3-1　导游工作集体职责一览表

全陪	地陪	领队
实施旅游接待计划	安排旅游活动	介绍情况、全程陪同
联络协调工作	落实接待计划	监督落实旅游合同
维护安全、处理问题	负责导游讲解	联络沟通工作
宣传、调研	维护安全、处理问题	组织团结工作

地陪、全陪带团顺利与否，与其和旅游团队领队的关系处理得好坏大有关系。因此，导游员必须做好以下几点。

1. 尊重领队的权限，支持领队的工作

领队的主要职责是维护旅游团队的团结以及与接待方旅行社导游员的联络沟通。当领队提出意见或建议时，导游员要给予足够的重视；当领队在工作中或生活上遇到麻烦时，导游员要给予必要的支持和帮助；当旅游团内部出现纠纷、领队与旅游者之间产生矛盾时，导游员一般不要介入，以尊重领队的工作权限，但必要时可助其一臂之力。这有利于双方的互相信任，有利于彼此的合作。

2. 多同领队协商，主动争取领队配合

导游员遇事要多与领队磋商，在旅游日程、旅行生活的安排上，一定要先征求领队的意见。一方面，领队有权审核旅游接待计划的落实情况；另一方面，导游员可以通过领队更清楚地了解旅游者的兴趣爱好以及生活、游览方面的具体要求，从而向旅游者提供更有针对性的服务，使导游服务更具有主动性。在旅游计划因故发生变更时，在游览项目被迫改变时，在旅游者与导游员之间产生矛盾时，导游员要多与领队商量，实事求是地说明情况，争取得到领队的理解和配合。

3. 多给领队荣誉，调动领队的积极性

导游员要搞好和领队的关系，首先要尊重领队，尊重领队的人格，尊重领队的工作，尊重领队的建议和意见。在一些可以显示权威的场合，应多让领队尤其是职业领队和业余领队出头露面，使其博得旅游团成员的好评。比如在品尝风味小吃、逛集市、欣赏民族歌舞时，导游员可以把宣布活动的事交给领队去做，自己做实事，让领队得到掌声。只要导游员诚心诚意尊重领队，多给领队荣誉，一般情况下领队会领悟到导游员的良苦用心和诚意，从而采取合作的态度，同时在遇到困难时也会主动出面替导游员解围。

4. 坚持有理、有利、有节，避免正面冲突

在导游服务中，接待方导游员与领队在某些问题上有分歧是正常现象。一旦出现这种情况，导游员要主动与领队进行沟通，力求及早消除误解，避免分歧发展。一般情况下，导游员要尽量避免与领队发生正面冲突。对于某些不合作的领队，导游员可采取有理、有利、有节和适当的方式与其进行交涉，最好采取伙伴间的交谈方式，以理服人，不卑不亢，不与之当众冲突，适时给领队台阶下，事后仍要尊重领队，争取双方以后的友好合作。

知识链接

地陪、全陪、领队之间发生矛盾，导游员该怎么办？

在整个旅游过程中，地陪、全陪、领队之间发生矛盾，属正常的现象。其原因也很简单，因为各方都要维护各自旅行社以及本人的利益，有时因角度不同、看问题的观点不同、做法不同，出现一些意见、分歧、矛盾等，这些都是属于导游工作上的问题，只要通过各方的努力，是完全可以解决的。

地陪、全陪、领队之间产生矛盾最主要的原因是相互之间缺乏沟通与交流。为此，不管导游员此时担任何种角色，一旦发现有矛盾和意见时，首先，自己要有一种"心底无私天地宽"的姿态，全力去弥补已经出现的裂痕。其次，地陪、全陪、领队之间要尊重对方的权限范围，维护对方的利益，在此基础上要积极主动配合对方的工作，建立真正的友情关系，彼此尊重，相互学习，取长补短，勇担重任，加强沟通，并严格按照旅游接待计划以及操作规范进行工作。同时还要经常检查自己的工作，检讨自己的言行，听取对方的意见和建议，确实做到有事大家商量，出现问题大家合力解决。总之，导游员要做到宽宏大度，严于律己，宽以待人，这比什么都重要。

实训项目四　导游员与司机的合作

实训目标

熟练掌握并正确运用导游与司机合作的技巧，提升组织协调能力。

在旅游接待中，导游员与司机的合作对整个旅游行程起着关键性的作用。一般来讲，司机可以分为地接司机和自备车司机两种，无论哪一种，导游员均应重视与司机的合作。

案例引领

下团后被遗弃在高速路上的导游

导游小张接待了一个国内旅游团，和她一起接团的司机是一个30多岁的师傅。小张感觉这位师傅说话油腔滑调，很是讨厌，所以在整个团队行程中很少与他交流，同时司机对她也很不满。最后一天游览法门寺景区，计划安排在景点内用素斋。等抵达景点后，小张便带着客人进去游览了，没有理会司机师傅，其间司机打了两个电话，她也故意装作没听见就没接。结果司机师傅中午没有吃饭，饿了肚子，那份恼火可想而知。下午景区出来后直接是机场送团，等小张从机场出发大厅送完团出来，给司机结算完车费后，两人直接就回市区，走在半路上，司机让小张下车，把她扔在高速路上扬长而去。

【案例解析】 在本团中，司机为地接司机，导游小张因为没有能和司机愉快合作，遭遇了高速路上被遗弃的尴尬。当然，司机的这种做法是不对的，但是小张如果能够在工作时多和司机沟通，注意方式方法，那么这种情况完全是可以避免的。

在带团过程中，地陪导游和司机的合作十分重要。司机熟悉线路、经验丰富（即使是新司机，也要尊重对方），所以地陪导游在接团时就要礼貌性地征求司机对团队日程的意见，使司机积极地参与到导游服务的工作中来。地陪导游与司机配合得好，合作愉快，也是导游服务工作得以顺利进行的重要保证。

🐰 **案例引领**

这样的自备车司机,人敬我一尺,我敬人一丈

华东线导游小张接待了一个山东淄博的自备车旅游团队,按照约定的时间和地点在苏州接站后直接开始了团队的游览行程,因为早就听说山东团队的自备车司机常来华东,而且经常不太好好配合华东线的地陪导游,所以小张一开始就对这个自备车团队在心理上是有所顾忌的。没承想司机在他接团后却热情地打招呼,而且明确地告诉小张他第一次跑华东线,路况不熟,还希望小张多费心。果然接下来的团队行程中司机兢兢业业,每天早上提早到停车场将车辆打扫干净,甚至在无锡站拼住在 4 人间也没有意见。当小张和他商议行程时,他直接说:"我听你的!"小张纳闷了,看来以前他对自备车司机的印象不全是对的,自备车司机中也有优秀的师傅!

【案例解析】导游和司机在团队行程中是平等合作的关系,不管是本地的司机还是自备车司机,和导游一样,他们都是为旅游团队服务的。因为之前的道听途说对客源地的自备车司机有些误会,但是接团后这个山东的自备车司机用实际行动改变了地陪小张的看法。

在团队行程中,针对外地的自备车司机,不管是何地的地陪导游在接待这一类团队的时候,一定要注意尊重司机,礼貌对待。尤其是外地司机对本地的路况不是很熟悉,在沿途讲解的同时要注意提前给自备车司机指明路况,要多用直行、右拐、左拐这样的词,尽量少用向东、向西这样的词语来指引路况;对团队的情况及特殊的交通要求也应及时告诉自备车司机,到了景区要指引自备车停到合适的车位;在团队的用餐环节对自备车司机更要招呼得当,因为他们不像本地司机一样轻车熟路,可能都不知道司机就餐区的位置,所以地陪导游一定要注意这些细节。在导游和自备车司机的服务协作关系中,地陪导游一定要争取主动,从而保证整个团队的接待工作顺利进行。

🐰 **案例引领**

大热天的,司机不提前开空调,全陪该说他吗?

全陪小崔带团到河南,在游完龙门石窟出来后,因为是夏天,天气特别炎热,小崔跑到大巴车跟前对师傅说:"你先把空调开开,一会客人上车就不热了!"谁承想司机压根儿没有理会,她又重复了一次,这时司机没好气地说:"不是 4 点才集合吗?我提前 10 分钟再开!"小崔一怒之下打电话回旅行社投诉了该司机,不一会,司机接到了地接社的电话,要求立马开空调,可以想象接下来的行程中,小崔和司机相处的那种尴尬了……

【案例解析】在本案例中,全陪小崔因为地接司机没有按照她的意愿及时开空调而将投诉电话打到了旅行社,小崔也许想不到,就是她的这个举动,有可能造成司机在地接社计调的评分榜上被减分,更严重的可能是本团的车费结算都是问题。当然,我们也不能说司机没有错。那么,在上团的过程中,尤其是大夏天,司机是不是应该提前把车上的空调打开?提前多长时间?这都是导游员上团过程中常遇到的问题。但是有一点,全陪、地陪和司机首先应该和谐相处,全陪更不应该颐指气使地指挥地接司机去干这干那,三人之间是一种平等合作的关系。如果当初小崔的语气不那么生硬或者直接找地接导游来和司机说,可能结果都会不一样。聪明的全陪导游在出团接站后会努力和地接司机搞好关系,比如接站后一句:"师傅,您辛苦了!"用餐时简单的一个动作如给司机倒杯茶水等,送站时号召全团游客对司机师傅的服务表示感谢,

等等。这样，首先你尊重了司机，相信也会赢得司机的尊重。另外，对于游客提出的关于行车的意见和建议，全陪也应及时反馈给地陪或者直接与司机沟通，同时注意说话方式，多用平等协商的语气，效果肯定会好得多。

案例引领

全陪导游还需要照顾好一起出团的自备车司机吗？

甘肃平凉导游小胡带一个37人的自备车旅游团队去四川，出团前一天小胡在进行完相关的落实工作后，特意早早回家给U盘上下了好几个电影，以备在长途旅行中在车上给团队游客播放，因为在和司机进行电话确认的时候特意问了车上是可以播放影视片的。第二天一早按照约定的时间和地点，团队如约出发，在做完自我介绍、游客车内活动、一路上饮食的安全及车内保洁的相关注意事项后，小胡就安排客人在车上先休息，交代他们睡醒之后可以在车上播放影视片，随后自己也到后排找了个相对舒服的座位去休息。一路上司机师傅一人在前面开车，中间在服务区停了一次让客人去洗手间，待到第二次停车在服务区顺便安排团队客人自由用午餐时，司机师傅对小胡说："你休息一会儿，可以坐到前面来陪我聊聊天，午饭后的时间太难熬了！"小胡没好气地说："我是全陪，是照顾游客的，又不是照顾你的！"司机没再说什么，午饭后已经行车到了陕西境内，按照原计划18:00点左右就能到成都，但是司机一路走走停停，到达成都已经接近20:30，小胡有点后悔，觉得自己确实应该照顾一下司机，毕竟这么远的路一个人开过来了，也确实辛苦。所以到达成都后，小胡改变了对司机的态度，在接下来的团队行程中用自己的实际行动主动与司机搞好协作服务，弥补了之前的过错。

【案例解析】在本案例中，全陪小胡带自备车团队出游。在整个团队行程中，作为全陪导游，小胡也是有闪光点的，比如给客人提前准备好在车上播放的影视片等，但是从甘肃平凉到成都近1000公里的路程，对同行出团的司机不管不顾，这一点是不值得提倡的，还好小胡及时意识到自己的错误，并有意进行弥补，相信在返程的路上他们会合作得很好。

一般情况下，全陪导游带自备车团队出游，司机是一路行程中的本地战友，再加之长途旅行，司机是最辛苦的服务人员。那么全陪导游在与本地自备车一起出团去异地的过程中一定要注意：出团前提前与司机研究出团线路，多多征求司机的意见，尤其是初次的集合出发时间，因为旅游车司机尤其是自备车司机一般都熟悉线路、路况且经验丰富，跑长途之前他们也会做好相关功课；接团进行欢迎介绍时，应把司机介绍给游客，送团时也不要忘了对司机一路安全行驶服务的感谢；在行车途中要注意做好安全行车工作，每次上车时注意检查团队客人有无将随身物品顺手放到前挡风玻璃处遮挡司机视线，如遇雨天行车要及时帮助司机擦清挡风玻璃以保证他的视线，有必要的时候帮助司机倒车、掉头，行车途中为司机倒茶递水，不能长时间与司机闲聊，要特别提醒司机不要疲劳驾驶；抵达目的地后要和地陪一起安排好司机的食宿；等等。做到了这些，相信司机也一定会全力配合全陪导游的工作，保证整个旅游活动顺利进行。

案例引领

相互合作让我们化解被投诉风险

西安某旅行社接待了一个武昌的系列团，共5批，每批40人左右，第一批团是由有5年地陪经验的小薛接的，没想到火车提前40分钟到站，小薛从一开始接站就晚了，再加上中间又出现一些问题，导致系列团的第一批返程时不是特别满意。社里为此专门召开了会议，且第二批团要求换导游,社里就派了更为细心的小赵。当时武昌到西安的火车是6:00到,为了不重犯小薛的错误,小赵早早联系落实了早餐(一般酒店6:30才有早餐,本趟车万一提前到,6:00就得用早餐)、司机、酒店等,以为一切会很顺利,谁知道那天早上小赵的闹钟居然没响(闹钟定成工作日响铃,那天为节假日),5:10按照约定的时间,司机李师傅看小赵没到火车站就赶紧给小赵打电话,小赵当时第一个反应就是迟到了。赶紧和全陪取得联系,全陪说这次火车也提前了,到西安是5:30,小赵当时赶到火车站也一定是迟到,算一下游客出站再到用早餐的酒店大约是6:00,小赵想赶到酒店还是来得及的。于是和全陪电话沟通让司机去出站口接团队,自己和他们在酒店会合,然后又把司机李师傅的电话、车牌以短信的形式告诉了全陪。小赵出发后,在出租车上一边给司机打电话一边祈祷自己能比游客早点到酒店。5:55小赵到达用早餐的酒店,看到餐厅服务员正在准备早餐,稍稍松了一口气。6:00收到全陪的信息说他们马上就到酒店,小赵赶紧跑到酒店门口,心里虽然惴惴不安,但还得定神,精神百倍地站在酒店门口引导团队客人进餐厅。当团队游客在酒店门口下车时,全陪"坏笑"地握着小赵的手说:"小赵,我们听司机说了,你为了能让提早到站的我们下车就能吃到早饭,早早就到酒店来监督我们的早餐了,辛苦了!"客人也连忙说:"辛苦!辛苦!"弄得小赵不好意思,再看司机李师傅和全陪,都在旁边乐呢!说实话,这个团如果不是司机李师傅和全陪帮小赵解围,很有可能又被投诉,是合作让他们化解了一次被投诉的风险!从那以后,小赵接团再也没有迟到过。

【案例解析】在本案例中,地陪小赵在知道团队有可能提前到站时,有些工作还是比较到位的,落实早班车抵达时间、团队的早餐,尤其是与酒店协商提前为游客准备早餐,在自己实在无法到达车站时,及时通知全陪并与接团司机联系,从而没有造成漏接,使事态的不良影响降到了最低。

迟到是地接导游接站过程中常见的问题,处理方法也各不相同。小赵的迟到可以说是个特例,居然没被游客发现,而且还让大家都领情。这当然要归功于司机、全陪与地陪的合作。但是导游服务中有一点始终不能忘记,那就是"以诚相待",决不能蒙骗客人。因此,发生了类似的事情,导游仍要在合适的时候与全陪、司机讲明缘由。由此,我们再一次认识到,导游工作是一项集体智慧、相互协作的工作,绝不是你一个人在战斗。

当然,我们在称赞此事完美解决外,也要讨论小赵迟到的原因,在知道火车有可能提前到达的情况下,他做了准备,可惜还是事与愿违。闹钟没响、手机没电了,这些都属于准备工作不够细致,只要细心一点儿,这类事情是完全可以杜绝发生的。

由上述案例可以看出,旅游车司机在旅游活动中是个非常重要的角色。司机一般比较熟悉线路和路况,导游员与司机之间合作配合得好,就能够保证旅行活动顺利进行。导游员与司机合作应注意以下几点。

1.及时向司机通报相关信息

旅游线路有变化时,导游员应提前告诉司机。如果接待的是外国游客,在旅游车到达景点时,导游员用外语向游客宣布集合时间、地点后,要记住用中文告诉司机。

2.协助司机做好安全行车工作

导游员可为司机做一些力所能及的事情,例如:帮助司机保持旅游车挡风玻璃、后视镜和车厢的清洁;帮助司机更换轮胎,安装或卸下防滑链,或进行小修理;遇到险情,由司机保护车辆和游客,导游员去求援等以减轻司机的工作压力,便于司机集中精力,安全行车。

3.征求司机对活动日程的意见

导游员在旅游过程中应与司机研究日程安排,注意倾听司机的意见,从而使司机产生团队观念和信任感,积极参与导游服务工作,这样有利于旅途安全顺利,帮助导游员顺利完成带团的工作任务。但是,不能任由司机摆布,要记住导游员才是旅游计划的执行者。

实训项目五　上 AB 团时与同行的合作

实训目标

熟练掌握并正确运用地陪导游与同行合作的技巧,提升组织协调能力。

案例引领

史上第一天团,6400 人游西安

2015 年 3 月份,西安一家旅行社和河南的一家旅行社联合开展了一项来西安旅游的活动,共有 6400 人。据旅游局数据统计,单日接待 6400 人的旅行团也是前所未闻。136 个小队,共安排了 136 辆大巴车,136 名导游;60 多家酒店,3500 间住房;同时吃饭需 800 余桌,午饭采取流水席……每个小队乘坐一辆大巴车,并对大巴车给予编号一一对应。西安导游小李参加了此次接待任务,在开接待动员培训会时,西安地接社进行了详细的培训,并给每位上团导游分发了活动应急手册,每 10 辆大巴车为一小组,开完大会后小李所在的第二分组开小会,10 位导游除了要做好本职的接待工作外,还需要分工协作,有负责前后车通勤联络的,有负责上车/下车时提前通知集合时间的,有负责团队用餐过程中对小组所在餐桌巡餐的,有负责落实进景区参观人数的,还有负责入住酒店时酒店前台统一领取房卡的(3 家酒店 3 人负责)……小李主要负责每次发车前统计各车的人数是否到齐,最后统一汇报给小组所在的负责人,两天的接待下来,尽管大队伍中有客人上错车、迟到、掉队,甚至下车用餐时不知自己在几号桌就座,但是小李所在的第二分组(10 辆车)因为组织协调得当,10 名同行之间的通力合作,使得接待工作进行得非常顺利,最后还得到了社领导的表扬。

【案例解析】接待超大型的旅游团队,不仅对导游,而且对组团社和地接社都是一个不小的挑战,何况是这种号称"史上第一天团"的 6400 人团队。对于景区来说,这种大团游比较罕见,对景区人流量提升很有益,但是一瞬间挤入这么多人,提前沟通很重要,本团中采取的是分批次进场;对于餐厅,旅行社安排了当地四个酒店吃午饭,但即便是这样也不能满足他们同时用餐,因此采取流水席的方式,而晚饭和早饭都由游客自行安排;住宿方面,为满足 6400 人的旅行团一夜的住宿问题,旅行社共联系了西安市 60 余家酒店,提供 3500 间干净整洁的房间供游客们使用;再加上 136 辆旅游大巴,吃、住、行、游已经全部解决;136 名导游,在接团前地接社进行了详细的培训,分发了此次活动的应急手册。

接下来就是导游的具体接待工作了,作为其中的一分子,地陪小李所在的分组在开完大会后又开小会,进一步明确了这次特殊团队的接待注意事项,如上车重点强调自己所在的队名标号并要求车上游客牢记。大型团队常出现的问题是上错车、掉队等,针对这一现象,导游上车后要给游客反复强调集合时间和地点,万一走散,看到公司 Logo 后报出自己所在的队名标号,就可直接联系上该队领队。因为在团队行程开始后,10 个车是一个集体,要统一出发,所

以 10 个导游之间的配合就显得尤为重要,除了要做好本车的接待讲解工作外,还要注意要严格按照大部队的统一部署时间按时分批分次抵达各游览点,这就要求 10 个同行之间也要进一步地分工才能做好整个接待工作,如每次上车/下车提前通知集合时间,前后车通勤联络,团队用餐过程中巡餐,入住酒店时在酒店前台统一领取房卡后再分发给各车导游等。因为人数众多,这些平常看起来地陪导游一个人就可以完成的工作需要分配给几个人来共同完成,因此,只有相互之间默契配合,才能做好大型团队的接待工作。

在接待大型团队时,一般会采取"化整为零,分而不散"的方法,导游员注意以下问题。

1. 统一调度,分工合作

由于人多、车多、导游多,导游员之间首先要统一指挥,分工合作,必要时在各团间安排一个调度的导游,专门协调各团之间的行程进度,并协调其他相关部门。同时,各团队间的导游人员要分工合作,互相补台,各车导游要及时相互联系,协调行动。

2. 准备充分,落实稳当

出团时,导游人员应做好相应的物质准备工作,必须持证上岗,携带计调单、导游旗、喇叭、意见反馈单等相关物品。大型团队除此之外,还应该准备下列物品:旅游车编号、带有小团编号的导游旗、分发给游客的标志、用餐桌签等。

3. 加强与领队、全陪的合作

地陪与全陪、领队是以遵守协议为前提进行合作共事的工作集体,他们的关系是合作伙伴关系。处理好这种关系,是旅游团队旅行活动顺利进行的重要保证。

4. 使旅游团的活动始终处于控制状态

首先,要能分清自己所带团队的游客。在大型团队中,很多游客彼此都是熟人,应避免发生"串门"的事情。其次,导游人员必须做出详细的计划,在做计划的时候要把游客可能拖延的时间考虑进去,尽量让游客能按既定计划完成行程。最后,要不停地提醒游客遵守活动时间,激发他们的团队精神,相互帮助、相互提醒,避免出现游客走失等情况;否则,导游联系再紧密,游客不配合也是枉然。

知识链接

什么是旅行社中的 AB 团、系列团?

旅行社中的 AB 团通常是指旅行社接待的大型旅游团,当接待人数达到一定量(通常是指团队人数超过本地最大的旅游大巴座位数时)的时候,将一个大的团队分为两个或两个以上的小团来同时接待,接待标准相同,团队行程相同,并根据具体的人数每一团队配备专门的司陪人员,可分为 A、B、C、D 车,也可用阿拉伯数字来编号,如 1 号车、2 号车、3 号车……导游在接待这一类团队时,要特别注意同行间的配合与合作。

旅行社中的系列团通常是指同一家组团社,针对同一条旅游线路,连续发 2 个或 2 个以上的旅游团给地接社(多见于一个单位的员工分批次出去旅游)。这类团队行程相同,但是接团时间不同,有时是上一批回去了下一批再出发,所以在接待这一类团队时,导游要特别注意接待质量,尤其是后面接团的导游要多请教前面的同行,比如在接待的过程中存在哪些问题,以便在后面的接待工作中避免犯同样的错误。

实训项目六　与其他旅游接待单位的合作

实训目标

熟练掌握并正确运用导游与接待单位合作的技巧,提升组织协调能力。

旅游产品是一种组合性的整体产品,需要旅行社、饭店、景点和交通、购物、娱乐部门等旅游接待单位的高度协作。作为旅行社的代表,导游员应搞好与旅游接待单位的协作。

1.多与旅游接待单位沟通,及时了解信息

由于旅游接待中涉及的环节多,情况经常发生变化,为了保证旅游接待环节不出现问题,导游员应提前与宾馆、餐厅、机场(车站、码头)联系,及时了解各种信息,以确保旅游活动顺利进行。

2.尊重相关旅游接待人员

导游员应尊重自己的同事,尊重同事的劳动和人格。当其他专业人员登场为旅游者服务时,导游员应起辅助作用。

3.工作上互相支持

旅游者消费的是综合性旅游产品,在与饭店、交通、景区景点以及其他部门的接触中,导游员应注意在工作中给予他们支持和帮助,使旅游者在旅游活动的各个环节都能得到满意的服务。因为接待单位即使再优秀,也难保工作上的万无一失,所以,导游员一定要和相关部门的工作人员配合好,共同做好旅游接待工作。

实训项目七　协调好旅游者之间的不同意见

实训目标

熟练掌握并正确运用协调旅游者之间关系的技巧,提升组织协调能力。

案例引领

我不能为他们当裁判,却必须为他们叫停!

导游员王玮接待了一个20人的旅游团。团里游客的年龄呈现出一种二元结构,其中7名游客是超过60岁的老年人,而其余的13名游客却都是30岁以下的年轻人。接团后,头天晚上讲好第二天早上8点30分准时出发。到了出发的时候,7位老人准时到达,而13位年轻人竟然一个也没出来。老人们在等候了15分钟以后,要求不要再等,甩开年轻人开始行动。王玮婉言拒绝了这个请求,说自己再去催一下。为此,老人们对导游很有意见。老人们耐着性子又等了将近20分钟,那13位散漫的年轻人才终于出现,只见他们三三两两、大大咧咧地走过来,脸上没有丝毫的歉疚之意。于是矛盾爆发了,老年游客要投诉王玮,他们说导游员耽误了他们的游览时间;年轻人认为老人们的说法是可笑的,他们说导游员等待多数游客到齐是在履行职责,理所当然。王玮不能给他们当裁判,却必须为他们叫停。于是,当天的游览在一种不和谐的气氛中开始了。王玮心里明白,过错在那些年轻人,因此老年游客那里必须安抚。第一天的行程结束以后,他先找到7位老人,为了早上久久等候的事情向他们道了歉,并保证明天

一定准时出发。老人们表示可以接受。然而解决问题的关键在于那13位年轻人，得想一个合适的办法。于是，王玮来到这些年轻人中间，坦率地说起了早上的事情，提醒他们回忆一下白天的行程，想一想早上滞后35分钟出发对自己一整天活动的影响，这些话让年轻人听进去了。王玮又说："大家旅途疲劳，咱们年轻人的觉多，偶尔睡过头起不来也是难免的事情。所以，今天早上的事情不怨你们，主要责任在我，怪我考虑不周全。"接着，王玮又提出建议，明天叫早的时间比那些老年人稍早一点，并由导游亲自给他们打电话。接着，王玮再次重申步调一致才能维护团队每一名成员的利益，恳请这些年轻游客理解导游的苦衷，支持他的工作。第二天早上，他们都准时来到了集合地。在后面的行程中，那些老少搭档一直是彼此谅解、相互帮助。

【案例解析】把如此年龄结构的游客混编在一个旅游团里，的确是对导游员提出了新的要求。调节、化解游客之间发生的矛盾，是导游员要面对的一道难题。有时候你还会发现，双方的矛头已在不知不觉中指向了自己。本案例中，老年游客要投诉导游，他们认为是导游员耽误了他们的游览时间；年轻游客认为老人们的说法可笑，认为导游员等待多数游客到齐是在履行职责。因此，老年游客自恃有理，把对年轻游客的不满和怨恨，通过对导游员的指责（甚至隐含着威胁）而发泄出来，他们希望导游员成为自己一方的矛，希望导游员能够攻击对方，从而有利于自己。年轻游客回避自己的过失，本能地把对方对自己的不满和怨恨引向了导游员，他们希望导游员成为自己一方的盾，希望导游员能够抵御对方，从而有利于自己。这时，导游员似乎是左右为难，处于尴尬局面之中，其实转机就在其中，因为这恰恰证明了双方谁也离不开导游员。王玮判断准确，出手干脆——"我不做裁判，只叫暂停"，先收缴了"矛""盾"，再慢慢来为双方做调节。这举重若轻的一招，点中了问题的"穴道"，自然是先声夺人了。王玮做调节工作的方法和顺序也值得新导游员注意。他先做"原告"的工作，突出真实情感，再做"被告"的工作，突出内在逻辑。尤其可圈可点的是他做"被告"工作时那些按顺序使出的招数：第一是摆出后果，第二是分析原因，第三是揽下责任，第四是提出建议，第五是重申要求，丝丝入扣，恰到好处。

游客之间有矛盾、争执，在整个旅游过程中也时有发生，虽说是属极个别的现象，但影响却很大。分析其原因无非有几种：①游客之间因小事引起矛盾和误会；②相互之间看不惯或看不起，轻视对方；③某一方的切身利益或自尊心受到伤害等。以上这些矛盾和争执的发生，作为导游员应该是有责任的。导游员必须清醒地看到，这些问题是旅游顺利开展的障碍，轻则影响游客之间的和睦相处与团结，重则会产生严重后果。为此，导游员要保持一定的警惕。一旦发现游客之间有矛盾并发生争执，导游员首先应该加以劝阻，然后可以认真倾听双方的诉说，根据游客之间的矛盾分别做好双方的思想工作。必要时可采取一些措施，比如，有目的地执行"四不政策"，即不安排他们同桌吃饭，不组织他们同组旅游，不让他们在旅游车上同座，不安排他们同房住宿。导游员在规劝时应遵循"中间立场"的原则，决不偏袒任何一方，同时要注意本身的态度和方式方法，做到"有理、有利、有节"，分化和缓解游客之间的矛盾和争执。

能否在旅游过程中将旅游者的不同意见加以协调，也是考查导游员组织团队技巧的重要方面。当旅游者之间产生意见分歧时，导游员可采取以下方法协调旅游者的不同意见。

1. 求同存异

一个旅游团队中，大部分游客想去某景点观光游览，一小部分游客认为该游览项目没多大意义而想去购物。在处理这类问题时，导游员要注意在合理而可能的原则下，本着游客第一的原则，合理巧妙地安排旅游活动，充分照顾不同的需求，处理好多数与少数游客的利益关系。

导游员可将购物的游客安排在旅游景点附近的购物商场,并且确定全体集合时间,先将购物的游客送到购物商场,同时指派领队负责游客安全问题,然后带领另一部分游客进行景点观光游览,再按照规定时间上车,将全体游客集中起来进行下一个旅游项目。

2.果断抉择

在某些情况下,导游员还应通过自己准确无误、符合逻辑的语言使旅游者放弃自己的主张,接受导游员的安排。例如:由于突降暴雨,原定的翠华山游览活动被迫取消。此时游客会七嘴八舌地提出自己的想法,导游员面对该种场面就可采取"金蝉脱壳"的方法控制局面,即不采纳任何旅游者的意见,而是提出自己的主张,带领旅游者参观陕西民俗博物馆,并雄辩地提出自己的理由:为了保证大家的安全,暴雨天气不宜进行室外活动,特别是登山活动;在民俗博物馆参观可以免遭雨水淋湿,保证大家的安全;特别是要将民俗博物馆展品的欣赏价值用富有吸引力的语言介绍给游客,同时表示参观该民俗博物馆大家将会得到一份惊喜的民俗礼物。旅游者一听,觉得导游员的安排很不错,自然会放弃自己的主张,接受导游员的安排。

3.不做裁判,主动承担责任,巧妙做好双方工作

当游客之间产生矛盾时,导游员一定坚持"我不做裁判,只叫暂停"的原则,先收缴了"矛""盾",再慢慢来为双方做调节。在调解矛盾时应注意方式方法,主动承担责任,巧妙化解矛盾。

总之,导游员要善于采取各种有效的手段和方法,尽可能把旅游者中的不同意见巧妙地统一起来,使旅游团队的活动得以顺利进行。

实战训练

带团过程中团队合作能力训练

训练项目	团队合作能力训练
训练要求	1.掌握旅游接待中与旅游者相处的原则与方法,并能在实践中正确运用。 2.掌握旅游接待中旅游服务集体关系维系与处理方法,并能在实践中正确运用,相互合作,顺利完成接待任务。 3.了解大型团队、系列团队接待过程中同行的合作与配合方法
训练地点	导游模拟实训室
训练材料	场景模拟、多媒体设备、"导游实战演练平台设备"
训练内容与步骤	一、训练准备 学生分成若干小组,搜集相关资料,设置不同的团队接待场景(或根据教师所给团队案例)并分饰不同角色,处理接待过程中出现的各方面矛盾和问题。 二、训练开始 1.不同场景下导游与游客相处的方法。 2.不同场景下导游服务集体的分工协作的方法。 3.学生阐述场景设计和采用的处理各方关系的效果。 4.教师对学生的训练结果进行点评并纠正。 三、训练结束
主要观测点	考核与训练学生带团过程中正确处理各方关系的能力

课后思考

1. 导游服务集体中，应如何把握各方关系，共同做好接待工作？

2. 作为一名地陪，在旅游接待中应如何处理好与全陪、领队和司机的关系？

3. 导游员在处理与游客的关系时应注意哪些问题？

4. 接待 AB 团时，应如何与同行合作做好接待工作？

实训模块四　旅游团队接团服务训练

学习目标

1.了解接待计划包含的内容,具备合理分析接待计划的能力。

2.熟悉接待准备的主要内容,正确落实接待事宜,合理进行物质准备。

3.掌握迎接工作的方法与技巧。掌握欢迎辞的内容和讲解技巧,能根据团队特点创作欢迎辞,并进行特色讲解。

4.掌握首次沿途导游的内容和讲解技巧,能进行规范的首次沿途讲解。

能力目标

具备合理分析接待计划、正确落实接待事宜的能力;具备针对性地创作欢迎辞,以及沿途导游讲解的能力。

良好的开始是成功的一半,接团服务是导游工作程序中一个重要环节。导游在接到旅行社下达的接待任务后,要做好接待准备,按时前往指定的接站地点迎接旅游团,按照团队接待计划单的要求开始整个团队行程。

案例引领

马马虎虎铸大错

6月21日中午12:00,西安导游小刘正在家中休息,突然接到旅行社的电话,称其应接的旅游团已经抵达西安咸阳国际机场,客人正在机场大厅等待。小刘的表情立刻严肃起来,心中不免纳闷,明明记得接待计划上团队抵达时间是19:45,怎么会提前抵达呢?

事情的经过是这样的:6月19日小刘接到旅行社的委托,接待6月21日的10人散客团,该团由上海飞来,在西安共有三天的行程。小刘在阅读接待计划时,将MU2306航班看成了MU2308,错将接团时间定为6月21日19:45,导致该团抵达后无人接待,客人等候多时不见导游,便打电话到旅行社询问。

小刘急忙打电话与接团司机联系,请他直接去机场,自己从家打车赶去机场。一路上多次与全陪电话联系,安排旅游团耐心等待。50分钟后,小刘赶到机场,他迅速找到焦急等待的客人,诚恳道歉,清点人数后带领旅游团登车出发。

小刘在工作中出现了哪些失误?需要注意些什么?

【案例解析】导游员在接待旅游团队之前,一定要认真仔细阅读接待计划单,不能因为工作忙碌或者想当然而放松要求,案例中的小刘就是因为马虎,弄错了航班,导致漏接事故。

在阅读接待计划时,要注意以下几点。

(1)明确接待任务。在每次执行接待任务时,要仔细察看接待计划,明确执行任务的内容、时间、地点以及其他工作,以避免盲目。

(2)分析计划,认真准备。仔细分析计划,认真做好各项接待准备工作,有助于避免在接待工作中出现的错误。

(3)复查计划。时常确认、复查计划可以预防接待中出现的不测。在接待中经常会出现一些影响工作质量的可控或不可控因素,复查计划可以帮助我们做好问题预测及处理准备,将问题消灭在萌芽状态。

旅游团接团服务流程如图4-1所示。

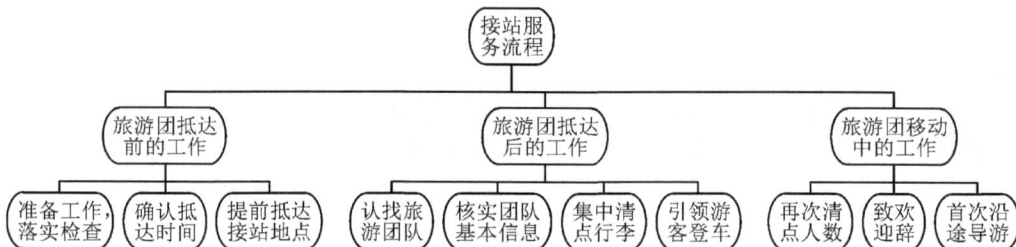

图 4-1 旅游团接团服务流程

实 训 项 目 一   阅 读 熟 悉 旅 游 接 待 计 划

实训目标

1.掌握阅读熟悉接待计划的方法,熟悉接待计划的格式、内容。

2.准确分析接待计划中的相关信息,为做好接待工作奠定基础。

导游在接到旅行社计调的电话通知后,应该最晚在团队抵达前一天到旅行社计调处领取计划单,认真阅读并和确认单进行核对。

一般来说,各旅行社的接待任务书并无统一格式,一份完整的任务书通常包括以下文件:接待计划书(旅游团队计划书见表4-1)、团队确认单、游客名单、分房名单、行程安排单、接待注意事项等。

表 4-1 旅游团队计划书

组团单位				团号(名)	
结算人数		其中:男　女　儿童		全陪	
付费标准	住宿	宾馆名称		联系方式	
		标准		结算方式	
	用车	车辆单位		联系方式	
		车型座位		结算方式	
	门票	景点名称		结算方式	
	餐费	餐厅名称		餐标	
		其中:　早　正		结算方式	
导　服					
合　计					

续表

地接社	名称及负责人		联系方式	
	地陪导游		联系方式	
行　程	D1			
	D2			
	D3			
备　注				

一、团队确认单

团队确认单,简单地讲是地接社和组团社之间就团队具体行程、接待标准、付款方式等的确认文书,通常以传真的形式相互发放并需盖章确认。

一般情况下,地接社在接到组团社书面或口头询价后,会将组团社名称、人数、国籍、抵/离航班(车次)时间、大概行程等相关信息登录在本社的团队动态表中。随后,地接社计调会编制接待计划,将人数、陪同数、抵/离航班(车次)时间、住宿酒店、餐厅、参观景点、接团时间及地点、其他特殊要求等逐一列入报价单中,然后快速地向相关接待单位询价并给组团社报价,得到组团社计调的确认后,接下来地接社计调会向各有关单位发送计划书,逐一落实。

(1)用房。根据团队人数、要求,以传真方式向协议酒店或指定酒店发送"订房计划书"并要求对方书面确认。如遇人数变更,及时作出"更改件",以传真方式向协议酒店或指定酒店发送,并要求对方书面确认;如遇酒店无法接待,应及时通知组团社,经同意后调整至同级酒店。

(2)用车。根据人数、要求安排用车,以传真方式向协议车队发送"订车计划书"并要求对方书面确认。如遇变更,及时作出"更改件",以传真方式向协议车队发送,并要求对方书面确认。

(3)用餐。根据团队人数、要求,以传真或电话通知向协议餐厅发送"订餐计划书"。如遇变更,及时作出"更改件",以传真方式向协议餐厅发送,并要求对方书面确认。

(4)关联地接社(由于地方保护主义等缘由,有时一个团队中会出现组团社所找的地接社只能接待一段旅游行程,这就需要接下来的旅游行程由地接社找相关联地接社来共同合作完成组团社的整个接待任务)。以传真方式向关联地接社发送"团队接待通知书"并要求对方书面确认。如遇变更,及时作出"更改件",以传真方式向关联地接社发送,并要求对方书面确认。

(5)返程交通。仔细落实并核对计划,向票务人员下达"订票通知单",注明团号、人数、航班(车次)、用票时间、票别、票量,并由经手人签字。如遇变更,及时通知票务人员。

逐一落实完毕后(或同时),地接社计调要编制团队接待"确认书"(见表4-2),加盖确认章,以传真方式发送至组团社并确认组团社收到后盖章回传,这个确认件的最终版本就是双方计调给导游下计划书的原始依据以及日后进行相关结算等工作的重要依据。

表4-2　旅行社与旅行社团队确认单

您好! 现将贵社来的旅游团队、行程及报价传真给您,若无异议,请按双方约定及时给予确认,若有异议,请及时沟通。谢谢!

收件单位		发件单位	
收件人		发件人	

续表

E-mail				E-mail			
Tel		Fax		Tel		Fax	
时间				人数			
行程							
报价							
备注							
经办人签字 旅行社（盖章） 年　月　日				经办人签字 旅行社（盖章） 年　月　日			

【任务导入】我们以下列团队资料为例，进行接待计划阅读训练。

时间：2019 年 5 月 1 日。

地点：苏州康辉旅行社。

人物：地陪王宏。

事件：地陪王宏接受苏州康辉旅行社的委托，负责接待一个由北京红蜻蜓旅行社发出的团队，导游部将接待计划书和游客名单交给王宏。

任务：地陪王宏从组团社基本信息、地接社地接信息、旅游团成员信息、团队接待信息和行程安排几个方面熟悉接待计划。旅游团接待计划及游客名单见表 4-3 和表 4-4。

表 4-3　BJRD-190501-2 旅游团接待计划

组团社	北京红蜻蜓旅行社	联络人	王源 15329679776	全陪	林青 13909213884
接待社	苏州康辉旅行社	计调	张鑫源 15879263346	地陪	王宏 18991833276
人数	成人 8 儿童 2	房间数（间）	4	客源地	北京
交通	旅游车（15 座金龙客车）	车牌	苏 A3369		
租车单位	苏州好运租车有限公司	司机	周永利	电话	13769245568
抵达	2019 年 5 月 1 日 17 时 10 分乘 CZ5636 航班由北京来抵达上海虹桥机场				
离开	2019 年 5 月 5 日 18 时 30 分乘 MU6398 航班由杭州萧山机场飞往北京				

日期	行程	交通	早餐	午餐	晚餐	住宿	娱乐
5 月 1 日	下午接机，入住酒店	旅游车	无	无	50 元/人	上海外高桥 喜来登酒店	无

日期	行程	交通	早餐	午餐	晚餐	住宿	娱乐
5月2日	早餐后,参观月亮船(约60分钟),外滩(60分钟),午餐在城隍庙自费品尝特色小吃,参观豫园(约50分钟),上海老码头(约60分钟),自由活动(约45分钟),晚饭后参观田子坊(约60分钟),晚上游览大上海夜景	旅游车	含自助早餐	自理	50元/人	上海外高桥喜来登酒店	车游大上海十船游黄浦江
5月3日	早餐后,乘车前往苏州,游览虎丘(约60分钟),午餐后游览拙政园(约90分钟),结束后返回酒店,晚上游览七里山塘景区,听苏州评弹	旅游车	含自助早餐	80元/人	50元/人	苏州喜来登大酒店	夜游七里山塘
5月4日	早餐后车赴乌镇,游览乌镇西栅,入住当地特色客栈	旅游车	含自助早餐	自理	自理	乌镇西栅红韵客栈	无
5月5日	早餐后车赴杭州,西湖游船(约50分钟),游览花港观鱼(约30分钟),午餐后游览灵隐寺(约50分钟),送机	旅游车	20元/人	50元/人	不含		

备注:门票为景点首道门票。

如遇不可抗因素,可调整活动项目。

单位公章: 负责人(签字):   制表人:

表4-4 BJRD-190501-2旅游团成员名单

序号	姓 名	性 别	年龄	职业	联系方式	游客关系	备注
1	王军	男	46	教师	18769531232		
2	秦慧霞	女	28	律师	13679852132		
3	丽云	女	32	教师	15364789321		素食
4	卢俊生	男	65	退休工人	13579293356		
5	苏胜利	男	37	医生	13896531765		
6	苏珊	女	3	家属		一家人	不加床
7	廖云杰	女	31	职员	18733568972		
8	方青青	男	40	医生	13577384521		
9	朱雨珊	女	36	职员	13577689361	一家人	
10	朱虹	女	10	学生			加床

二、核对事项

1.旅行社基本信息

旅行社基本信息包括:组团社名称,客源地,领队、全陪、联系人姓名及电话(见表4-5);地接社名称,计调、地陪姓名及联系方式;旅游车信息(司机姓名及联系方式、车牌号、座位数、车队信息)(见表4-6)。

表4-5　组团社信息

组团社名称	北京红蜻蜓旅行社
客源地	北京
领队姓名及联系方式	无
全陪姓名及联系方式	林青/13909213884
联络人姓名及联系方式	王源/15329679776

表4-6　地接社信息

地接社名称	苏州康辉旅行社
计调姓名及联系方式	张鑫源/15879263346
旅游车司机姓名及联系方式	周永利/13769245568
车牌号	苏 A3369
租车单位	苏州好运租车有限公司
地陪姓名及联系方式	王宏/18991833276

2.旅游团的基本情况

旅游团的基本情况包括:旅游团名称、团号、领队(或旅游者联系人)姓名及电话、全陪姓名及电话、团队人数(总人数、男性、女性、成人、儿童等)、旅游团国别及使用语言、费用结算方式、旅游团成员情况(该旅游团成员的情况,包括职业、年龄、性别、学历、宗教信仰等情况,是否有老弱病残等需要特殊服务的客人,是否有儿童等)(见表4-7)。

知识链接

团　　号

团号是团队的唯一身份证。科学的团队编号,有利于各业务部门的财务核算,有利于财务科目的建立,特别是有利于不同性质团队的统计分析;严密的团队编号,有利于团队分类归档,便于查找整理。如 XI'AJY-DJ-190501A,意思为西安金鹰-地接团队-2019 年 5 月 1 日 A 团。有的旅行社编号模式为:旅行社大写拼音首字母/年号/月份/接团日期—送团日期,如 SXHH19/10/01—06,意思是陕西黄河 2019 年 10 月 1 日出发,10 月 6 日送团。有的旅行社编号模式为:公司英文缩写-团队预定出发时间-前往旅游地-旅游团天数,如 CTS-0612-LY-2-A,CTS 三个英文字母代表公司的英文缩写;0612 四位数字代表团队的预定出发日期,前两码代表月份,后两码代表日期,即 6 月 12 日出发的团队;LY 代表前往的旅游地,不同的地区采用不同的字母缩写,此处 LY 代表洛阳;2 代表两天的行程;A 或 B 是代表此团分为两团以上。

表 4-1 所示团号 BJRD-190501-2 的意思是北京红蜻蜓旅行社 2019 年 5 月 1 日的第二个团。

表 4-7 旅游团成员信息

团队人数/人	10
男女比例	4∶6
老人及儿童人数	老年人 1 人、儿童 2 人
年龄层次	绝大部分游客年龄在 28~46 岁之间,65 岁以上 1 人,12 岁以下儿童 2 人,年龄跨度比较大
职业构成	职业构成以教师、医生、律师、职员为主
文化层次	文化层次较高,2 名儿童
宗教信仰	计划未反映
特殊客人情况	一名素食者
团队特点及接待注意事项	旅游团为组合团队,团队成员文化层次偏高,活动组织与讲解均应突出文化含量,2 名儿童要提醒家长带好户口本、学生证,告知应享受的优惠政策和注意事项;提前落实素食旅游者的餐饮

3. 团队接待信息(见表 4-8)

(1)住宿服务安排及其标准:下榻酒店的名称、地址、电话、星级标准等,床位数、房间数、是否大床房,是否有特殊要求等。对于房间的分配,全陪要根据团队的实际情况,如夫妻、亲戚、朋友、同事等,尽量安排在一起;有无 VIP 房、有无加床、有无自然单间。

(2)核对团队用餐次数以及结算方式:用餐次数、标准、地点、旅途中餐饮安排、是否有特殊要求等。有的旅行社只确定了用餐的标准,没有确定具体的用餐地点,地陪应根据当天行程就近安排合适的餐厅,要提前联系落实。

(3)交通服务安排及标准:团队抵达/返程站点(火车站、飞机场、汽车站、码头、约定地点),抵达时间,抵达航班/车次,返程票是否已出(尤其是外宾团队中的国内段国际联城机票,需要在飞机离机场前两天的中午 12:00 前确认;出境机票的票种不管是 OK 票还是 OPEN 票,如果是联城机票在离境前 72 小时加以确认),该团返程或去下一站的交通票据是游客自理还是旅行社代订等。

表 4-8 旅游团接待信息

住宿服务安排及标准	住 4 晚,3 晚国际品牌五星酒店(上海外高桥喜来登酒店、苏州喜来登大酒店),1 晚特别安排入住乌镇西栅红韵客栈,双人标准间 4 间,1 间加床
餐饮服务安排及标准	3 早 4 正,2 早计入房费,1 早 20 元/人,均不含酒水;1 人素食,如需专门备餐,费用另计
交通服务安排及标准	飞机往返,2019 年 5 月 1 日乘 CZ5636 航班 17 时 10 分抵达上海虹桥机场;2019 年 5 月 5 日乘 MU6398 航班 18 时 30 分由杭州萧山机场离开
有无特殊要求	计划未显示

出境票票种

出境票可分为 OK 票和 OPEN 票两种。

OK 票,即已订妥日期、航班和机座的机票。持 OK 票的旅客若在该联程或回程站停留 72 小时以上,国内机票需在联程或回程航班起飞前两天中午 12:00 以前,国际机票需在 72 小时以前办理座位再证实手续,否则原座位不予保留。

OPEN 票是不定期机票,旅客乘机前需持机票和有效证件(护照、身份证等)去航空公司办理订座手续。订妥座位后才能乘机,此种客票无优先权、无折扣优惠。

4. 旅游行程

旅游行程包括:旅游团出发地、途经地、目的地、线路行程时间和具体安排。

(1)游览项目的安排:核对团队具体行程,所包含景点,是否含小交通(电瓶车、索道等),是否有自费项目,是否安排购物(购物次数),团队行程中有无需要办理通行证地区的游览项目或者需要提前预约的参观点等(若有则要及时办好有关手续等),需另行付费的游览项目名称、收费标准及游览时间,儿童门票等。

(2)购物和娱乐活动安排:旅行社安排的购物场所名称、停留时间等,合同包含的娱乐活动项目名称及活动时间,需另行付费的娱乐活动项目名称、收费标准及活动时间(见表 4-9)。

表 4-9 旅游团行程信息

日期	行程安排
D1	15:30 接机,入住酒店
D2	7:30 起床—8:00 早餐—8:30 出发前往月亮船(60 分钟)—外滩(60 分钟)—午餐—豫园(50 分钟)—上海老码头(60 分钟)—自由活动(45 分钟)—晚饭—田子坊(60 分钟)—游览大上海夜景—下榻酒店
D3	7:30 起床—8:00 早餐—8:30 出发前往苏州—虎丘(约 60 分钟)—午餐—拙政园(90 分钟)—下榻酒店—七里山塘景区—苏州评弹
D4	7:30 起床—8:00 早餐—8:30 出发车赴乌镇西栅—入住当地特色客栈
D5	7:00 起床—7:30 早餐—8:00 出发车赴杭州—西湖游船(50 分钟)—花港观鱼(约 30 分钟)—午餐—游览灵隐寺(约 50 分钟)—送机

5. 备注项

仔细查看团队计划单中的备注项,有无特殊要求和其他注意事项;有无赠送项目和礼品;游客在住房、游览、用餐等方面的特殊要求;有无老人、小孩、残疾人等需要特殊照顾的客人;有无需要现收费用的游览项目等。

6. 接待标准和费用开支情况

(1)了解本次接待是综合服务还是单项服务、团队接待等级及收费标准。

(2)了解费用开支的方式及数额,准备好相应的空白结算单据和现金团款。

(3)了解团队中特殊成员的费用收取标准,如未成年人、70 岁以上老人、持有残疾证的残疾人、复员军人、领队和全陪等。根据不同地区的规定和国家有关规定确定收费项目和数额。

　　导游在核对计划单时,如果有不确定或者计划单和确认单有出入的地方,应该及时和派团计调进行沟通,以团队最后确认为主。如果出入较大,要求计调重出计划单;如果出入不大,可在原计划上更改后,由派团计调签字后确认。

实战训练

阅读熟悉旅游接待计划

训练项目	阅读熟悉旅游接待计划
训练要求	1.熟悉接待计划的格式、内容。 2.准确分析接待计划中的相关信息
训练地点	旅行社模拟实训室
训练材料	"导游实战演练平台设备"、旅游接待计划单、旅游行程或线路等资料
训练内容与步骤	一、训练准备 学生分组,抽取旅游接待计划,进行阅读,熟悉计划要点。 二、训练开始 认真阅读接待计划和有关资料,详细准确地分析旅游团的接待服务信息。 1.组团社基本信息。 2.地接社基本信息。 3.旅游团成员信息。 4.团队接待信息(团号、团名、团队类型、团队人数、游览天数、接待标准、餐饮标准、住宿饭店及标准等团队基本信息)。 5.旅游行程安排信息(抵离本站的时间、地点、交通工具情况,本站主要活动项目及要求)。 6.特别要求及注意事项。 三、训练结束
主要观测点	1.观察学生对关键问题的提炼和总结能力。 2.考查参与学生的归纳和表述能力

实训项目二　接团物质准备

实训目标

　　1.根据团队工作需要领取准备接团资料。

　　2.根据工作需要领取导游旗、导游扩音设备等工具。

　　3.根据工作需要准备自身物品。

　　地陪导游在旅行社计调处领完计划单并核对行程后,紧接着要到旅行社财务处领取团款以及上团物品。

　　(1)团款(分现金和签单)。地陪导游带团的过程中,需要支付景点门票、团队用餐费用、酒店住宿费用、司机车费等,并按照团队计划单的要求选择不同的结算方式。地陪导游在领取团款的过程中要自行对团队需要支出的费用进行预算,如果和计划单上有出入,应该及时和派团计调沟通后更改预借金额,以免在带团过程中垫付太多;团队签单也应该多借最少一份,防止在签单的过程中出错。

（2）相关票据、结算单据、接待协议等。如返程火车票、团队运行变更单、团队质量反馈表、三联单（多用于购买山岳景观的索道票）、接待协议（景区和旅行社签订的接待协议复印件,多用于周边游）、手写计划单等（见表4-10至表4-14）。

（3）上团物品。地陪导游的上团物品分两类:一类是需要自己准备的,如本人身份证、导游证、银行卡、旗杆、扩音话筒、其他上团必备物品等;一类是在旅行社领取的,如导游旗、接站牌、发送给游客的小礼品等（见表4-15）。

表4-10　旅行社餐饮结算单

编号：　　　　　　　　　　　　　　　　　　　　　　　　　　　　年　月　日

团号/团名	项　目	数量	单价	金　额/元
	游客餐费			
	陪同餐费			
	酒水费			
合　计（大写）				
导游员签字		导游证号码		旅行社签发人	
接待单位签字		经手人		会计	

表4-11　旅游景区门票结算单

编号：　　　　　　　　　　　　　　　　　　　　　　　　　　　　年　月　日

旅行社名称		时　间	
团号（名）		客源地	
团队人数		单价	
购票金额（大写）			
旅行社签发人		售票员	
导游员姓名		导游证号	

表4-12　旅行社行李交接单

国名（地区）		团号	
行李件数		下榻饭店	
破损件数		破损程度	
交接时间		年　月　日　时　分	
交接地点			
交方单位		签名	
收方单位		签名	
备　注			

表 4 - 13 旅行社团队结算单

编号：　　　　　　　　　　　　　　　　　时间：　　年　　月　　日

团号		操作(OP)		来自国家 (地区)		实有 人数	
抵达时间		年　月　日　时　分					
离开时间		年　月　日　时　分					
房费					核算 金额		实际 金额
餐费							
车费							
门票							
导服费							
交通费							
综合服务费							
附加费							
合　计	人民币	核损金额		美元	核损金额		
		实际金额			实际金额		

表 4 - 14 旅行社旅游任务派遣单

旅行社名称		（盖章）		电话	
团号		游客 类型	国内□国际□	游客 人数	
导游姓名		专职□　兼职□		导游证号	
目的地			团队性质	地接□出游□	
任务时间		年　月　日　至　年　月　日		天　夜	
乘坐交通 情　况	抵达	交通工具：　　航班(车次)：　月　日　时　分			
	离开	交通工具：　　航班(车次)：　月　日　时　分			
	接送站	接——车型：　座数　司机 送——车型：　座数　司机			
	城市间				
住宿饭店			住宿天数		

续表

游览景点			
进餐地点			
购物地点			
其他安排			
计调部负责人	（签名）	计调部电话	
完成任务情况及有关说明			

有关要求：

1. 旅行社须按要求填写，并加盖公章。

2. 详细游览活动日程做成附件附后。

3. 导游员在带团出游或地接时，须携带此任务派遣单，不得擅自改变派遣书确定的行程。

4. 此任务派遣书一式二份，一份由旅行社存档，一份由导游员携带供旅游管理部门检查。

表 4－15　导游员物质准备检查表

部门			团员		人数		
陪同			联系方式				
检查项目：（备齐或符合"√"，未带或不符合"×"，不需要"/"）							
证件及标识类	1	身份证		资料类	13	旅游宣传品	
	2	导游胸卡			14	接待计划	
	3	旅行社胸卡			15	分供方确认回执	
	4	导游旗			16	陪同日志/记事本	
	5	接站牌/徽章			17	导游图	
	6	护照			18	客户自带设备清单	
票据类	7	餐单		其他类	19	扩音设备	
	8	拨款结算单			20	通信工具备用电池	
	9	支票			21	着装要求	
	10	现金			22	仪表要求	
	11	交通票据			23	旅途所需药物	
	12	行李卡、封条					
备　注		检查人：　　　年　月　日					

80

实战训练

导游接团物质准备

训练项目	导游带团物质准备
训练要求	1.根据团队工作需要领取准备接团资料。 2.领取导游旗、导游扩音设备等工具。 3.根据工作需要准备自身物品
训练地点	模拟导游实训室
训练材料	"导游实战演练平台"实训设备、导游胸卡、导游旗、导游扩音设备、各类接待资料
训练内容与步骤	一、训练准备 学生分成若干小组,准备训练。 二、训练开始 1.领取团队工作资料。 2.领取接团工具。 3.准备个人接团物品。 4.对照导游员物质准备检查表检查物质准备情况。 5.教师对学生的训练结果进行点评并纠正。 三、训练结束
主要观测点	1.观察学生针对团队特点的物质准备的能力。 2.考查学生物质准备的工作规范性

知识链接

导游接团其他准备工作

导游在接团前,除了相关的业务和物质准备外,还需要进行其他的一些准备工作。

1.知识准备

导游应根据接待计划单所确定的团队行程,进行一定的知识准备。例如,提前了解本团的出发地(客人所在省份/城市)的基本情况,并根据团队的特点、年龄层次等,对当前客人出发地、旅游目的地近期的热门话题、国内外重大新闻以及团队客人可能感兴趣的话题进行收集和了解,以便快速拉近与团队客人之间的距离,给客人留下深刻的印象。

对于团队行程中自己不熟悉的景点,地陪导游更应该事先搜集资料,了解景区的基本情况。如果有必要的话,要先进行踩点,做到带团前往时心中有数。

对于入境旅游团队,要做好翻译工作,尤其是行程中导游的重点内容要做好用外语介绍的准备。有专业要求的团队,还要做好相关专业知识的准备工作。

2.非常规团队的物质准备

对于非常规游览团队,如会务团、招聘团、访问团等,要按照团队要求做好相关的物质准备工作,如鲜花接站、入住酒店摆放果盘等。

3.形象准备

地陪导游要想在团队客人中树立起良好的形象,一定要注意自己的仪容仪表,尤其是接站时的着装,不能不修边幅,着装打扮应该符合自己的职业身份。如果旅行社有要求,接站时一定要按照规定着工装,常规的团队行程中也应该大方得体、整洁自然,不能太前卫,也不能显得太破旧。男导游忌穿短裤、背心、拖鞋上团;女导游忌穿吊带裙、露脐装等上团。

实训项目三　落实接待事宜

实训目标

1.掌握落实各项接待项目的内容。
2.掌握落实工作的方法。

案例引领

王晓红是西安黄河旅行社的导游员。2019年8月,她负责一个来自上海的旅行团。按照原接待计划,这个团乘坐的高铁将在早上8:30到达。小王接待过很多类似的团队,对行程安排自认为非常熟悉了,只要按照原来的行程操作就可以了。

在接团的前一天,计调告诉她计划有变,该团改乘另一车次高铁抵达。车次有变化,但时间没有大的改变。第二天早上7:00,小王和司机张师傅正要去火车站接团,接到该团全陪的电话,说团队已经到达,找不到地陪,问小王在哪里?小王大吃一惊,询问是否是火车提前抵达,全陪说行程里这班车就是6:40抵达。小王只好让客人暂时先找个车站附近的阴凉处等待,她会尽快赶到。路上,小王打电话询问计调,得到的答复是对方发的传真的确只改了车次,并未更改抵达时间。

小王抵达后,先向所有团队成员致歉,并就此事做了解释。由于接团失误,旅游团对小王有一定的抵触情绪,虽然后来经过更加热情的服务,客人比较满意,但事后想来,如果当初给火车站问询处打个电话,认真核实一下,就不会有此遗憾了。

导游在落实接待计划时,有什么需要注意的问题呢?

【案例解析】事例中的小王由于没有仔细核实更改后的计划,只按计调通知的时间去接团,以致造成了漏接事故。导游员在查看和分析计划时,应仔细审阅每个细节,注意旅游团的名称、人数、航班或车次抵达的时间,下榻饭店名称,游客在旅游地停留的天数,游客离开的时间,旅游活动安排和游客的特殊要求等内容。同时,遇到不清楚的问题要及时与内勤人员商量,绝不能带着问题和疑点去接团。

分析计划后,还应就计划实施做大量的准备工作。如提前与接团司机确定会面时间和地点,了解旅游景点的开放时间,注意查看航班或车次的更改时间等;否则,在接待中如果遇到问题就会手足无措,影响接待效果。

【任务导入】
时间:2019年4月29日。
地点:苏州康辉旅行社。
人物:地陪王宏、司机周永利。
事件:地陪王宏熟悉接待计划后,开始和相关部门联络,落实接待事宜。
任务:地陪王宏与司机周师傅落实接待事宜。

导游在旅行社领取了团队运行计划单、团款以及带团物品后,还有一项非常重要的工作就是要进行相关的团队接待落实工作。一般情况下,团队落实工作多是通过电话沟通来进行的,主要包括以下几个方面。

(1)车辆落实。车辆落实工作的对象为地接司机,地陪导游在领取计划单后,第一时间应该和司机取得联系,进行团队接待车辆的落实工作。具体落实事项为:接送站时间、地点,告知司机团队抵达的航班/车次时间,落实车型,确认车号等。接飞机团队,还要和司机约定一起去机场的时间和地点;接火车团队(多为抵达车站),注意和司机约定停车位置;另外,如果是自备车旅游团队,地陪导游要提前和全陪电话联系确认出发时间、大概线路、大约抵达时间等信息,如果有必要,需要和自备车司机亲自通话。

(2)酒店落实。酒店落实工作的对象为该团的具体接待酒店(销售部/酒店前台)的工作人员,落实事项为:团队入住/离店的日期、大约抵达时间、用房间数、能否用早(正)餐、早餐餐厅位置、用餐方式和用餐时间等。

(3)用餐落实。用餐落实工作的对象为餐厅前台工作人员,尤其是接早班机/早班火车抵达、非正常时间(时间较晚或非用餐时段需要用餐)抵达、旅游淡季或者非常规线路途中的旅游团队,如果有用餐需求,地陪导游在领取计划单后一定要进行用餐落实工作。落实事项为:是否可以用餐、大约抵达时间、结算方式等。如果是正常时间段用餐,地陪导游可以在团队抵达餐厅前2小时直接进行电话预订。

(4)接团落实。接团落实工作的对象为全陪导游(若团队无全陪,落实对象为客人领队)。地陪导游在旅行社领取计划单后,首先应该主动编辑短信发送给全陪导游,告知全陪导游自己的姓名、地接社名称、具体的接站地点、向团队表示欢迎等,然后电话联系全陪,提醒其查看短信,再次确认团队人数等(如果是散客拼团,要依次短信/电话通知到每一组客人)。

(5)航班信息落实。航班信息落实工作的对象为机场问询处,地陪导游在接团当天、在准备前往机场前都可以拨打机场问询处的电话进行团队所乘航班信息情况的问询。具体落实(问询)事项为:航班抵达的具体航站楼、抵达时间、有无延误信息等。

实战训练

落实接待事宜

训练项目	落实旅游接待事宜
训练要求	1.掌握落实各项接待项目的内容。 2.掌握落实工作的方法
训练地点	旅行社模拟实训室
训练材料	"导游实战演练平台"实训设备、旅游接待计划单、旅游行程单等
训练内容与步骤	一、训练准备 1.学生分组并扮演车队负责人、司机、酒店总台工作人员、地陪、景点工作人员、机场问询处接待员。 2.准备旅游接待计划单、旅游行程或线路等材料。 二、训练开始 1.落实旅行车辆:联系车队负责人,确认旅游车车型、车牌号和司机姓名;接大型旅游团时,要在车上贴编号或醒目的标记;联系司机,确定与其接头的地点,告知日程和具体时间。

续表

训练内容与步骤	2. 掌握联系电话：备齐并随身携带有关旅游接待部门和人员的联系方式。 3. 落实住房和餐饮：熟悉旅游团下榻的饭店情况；和酒店核实旅游团的住房数、级别、是否含早餐等；和餐厅确认该团日程表上安排的每一个用餐情况，如团号、人数、餐饮标准、日期、特殊要求等。 4. 落实行李运输安排情况。 5. 落实景区景点参观安排。 6. 落实娱乐、购物安排。 三、训练结束
主要观测点	1. 观察学生掌握落实接待事宜——车辆、住房及用餐、交通工具抵达问询等的方法情况。 2. 考查导游出团的准备情况。 3. 考查学生应变能力与沟通交流能力

实训项目四　旅游团活动日程安排

实训目标

掌握旅游团活动日程制定的原则、方法，并能根据接待计划、团队特点制定出合理的团队活动日程。

案例引领

地陪的委屈

地陪王小姐在陪同游客游览临潼时，工作认真负责，在两个半小时内向游客详细讲解了兵马俑一号坑、二号坑、三号坑、铜车马以及华清池等景点。其中两位老人提出了一些有关西安事变的问题，王小姐说："时间很紧，现在先游览，回饭店后我一定详细回答您的问题。"在整个接待工作中，王小姐非常努力，尽心尽力为游客服务，游客建议她休息，她都谢绝了。虽然很累，但她很高兴，认为自己出色地完成了导游讲解任务。然而，出乎她意料的是，那对老年夫妇不仅不表扬她，反而写信给旅行社领导批评了她。王小姐很委屈，但领导了解情况后说老年游客批评得对。

小王在工作中有哪些地方做得不到位？为什么说老年游客批评得很对？

【案例解析】在本案例中，导游员未能考虑旅游者的身体承受能力，游览活动的安排过于紧张，短时间内游览多个景点，并给予密集的讲解，而未考虑游客的接受能力；当游客建议其休息时，实际是在暗示自己已经疲惫不堪，但导游员未予以理会，仍继续讲解；同时对游客提出的问题没能及时回答，没有考虑游客的兴趣与要求。因此，在旅游团有需要特别照顾的老、弱、病、残成员时，应注意劳逸结合，给客人安排充足的休息时间。

一、旅游团活动日程安排实例

根据所给下列资料，以地陪身份制定本团队在当地的活动日程。

接团通知

西安友好旅行社：

收到你社报价,现将我社 RD－869 旅行团的行程计划报给你,请予以确认。

人数:25＋1。

时间:10 月 8 日乘 ca1215 航班上午 9 时 30 分由北京抵达西安;

10 月 10 日乘 wh2623 航班离开西安赴上海。

住宿酒店:钟楼饭店。

餐饮安排:提供餐饮。

活动内容:秦兵马俑博物馆;华清池;半坡博物馆;大雁塔;法门寺(含地官、珍宝馆);仿唐歌舞;饺子宴。

北京红蜻蜓旅行社

2019 年 10 月 2 日

旅游者的时间有限,日程安排合理就可以让旅游者在有限的时间内获得最大的收获。另外,每个参观点的具体导游方案,即根据时间、景点等具体情况选择最佳线路以及讲解内容,在导游员的心中也应构思轮廓。如果不考虑时空条件,事先无科学计划,到了目的地临时应付,再好的导游方法也会大打折扣,很难收到良好的导游效果。

步骤1:导游员在接到团队计划后,首先要仔细阅读,同时,在接待团队之前,导游员要根据旅游接待计划着手安排旅游团在本地的参观游览活动日程(见图4-2)。

西安友好　　　旅行社旅游活动日程表

旅游团名称（团号）：RD-869旅行团

人数	25＋1	男10　人 女13　人 儿童2　人	车辆	陕ANH3378	司机姓名	宋大院	迎送	李秀琴	地陪 姓名	王晓红
住地	钟楼饭店	房号	8028	伙食标准	50/人	团队等级	标准等	全陪姓名	王晓	房号	8026

10月8日9时30分乘ca1215航班由北京来			10月10日16时30分乘wh2623航班往上海去			是否要 行李车	N			

	月	日	星期	上午	出发 时间	午餐	下午	出发 时间	晚餐	晚上	出发 时间	备注
日程安排	10	8	二	接团	8:00	钟楼饭店 中餐厅	兵马俑、华清 池、半坡博物馆	13:00	唐乐宫 饺子宴	仿唐歌舞	18:30	
	10	9	三	法门寺	8:30	法门寺 餐厅	返回西安	15:30	钟楼饭店 中餐厅	自由活动	/	
	10	10	四	大、小雁塔	9:00	东方大 酒店	送团	14:00	/	/	/	

说明: 1. 本表一式两份,务必在旅游团（者）到达前一天下午三时送达值班室;
2. 填写清楚,如有变动,及时更正。

填表人: 王晓红　　填表日期:2019年10月7日

图 4-2　活动日程表

步骤2:认真核查,发现问题,根据团队的实际情况修改活动日程安排使其更加合理(一般情况下可多做几份备案,以便应对紧急情况)(见图4-3、图4-4)。

西安友好 旅行社旅游活动日程表（修订1）

旅游团名称（团号）：RD-869旅行团

人数	25+1	男10人 女13人 儿童2人	车辆	陕ANH3378	司机姓名	宋大院	迎送	李秀琴	地陪姓名		王晓红
住地	钟楼饭店	房号	8028	伙食标准	50/人	团队等级	标准等	全陪姓名	王晓	房号	8026

10月8日9时30分乘ca1215航班由北京来	10月10日16时30分乘wh2623航班往上海去	是否要行李车	N

	月	日	星期	上午	出发时间	午餐	下午	出发时间	晚餐	晚上	出发时间	备注
日程安排	10	8	二	接团	8:00	法门寺餐厅	法门寺珍宝馆地宫	13:00				
							出发返回西安	16:30	钟楼饭店中餐厅	自由活动		
	10	9	三	兵马俑、华清池	7:30	临潼饭店	半坡博物馆	13:30	唐乐宫饺子宴	仿唐歌舞	18:30	
	10	10	四	大、小雁塔	8:30	东方大酒店	送团	13:00	/	/	/	

说明：1. 本表一式两份，务必在旅游团（者）到达前一天下午三时送达值班室；
2. 填写清楚，如有变动，及时更正。

填表人：王晓红　填表日期：2019年10月7日

图 4-3　活动日程表修订1

西安友好 旅行社旅游活动日程表（修订2）

旅游团名称（团号）：RD-869旅行团

人数	25+1	男10人 女13人 儿童2人	车辆	陕ANH3378	司机姓名	宋大院	迎送	李秀琴	地陪姓名		王晓红
住地	钟楼饭店	房号	8028	伙食标准	50/人	团队等级	标准等	全陪姓名	王晓	房号	8026

10月8日9时30分乘ca1215航班由北京来	10月10日16时30分乘wh2623航班往上海去	是否要行李车	N

	月	日	星期	上午	出发时间	午餐	下午	出发时间	晚餐	晚上	出发时间	备注
日程安排	10	8	二	接团	8:00							
	10	8	二	兵马俑	10:00	临潼饭店	华清池、半坡博物馆	13:00	唐乐宫饺子宴	仿唐歌舞	19:30	
	10	9	三	法门寺地宫、珍宝馆	8:30	法门寺餐厅	自由活动	13:30				
	10	9	三				返回西安	14:30	钟楼饭店中餐厅	自由活动		
	10	10	四	大、小雁塔	8:30	东方大酒店	送团	13:00	/	/	/	

说明：1. 本表一式两份，务必在旅游团（者）到达前一天下午三时送达值班室；
2. 填写清楚，如有变动，及时更正。

填表人：王晓红　填表日期：2019年10月7日

图 4-4　活动日程表修订2

步骤3：向旅行社汇报，并上交旅行社审批。

此外，活动日程也可制作成文档版。具体如下。

西安友好旅行社 RD-869 旅行团旅游活动日程安排

团名：RD-869 旅行团　　　　人数：25+1

D1　10 月 8 日

8:00　出发接团（乘 ca1215 航班由北京抵达西安）

12:00 午餐（钟楼饭店中餐厅）

13:00 兵马俑(参观时间 1 小时 30 分钟)、华清池(参观时间 1 小时 30 分钟)

16:00 出发前往半坡博物馆(参观时间约 1 小时)

18:30 集合出发前往唐乐宫

19:30 饺子宴、仿唐歌舞(唐乐宫)

D2　10 月 9 日

7:00 叫早

7:30 早餐(钟楼饭店)

8:30 出发赴法门寺

10:30 法门寺(地宫、珍宝馆,参观时间约 2 小时)

12:30 午餐(法门寺餐厅)

13:30 自由活动

15:30 出发返回西安

18:00 晚餐(钟楼饭店中餐厅)

饭后自由活动

D3　10 月 10 日

7:00 叫早

8:00 早餐(钟楼饭店西餐厅)

9:00 出行李

10:00 大、小雁塔

12:30 午餐(东方大酒店)

14:00 赴机场

16:30 乘 wh2623 航班赴上海

地陪:王晓红

手机号:12345678910

西安友好旅行社 RD－869 旅行团旅游活动日程安排(修订1)

团名:RD－869 旅行团　　　人数:25＋1

D1　10 月 8 日

8:00　出发接团(乘 ca1215 航班由北京抵达西安)

10:00 接站后出发前往法门寺景区(路上大约需要 2 小时)

12:00 法门寺餐厅用午餐

13:00 参观法门寺地宫、珍宝馆(约 2 小时 30 分钟)

15:30 自由活动 1 小时

16:30 出发返回西安(约需 2 小时),入住钟楼饭店

18:30 钟楼饭店中餐厅用晚餐

晚餐后自由活动

D2 10月9日

6:30 叫早

7:00 早餐(钟楼饭店中餐厅)

7:30 出发兵马俑博物馆(大约需要1小时30分钟)

9:00 兵马俑(参观时间约2小时30分钟)

11:30 出发前往临潼饭店用午餐

13:00 游览华清池(1小时30分钟)

14:30 出发前往半坡博物馆(约需1小时)

15:30 游览半坡博物馆(大约1小时)

16:30 出发返回钟楼饭店(约40分钟)

18:30 出发前往唐乐宫用晚餐

19:30 在唐乐宫观看仿唐歌舞

21:00 返回酒店

D3 10月10日

7:00 叫早

7:30 早餐(钟楼饭店西餐厅)

8:00 出行李,办理离店手续

8:30 出发前往大雁塔(约需30分钟)

9:00 参观大雁塔(大约1小时30分钟)

10:30 前往小雁塔(约需20分钟)

11:00 游览小雁塔(大约1小时30分钟)

12:00 东方大酒店午餐

13:00 出发前往西安咸阳国际机场送团

16:30 乘wh2623航班赴上海

地陪:王晓红

手机号:12345678910

2019年10月7日

西安友好旅行社RD-869旅行团旅游活动日程安排(修订2)

团名:RD-869旅行团　　　人数:25+1

D1 10月8日

8:00 出发接团(乘ca1215航班由北京抵达西安)

10:00 接站后出发前往兵马俑博物馆(路上大约需要30分钟)

10:30 游览兵马俑博物馆半坡博物馆(约1小时30分钟)

12:00 临潼饭店午餐

13:00 游览华清池(约 1 小时 30 分钟)

14:30 出发前往半坡博物馆(约需 1 小时)

15:30 游览半坡博物馆(约需 1 小时 30 分钟)

17:00 出发前往钟楼饭店,入住钟楼饭店

18:30 钟楼饭店中餐厅用晚餐

晚餐后自由活动

D2　10 月 9 日

7:00 叫早

7:30 早餐(钟楼饭店中餐厅)

8:30 出发法门寺(大约需要 2 小时)

10:30 游览法门寺地宫、珍宝馆(参观时间约 2 小时)

12:30 法门寺餐厅用午餐

13:30 自由活动(1 小时)

14:30 出发返回酒店(约需 2 小时 30 分钟)

18:30 出发前往唐乐官用晚餐

19:30 在唐乐官观看仿唐歌舞

21:00 返回酒店

D3　10 月 10 日

7:00　叫早

7:30 早餐(钟楼饭店西餐厅)

8:00 出行李,办理离店手续

8:30 出发前往大雁塔(约需 30 分钟)

9:00 参观大雁塔(大约 1 小时 30 分钟)

10:30 前往小雁塔(约需 20 分钟)

11:00 游览小雁塔(大约 1 小时 30 分钟)

12:00 东方大酒店午餐

13:00 出发前往西安咸阳国际机场送团

16:30 乘 wh2623 航班赴上海

地陪:王晓红

手机号:12345678910

2019 年 10 月 7 日

二、旅游活动日程表制定原则

导游员在安排活动日程时应遵循以下原则。

1. 主要活动应既适合该团的特点,又体现当地特色,并做到点面结合

在安排活动日程时,导游员首先要考虑到团队的性质与特点,以及旅游者的兴趣与爱好。如果旅游团队是一般的观光团队,旅游者一般是以游览名胜古迹、自然景观和领略当地风情为主要目的,安排日程时就应考虑这一点。如果旅游团是专项团队,导游员安排活动时,就必须

突出旅游团的专项要求。同时,人们外出旅游,最希望看到的是旅游目的地最具特色的景观。所以,导游员在安排日程时,必须将本地最具有代表性的游览项目呈现给旅游者。如西安接团,若地陪不安排客人游览兵马俑,他们将会牢骚满腹,甚至会认为"等于没有来过中国"。西安是一座历史文化名城,是一座巨大的博物馆,值得参观的景点很多,但旅游团在西安停留的时间是有限的,所以地陪一定要以最有代表性的游览项目为主要安排对象,而后酌情安排其他活动。

另外,点面结合得当,会使旅游者获得更美好的享受。所谓"点",是指参观游览点等日程上的既定项目;"面"指参观游览点以外的较为广泛的风貌,如市容、重要街道、商业区等。比如在西安接团,导游员带领旅游者游览了陕西历史博物馆,向旅游者展现了陕西灿烂的历史文化瑰宝,然后再去大雁塔广场,是一种较好的点面结合方式。从陕西历史博物馆到大雁塔广场、大唐不夜城、汉长城遗址、南湖公园、曲江新区,短短的路程向游客展现了西安作为十三朝古都悠久的历史和改革开放发生的巨大变化。

2. 各项活动劳逸结合,合理兼顾参观、游览、购物等各项活动

首先,导游员安排活动日程时,要考虑到团队成员的年龄、身体等情况。特别在旅游团有需要特别照顾的老、弱、病、残成员时,更应注意劳逸结合,给客人安排充足的休息时间。

其次,安排旅游日程时,应兼顾各项活动,使客人在当地逗留期间既感到充实,又觉得轻松、愉快,但一定要防止某些不良现象的产生。如有的地陪在带客人游览时,一天参观多少个景点,就带客人走进多少个购物商店,甚至在参观兵马俑时,让游览车不停在展览馆门前,而停在另一条街。这样,客人必须"很自然地"穿过一家购物走廊才能抄"近道"抵达展览馆大门,其目的客人一看便知。

3. 活动内容多姿多彩,避免雷同

除专项旅游(如宗教)外,雷同的活动安排往往令大多数追新猎奇的旅游者失望,重复的安排也往往使本来充满美感的项目变得平淡乏味。雷同的日程安排既指本地的活动内容相同,也包括异地的活动项目相似。前者,相对来说较容易避免,如果上午安排的博物馆、寺庙,下午就应该安排游览园林或街景;而后者则需要地陪经过细致的调查研究才能防止,如查阅计划、传真,以及了解前站的情况等。比如,武汉的归元寺以其独特的五百"脱胎漆塑"罗汉而闻名,是游览武汉的重点项目之一,但若旅游团已在北京参观了碧云寺或在云南参观了筇竹寺,并在沿途各站也游览了不少大大小小的庙宇,客人们已经对参观寺庙产生了厌倦情绪,如果武汉地陪已掌握此种情况,则应事先做好调整活动日程的准备,安排更具武汉特色的活动做"后备"项目,如"走访汉正街"等。一个周密合理的旅游活动日程,不但能增强地陪工作的主动性、计划性,同时也能使客人的各种要求得以满足,给旅游团留下一个美好的印象。

4. 从旅游者的兴趣和需要出发安排活动

由于旅行团成员之间兴趣和爱好各不相同,有时对参观路线意见各异,因此地陪需要在最短的时间内,根据绝大多数人的要求,以及当时当地的实际情况,提出自己的最佳方案。例如,外国人不远万里来到中国,除了渴望游览我国的美丽河山和名胜古迹外,还希望了解我国人民的生活,体会我国的民俗风情,他们常常会提出参观工厂、农村、医院、学校,甚至普通人的家庭。所以,安排游览节目不要太主观,不要认为自己喜欢看的东西,外国人就一定喜欢。如:当地人常引以为自豪的高楼大厦、立体交通桥,往往引不起旅客多大的兴趣,尽管导游们"言者谆

谆"，而游客们却"听者藐藐"。

5. 游览活动要做到"渐入佳境"

导游员在安排团队参观游览的顺序时宜采用"先一般后精彩、渐入佳境"的方法，将高潮放在最后，使旅游者越游览越有兴致，精彩的结尾往往能给游客留下满足舒服的感觉。

实战训练

制定活动日程

训练项目	制定活动日程
训练要求	掌握活动日程制定的原则、方法，制定出符合团队特点的活动日程
训练地点	模拟实训室
训练材料	接团通知、旅游接待计划、活动日程表
训练内容与步骤	一、训练准备 学生扮演地陪，查阅接待案卷，熟悉接待计划。 二、训练开始 请根据所给团队资料，选择一个旅游站点，以地陪的身份为该旅游团制定一份在当地的旅游活动日程安排。 三、训练结束
主要观测点	1. 观察学生对活动日程安排原则的掌握情况。 2. 考查学生对活动日程安排的合理性、针对性、规范性。 3. 考查学生的应变能力与组织协调能力

实训项目五　认找旅游团队

实训目标

1. 能正确佩戴导游胸卡。
2. 能在导游服务工作中正确使用导游旗、导游扩音设备等工具。
3. 能正确清点人数和引导游客上下车。

案例引领

多一份细心与耐心

导游员小李到机场去接一个7人的旅游团，小李手举接机牌站在出口处，希望尽快接到游客。此时，有好几个旅游团队从出港处走出来，看看小李手中的接站牌，都摇摇头走开了。大约等了30分钟，该航班的客人几乎都出港了，小李仍没有接到客人。小李注意到这班航班下来的游客团队所佩戴的标志几乎一致，与他要接的客人属于同一个旅行社发团，且该团队没有领队。小李连忙让司机代他手举接站牌在大厅等候，自己则连忙到大厅外寻找。果然，在停车场一辆大客车旁，见到几个游客正在与导游员进行交涉，他连忙上前询问，不出所料，这几个游客正是他要接的团队客人。原来这几名游客在飞机上结识了另一个旅游团的游客，相熟之后，打听到他们所住的饭店、提供地接的旅行社都与自己的相同,胸前所佩戴的标记也是由同一家旅行社所发,自认为和他们一起就能找到接待的导游员了。所以,出港时就没有注意地接导游的接站牌,随另一个团队直接出港了。

在本案例中,小李在认找旅游团时有哪些值得学习的地方?

【案例解析】本案例的小李能够通过客人胸卡相同的现象,灵活处事,敏感地推测出客人可能被其他人接走。与他相比,另一个团队的导游员就显得较为粗心,如果他一接到客人就清点人数,就不会把多余的游客带到停车场去了。

一般而言,做好接站的关键在于精心准备和灵活处事。由于在接站过程中可能会遇到航班延误或火车晚点,加之人员众多,场面混乱,因此,导游员要尽量做到接人及时、准确且处事灵活。

在接不到客人时,导游应分析原因,如客人等候行李还没有出来,或被饭店接站人员或其他人接走;或没找到导游员自己叫出租车走了,或坐其他航班及车次还没有到等。同时,导游在接站时应注意与自己所接客人特点相近的游客,避免客人被其他人接走。

一、接站服务

1.确认旅游团抵达的准确时间

接团当天,导游员应密切关注天气情况,通过多种途径了解旅游团抵达的准确时间,一般要做到三核实——计划时间、时刻表时间、问询时间三核实,如果三个时间不一致,应该进一步核实确认。导游员应及早与旅游团领队或全陪取得联系,了解交通工具的运行情况。一般应在飞机预计到达时间前2小时,火车、轮船预计到达时间前1小时询问,以便有充足时间前往机场、车站、码头。

2.与旅游车会合

确定了旅游团到达的准确时间之后,地陪要立即与为该团在当地提供交通服务的旅游车司机联系,商定出发时间和会合地点,确保提前30分钟抵达机场(车站、码头)。在接站途中,地陪应告知旅游车司机该团的主要活动日程和具体时间安排,核实旅游车座位数量,检查卫生情况,还应了解话筒的使用情况,告诉司机客人的特殊要求,征询司机的意见等。到达接站地点后,应与司机确定旅游车停放的位置、行李箱的使用、客人上车的位置等。

3.再次核实旅游团抵达的准确时间

到达机场(车站、码头)后,再次向问询处、服务台,或者观察电子显示屏,核实旅游团所乘交通工具的抵达时间及出站口位置。

4.等候旅游团队

旅游团所乘坐的飞机(火车、轮船)抵达后,地陪要在旅游团出站前,站在出站口的醒目位置,面向出站口高举导游旗、接站牌,迎接游客的到来。

5.认找旅游团

旅游团客人出站后,地陪导游要举接站牌和导游旗站在醒目的位置,方便全陪或领队以及团队客人来联系,同时地陪导游还应该根据旅游者的特征、衣着、组团社发放的徽记、旅行包、旅行帽等作出判断,主动询问,问清该团的人数、出发地、国籍等,一切相符后确定自己所要接的旅游团。同时提醒已出站的客人集中等候,主动和全陪打招呼,在全陪的引荐下认识领队,且热情主动地和团队客人打招呼。

6.和全陪（领队）确认团队信息

地陪导游在认找到自己的旅游团队后,应该进一步和全陪(或领队)确认团队信息,包括:确认全陪或领队姓名(谨防同一家组团社发人数相同的两个团同时接站)、团队实到人数(如有变化,应及时和旅行社取得联系,变更后需要确认人数的接待行程)、接团的首站行程安排等;如果是入境旅游团,还应该注意协助旅游团将行李集中在指定位置,提醒客人检查行李有无破损,填写行李卡,与领队、全陪、行李员一起办理好行李交接手续。

7.清点人数并引导团队客人登车

地陪导游在和全陪(领队)确认完团队信息后,应该在全陪或领队的配合下清点团队人数,提醒团队客人带好所有行李物品,用导游旗引导团队客人上车;团队客人上车时,地陪导游应该配合司机一起把客人的行李归置放好,然后站在车门一侧恭候客人上车;团队客人全部上车后,地陪导游应礼貌地再次清点团队人数,等所有人员到齐、坐稳后,示意司机开车。

二、不同旅游团队的接站

迎接乘坐不同交通工具的旅游团队,在接站过程中,地陪导游还应根据所乘交通工具的差异,区别对待。

1.接飞机团

地陪导游接飞机团队,要和接团司机从约定地点提前一起出发前往机场,和司机碰面后明确告知司机接站的具体机场的名称(有些城市有多个机场),在前往机场的途中,电话确认团队接站具体的航站楼,抵达机场后确认司机具体的停车位置,然后前往抵达大厅迎候旅游团(者)的到来;如果遇上旅游旺季司机套团,地陪导游需要自行(乘坐机场大巴或顺车)前往机场,这时,地陪导游一定要注意把握接团时间,宁早勿晚,到机场和司机会合后确认司机的停车位置,督促司机打扫车内卫生,然后前往机场抵达大厅迎候旅游团(者)的到来。

2.接火车（轮渡等）团

地陪导游接火车(轮渡等)旅游团队,一般情况下是分别和司机抵达接站地点的。地陪导游抵达火车站后,应该第一时间到火车站出站口动态显示屏查看团队的车次现状,然后电话确认司机是否已经抵达,明确其停车位置和车牌号码,且随时注意收听车站广播通知抵达车次,听到广播通知后,在火车站出站口准备好接站牌、导游旗等,并站在醒目的位置迎接旅游团的到来。

3.接自备车旅游团

地陪导游接自备车旅游团队时,需要提前自行抵达约定的接站地点,随时和自备车旅游团队保持电话联系,以便电话指引自备车旅游团队下高速后的行车线路,并且再次确认自备车旅游团队的车型/车牌号,站在方便停车的地方接团。

案例引领

接错了团队怎么办

西安导游员王乐在西安咸阳机场迎接一个来自香港的30人旅游团(下称 A 团)。接到旅游团后,小王清点了人数,集中清点了行李并与行李员办好了行李交接事宜。当团队来到天朗饭店时,行李已经到达。此时,领队说他们应该住在止园饭店。小王急忙与领队核对接待计划,自己的计划上明明写着天朗饭店,可领队的计划上却写着止园饭店,并且团队计划上领队的姓名不一致。小王此时才发觉,自己当时没有核对领队的名字,一定是接错了团队。她非常着急,立即打电话报告旅行社。经过联系,小王得知另一名导游员小周接了他的团队。小周告诉小王,他接的团(下称B团)应该住在止园饭店,但在机场经过与领队核对,发现领队的姓名和所住饭店不对。领队的计划上是天朗饭店,小周就意识到自己的团队被他人接走了。在机场等了一会,见没人接待,就先将该团接到了天朗饭店。两人又进行了计划核对,发现两个团队的团名、人数都相同,只是领队的姓名和下榻饭店不同。两人说好让小王带着团队在天朗饭店等候,并照顾好小周的团队。小周带着团队很快抵达了天朗饭店。见面后,他们发现两个团队是同一个组团社、同一个地接社、相同的行程、同一架航班、统一的旅行帽,并背着同样的旅行包。小王和小周立刻又进行了计划核实,并与两个团队的领队进行了确认,然后,小周带领着自己的团队前往止园饭店。

【案例解析】在导游接待过程中,常会遇到团队相似、人数相同的情况,很容易出现错接事故,因此需要认真做好团队确认和行李交接工作。导游员王乐所犯错误是没有仔细核对领队的姓名、计划上的内容。而导游员小周的处理就很果断,当核实了团队信息,知道团队被接走了后,立刻将A团带到应该下榻的天朗饭店,并且嘱咐小王在天朗饭店照顾好自己的团队,这样既可以让A团游客直接抵达所下榻酒店,又可以亲自及时接到自己的团队,将错接带来的不利影响降到了最低。

实战训练

导游服务规范及常用工具的使用

训练项目	导游服务规范及常用工具的使用
训练要求	1. 能正确佩戴导游胸卡。 2. 能在导游服务工作中正确使用导游旗、导游扩音设备等工具。 3. 能正确清点人数和引导游客上下车
训练地点	模拟导游实训室
训练材料	"导游实战演练平台"实训设备、导游胸卡、导游旗、导游扩音设备
训练内容与步骤	一、训练准备 学生分成若干小组。 二、训练开始 1. 佩戴导游胸卡。 2. 导游旗的持法。 (1)直举式。小臂自然上举,与大臂约成90°,手握旗杆,旗杆直立。 (2)斜举式。手臂自然弯曲举起旗杆并斜靠在同侧肩部,旗子高度以方便游客看清为宜。 3. 话筒的使用训练。 事先调整好扩音设备的音量,然后手臂自然抬起,大小臂约成90°,话筒与口部保持约5厘米的距离,保证音量在适当范围内能听清为宜。同时,话筒不能遮挡口部和面部。反复练习,体验音色和音质。

训练内容与步骤	4.清点人数训练。 用目光默数,右手自然垂直向下,以弯曲的手指辅助记录人数。清点人数时不能发出声音,不能用手指或导游旗来清点。 5.引导游客上下车。 乘坐旅游车时,导游员应第一个下车,最后一个上车。同时面带微笑站在车门口车头一侧,协助游客上下车。 6.教师对学生的训练结果进行点评并纠正。 三、训练结束
主要观测点	1.观察学生导游胸卡佩戴的规范性。 2.考查学生导游旗、扩音设备使用的规范性。 3.清点人数、引导游客上下车的规范性

认找旅游团队

训练项目	认找旅游团队
训练要求	掌握接团过程中认找不同类型团队的方法和技巧
训练地点	模拟机场/火车站场景
训练材料	"导游实战演练平台"实训设备、接站牌、导游旗、讲解扩音设备等
训练内容与步骤	一、训练准备 1.学生分组扮演不同类型的团队与导游。 2.接站牌制作。 (1)要求写清团名团号、领队姓名。 (2)接小型旅游团队有领队时,要写上客人的姓名。 二、训练开始 1.核对时间:要求做到"三核实",即核对计划时间、时刻表时间和实际到达时间。 2.联系司机:导游员与旅游车司机取得联系,约定会合时间和地点,遵循"提前30分钟要求"提前抵达接站地。 3.持接站牌等候:持接站牌站立在机场出站口醒目位置,便于领队或客人前来联系,热情迎候游客。 4.主动认找:由学生分组扮演几组不同团号的游客,团队资料由受测学生随机抽取;受测学生通过旅游者的衣着、组团社徽记等分析、判断并上前委婉询问,主动认找;问清团队的团号、组团社名称、领队或客人的姓名。 5.核实相关事项:核实交通工具、组团社和接待社名称、联系方式、团队人数等。 6.带领团队集合登车:清点人数,清点行李,提醒游客带好随身物品,带领团队登车,再次清点人数,提醒游客再次检查各自行李物品和重要证件。 三、训练结束
主要观测点	1.观察学生对认找团队各个环节的把握情况。 2.考查参与学生对现场情况的把握能力和应变能力

三、全陪首站接团与离站服务

(一)首站接团服务

全陪导游的首站接团服务是全陪在游客面前的第一次亮相,决定着游客对全陪的第一印象,所以全陪导游一定要提前到达约定的接站(集合)地点迎候旅游团。

1.约定地点集合出发

全陪导游出团时,和客人在约定地点集合出发,这一类团队大多是含接送站(飞机场/车站)的旅游团或者是自备车出游的团队。全陪导游一定要注意和出团司机提前半小时抵达集合地点,客人陆续抵达时,要主动跟每位客人打招呼,认找领队并第一时间和客人领队核实团队信息,提醒客人核实是否携带身份证件,清点团队人数等,待全部人员到齐后引导团队上车出发。

2.客人自行前往火车(高铁)站

全陪导游出团时,按照约定,团队客人自行前往火车(高铁)站集合出发,这一类团队大多是火车(高铁)出游的旅游团队。全陪导游要注意提前在旅行社领取出团车票,和客人约定在相对空闲但显眼的区域集合,提前抵达集合地点等候游客。等游客陆续抵达时,提醒到集合地点的游客,身份证件是否携带,主动认找领队并核对行程(如果是散客拼团,一定注意要逐个核对行程),提醒客人注意随身财物的安全,等团队游客到齐后,配合领队一起分发火车票并做简单的自我介绍和对本次团队行程的介绍,然后用导游旗引导团队游客进站集中候车。

3.客人自行前往飞机场

全陪导游出团时,按照约定,团队客人自行前往飞机场集合出发,这一类团队大多是散客拼团出游。全陪导游要注意在前期进行落实工作时,和游客讲清楚在机场的集合时间和具体的航站楼,提前抵达集合地点等候游客。等游客陆续抵达时,提醒到集合地点的游客,身份证件是否携带,并注意核对每一组(个)出游游客的行程,等团队游客到齐后,做简单的自我介绍和对本次团队行程的介绍,收取团队客人的身份证件,提醒客人集中等候,前往值机柜台办理登机手续和行李托运。

如果是境外旅游团,全陪导游应该提前半小时到达指定接站地点并和地陪一起迎候旅游团,协助地陪尽快找到旅游团。同时积极主动认找领队并做自我介绍,把首站的地陪导游引荐给领队和团队客人。

(二)团队离站服务

1.火车离站

全陪导游带团队火车离站,等全体游客都到齐后,需要再次清点人数,用导游旗引领客人至火车站"进站"口,提醒客人出示身份证件和火车票并引导团队客人进站配合行李安检,在候车大厅提醒团队游客集中等候,并注意自己随身财物的安全。

火车出游团队在团队客人上车后,全陪导游需要再次明确每一位客人车厢和座位号,提醒客人抵达旅游目的地的大体时间,并告知游客自己所处的车厢号,以便游客能随时找到导游。抵达目的地前,全陪导游要提醒游客带好所有行李物品下车后在站台集中等候,用导游旗引领团队客人出站,出站后与地陪导游汇合。

2.飞机离站

全陪导游带团队飞机离站,等全体游客都到齐后,收取客人身份证件,为团队客人办理登机牌以及行李托运手续,并引导客人进行安检,待团队进入安检后提醒客人集中候机,听到机场广播通知后提醒客人登机。

团队在飞机落地后,全陪导游要提醒有行李托运的客人去提取行李,其他游客集中等候,等全部客人到齐后,用导游旗引领团队客人出站后与地陪导游汇合。

3.自备车团队离站

全陪导游带领自备车团队离站,等全体游客都到齐后,需要再次清点人数,提醒客人将大件行李放到行李箱,贵重物品随身携带,并配合司机一起摆放行李,上车后再次提醒以往有晕车症状的客人尽量前排就座,查看车头前方是否有遮挡司机视线的物品后出发。

自备车出游团队由于行车距离较长,因此,全陪导游在沿途中一定要注意提醒司机不要疲劳驾驶,注意安全,并在适当的时候提醒司机进服务区停车休息,安排客人用餐。同时,随时注意和地陪导游保持联系,提前约定接团时间和地点。

实训项目六　致欢迎辞

实训目标

1.掌握欢迎辞撰写的基本要素、主要方法。

2.能根据团队特点撰写一份具有特色的欢迎辞。

3.具备灵活调整致欢迎辞内容、方式的能力。

4.能正确运用声音、表情、姿态语言向游客致欢迎辞。

5.结合自身的优势,形成不同风格。

案例引领

各位游客,大家一路辛苦了!我是杭州当地的导游李思雨,大家可以叫我小李或者李导,我旁边的呢,是王师傅。首先非常欢迎各位来到浪漫之都、休闲之都、时尚之都的杭州。杭州城不仅美丽妖娆,而且还拥有这么多美好的雅称。中国民间评定的四大爱情故事有两个是在杭州发生的,知道是哪两个吗?对了,就是家喻户晓的白蛇传和梁山伯与祝英台的故事。另外,杭州拥有"浪漫之都"雅称的很大一部分原因就是杭州拥有美丽的西湖,如果真要把这个湖跟什么相比的话,或许也只有当年的西施才有资格了,要不然苏东坡也不会咏出"欲把西湖比西子,淡妆浓抹总相宜"的诗句了!杭州的西湖是美丽的,美到什么程度呢,老百姓也说"天下西湖三十六,其中最好是杭州",这说明杭州的西湖是在所有叫作西湖的湖泊当中最美的。而且今天我发现大家的运气相当不错,因为早上刚刚下过一场小雨,雨后初晴的西湖真的是最美的,我们今天下午会一直在西湖景区活动,大家可以好好地游览、欣赏西湖。那么接下来我就把我们这两天在杭州的日程安排给大家做详细的介绍……

【案例解析】这段欢迎辞是在接团后马上开始团队行程时的欢迎辞,地陪导游饱含深情、激情满怀地赞美了杭州、赞美了西湖,优美抒情,真挚动人,并且利用天气做引子,着重强调了将要游览的主要内容和景点,清晰明了,目的明确,重点突出。

导游接待工作就像一个系统工程,每个环节都很重要。其中,最重要的环节莫过于与客人的初次见面。初次见面是导游员与客人相互了解的第一时间,此时如能给客人良好的第一印象,得到他们的信任,将为接待工作赢得主动。因此,导游员在首次接触游客时应注意以下几点。

(1)精神饱满,积极调动游客的情绪。

(2)注意自身的仪容仪表、行为风度以及讲解的语气、语调与语速,形成良好的印象。

(3)导游员在致欢迎辞时应根据团队的性质、特点,成员的年龄、文化程度等具体情况,灵活调整致欢迎辞的内容、方式。

(4)导游员应结合自身的优势,形成不同的风格。

地陪导游在接站引领团队客人上车后,在团队行程开始前首先应该向团队客人致欢迎辞。欢迎辞的内容应该根据旅游团(者)的国籍、年龄、文化水平、职业、居住地区以及旅游季节等不同而有所不同,不能千篇一律。"致欢迎辞"是旅游行程的开始,它好比一场戏的"序幕",一篇乐章的"序曲",一部作品的"序言",导游员应当努力展示自己的艺术风采。因此,欢迎辞一定要精心准备,争取给客人留下一个良好的印象。

一、欢迎辞的要素

规范化的"欢迎辞"应包括以下六大要素。

(1)问候语:向团队客人表示问候。

(2)介绍语:介绍自己,介绍参加接待的领导、司机和所有人员。

(3)欢迎语:代表接待社、组团社向客人表达欢迎之意。

(4)希望语:希望得到游客的支持与合作,努力使游览获得成功。

(5)态度语:表明自己竭尽全力为客人做好导游服务的态度。

(6)祝愿语:祝客人旅途愉快等。

二、欢迎辞的形式

欢迎辞一般有规范式、聊天式、调侃式、抒情式、安慰式五种形式。

1.规范式欢迎辞

规范式欢迎辞,是中规中矩、浅显直白,既没有华丽的词汇修饰,也没有风趣的幽默表现的欢迎辞。这种方式只适用于旅游团规格较高、身份特殊的游客。它对大多数游客不太合适用,显得单调、枯燥,甚至会使游客产生反感,起不到好的作用。以下是一个规范式欢迎辞的示例。

尊敬的各位领导,辛苦了!

首先我代表陕西中旅欢迎各位领导来到有着悠久历史的十三朝古都——西安。我是咱们这个团队本次西安之行的导游员,我叫李燕,大家可以叫我"小李"或"小燕子"。为我们开车的师傅刘刚,已经有十几年驾驶旅游车的经历,技术十分娴熟。我和刘师傅非常愿意为大家提供满意的服务。在未来的几天里,各位领导如果有需要我们办理的事宜,请尽管提出来,我们将会竭尽所能为您服务。衷心希望各位领导在西安玩得开心、愉快。

2.聊天式欢迎辞

聊天式欢迎辞,是感情真挚、亲切自然,声音高低适中,语气快慢恰当,像拉家常一样娓娓道来的闲谈式欢迎辞。这种方式切入自然,游客易于接受,能使游客在不知不觉中与导游像老朋友一样熟悉,尤其适用于以休闲消遣为主要目的的游客。以下是一个聊天式欢迎辞的示例。

来自北京的朋友们,大家好!

我先了解一下,大家都是一个单位的吗?(答:是的)这就好,那么大家互相都认识了,(答:是)好,那我们也来认识一下,我姓赵,叫赵强,是西安黄河旅行社派出的专门接待大家的导游。再了解一下,我们这个旅行团里有没有领导,(这位是我们的科长)科长,请问贵姓?(姓陈)陈科长,这次您就是老大,可以好好享受一下当老大的乐趣。这几天,大家无论有什么事,都得听老大的,知道吧。不过老大也得听我的(哈哈哈)。开个玩笑!在本次旅行过程中,我会为大家尽力服务,使大家高兴而来,满意而归。其实这车上真正的老大还是我们这位司机师傅,他掌管着我们全团人的方向呀!我们这位老大姓刘,开了十几年的旅游车,在我们省旅游的圈子里可谓德高望重,很有威信的!有我们刘师傅,大家尽管放心,保证让大家玩得开心、愉快!

3.调侃式欢迎辞

调侃式欢迎辞是风趣幽默、亦庄亦谐,玩笑而无伤大雅,自嘲而不失小节,言者妙语连珠,听者心领神会的欢迎辞。这种形式的欢迎辞,可以使旅游生活气氛活跃融洽,使游客感到轻松愉悦,情绪高昂,能有效地消除游客的陌生感及紧张感,但它不适用身份较高、自持骄矜的游客。以下是一个关于大学教师团队的调侃式欢迎辞的示例。

各位老师,大家好!

说实话,我现在面对大家有点紧张。其实平时也不是这样,这主要是因为面对着这么多的大学教授,心里有点发虚。接待这个团,我们旅行社曾经先后安排了几个导游,但他们都不敢来,怕讲不好让各位笑话。于是我就来了,这并不是说我是最好的,只不过我是胆子最大的,也算是"蜀中无大将,廖化作先锋"。但有一点,请各位老师放心,我会努力的。我要珍惜这次向各位老师、专家学习的好机会,在工作中不断充实自己。您呢,也就把我的导游讲解当作是检查学生的功课,请多做指导。

好,下面学生做一下自我介绍……

该篇算不上一篇完整的欢迎辞,但是作为欢迎辞的引子确实是不错的!导游在上团的过程中,难免会接待一些文化层次较高的旅游团队,以轻松调侃的方式切入正题也是一个非常好的选择!

4.抒情式欢迎辞

抒情式欢迎辞是语言凝练、感情饱满,既有哲理的启示,又有激情的感染,引用名言警句自如,使用修辞方式得当的欢迎辞。这类欢迎辞能够激发游客的兴趣,烘托现场的气氛,使游客尽快产生游览的欲望与冲动,但这种方式不适用于文化水平较低的游客。以下是一个抒情式欢迎辞的示例。

各位游客朋友们,大家好!

欢迎您们到山西来!山西这片土地,似乎很少有人用美丽和富饶来描述它,但在这里,您却可以嗅到中华大地五千年的芬芳。穿越山西南北,粗犷的黄土高坡向我们展示出一幅尘封的历史画卷。太行山的傲岸、吕梁山的淳朴、恒山和五台山的豪放以及中条山的坦荡,一样是梦寐的地方,一样给您满眼的绿和满腹的情。这是一个充满浓郁乡情的地方,这是一个饱含历史沧桑的地方,独特的文化气息将令您度过一个远离喧嚣和烦躁的阳光假期。

5.安慰式欢迎辞

安慰式欢迎辞是语气温和、入情入理,用一片善解人意的话语,拨开游客心中阴云的欢迎辞。在旅途中常常会遇到一些不尽如人意的事情,使游客的心情变坏,甚至愤愤不平。比如,由于某些原因交通工具晚点,出站时游客为某些小事与工作人员发生争执,行李物品的损坏或丢失以及旅游团内部的矛盾,等等,都会造成游客一出站就有不开心的表现。这种方式是在游客情绪低落、游兴锐减的情况下,有针对性使用的欢迎辞,目的是使游客尽快地消除心中不快,变消极为积极,为今后的导游行程奠定良好基础。

使用安慰式欢迎辞,需要导游人员在接站时,与客人见面后,能通过对游客面部表情、言谈话语的敏锐观察发现苗头,并通过领队或全陪简单了解情况,做到心中有数,才能有的放矢。以下是一个安慰式欢迎辞的示例。

背景介绍:一台湾旅游团原计划15时乘飞机抵达城市后,还要游览两个景点,第二天一早乘汽车赴另一城市游览。由于天气原因飞机晚点,当天19时飞机才到达,当天的游览活动只能取消。游客在上一站机场无所事事地消磨了4个小时,当天的游览也未能如愿,心情自然不佳。

各位团友,大家好!

咦,怎么没有回应呀?以往向大家问好,大家都有回答,这次怎么把我掉在地上了?我想,各位还是为飞机晚点在恼火吧?事情已经过去,我们就不要再去想它了,我们不是已经平安到达了吗?大家再看一下面对你们的这张笑脸多么灿烂,应该高兴呀!我们中国有句俗话"好事多磨",还有一句话"天要下雨,娘要嫁人",只能顺其自然,谁也管不了。大家这次正好赶上"晴间多云偶阵雨"(这是台湾人普遍都知道的笑料)的天气了。好了,我们不去管它了,在这几天的游览中,由我来给大家做导游,我会尽量做到最好。行程上今天应游览的两个景点,我会安排给大家补上的。刚才和领队商量了,明天吃过早饭后,早点出发,先抓紧时间把这两个景点游完,再去下一站,怎么样?不过,我们的司机师傅要辛苦一些了。师傅说了,只要大家满意,他辛苦一些也愿意。给师傅鼓掌!

大家一齐鼓掌,笑语充满车厢,游客的情绪已经好转。

实战训练

致欢迎辞训练

训练项目	致欢迎辞
训练要求	锻炼学生的胆量,正确恰当致欢迎辞,帮助学生树立良好的第一印象
训练地点	将教室布置成旅游车内场景,学生分组扮演旅游团与导游,根据自身特点致欢迎辞
训练材料	旅游车或相关场景、旅游车用麦克风、导游旗、实训软件
训练内容与步骤	一、训练准备 学生分组扮演旅游团与导游。 二、训练开始 1.要求保持微笑,保持良好的站姿,手持话筒时要离开嘴边。 2.欢迎辞内容全面。 3.欢迎辞符合自身特点和团队特点。 三、训练结束
主要观测点	1.观察学生对欢迎辞完整性和艺术性的把握。 2.考查参与学生的普通话水平,以及语言节奏的把握和态势语言的运用状况

欢迎辞示例

实训项目七 首次沿途导游

实训目标

掌握首次沿途导游的程序和内容,具备根据团队需求、沿途景观灵活、客观、正确、适度进行沿途导游讲解的能力。

西安沿途讲解示范

一、首次沿途导游内容

首次沿途导游是指旅游团队从抵站至首次停留的活动目的地沿途所提供的服务。首次沿途导游的内容主要包括沿途风光介绍、当地风情介绍、告知游客本团在当地的具体活动安排、下榻酒店介绍等。

(1)沿途风光介绍。地陪导游应向团队游客介绍沿途见到的有代表性的景物,应见景生情、突出重点、体现当地特色。

(2)当地风情介绍。地陪导游应该适时地向游客介绍当地的政治、经济、文化、历史、风土民情、风物、特产、气候、语言(方言)、城市概况等,并提醒游客相关的注意事项。

(3)宣布团队在当地的活动日程。地陪导游在沿途讲解中应该向团队游客介绍本团在当地的活动日程,有时甚至可以在车上确定本地的自费项目。

(4)下榻酒店介绍。地陪导游在团队入酒店前还应向团队游客介绍本团所下榻酒店的基本情况,如饭店名称、特色、具体方位、到所在城市商业区的公里数以及交通方式等。

二、接站后的首站行程

1.接站后直接入住酒店

地陪导游在接站后直接带团队入住酒店,在沿途讲解中要说明抵达酒店的大体时间,让客人心中有数。抵达酒店前要强调入住酒店的注意事项、早餐餐厅位置、早餐时间等,抵达酒店等车停稳后,提醒客人带好所有行李物品下车并准备好身份证件。

2.接站后直接开始团队行程

在很多情况下,地陪导游在接站后要带团队直接开始团队行程(前往景区游览、用餐等),

那么在沿途讲解中同样要说明抵达景区或者用餐餐厅的大体时间。即将抵达景区时,提醒客人参观游览的注意事项等;接站后直接用团队餐的客人,提前告知客人当地的饮食习惯等,带团队客人用好第一餐。

三、相关说明事项

地陪导游接站后的途中服务还有一项非常重要的内容就是团队来到旅游目的地的相关说明事项的介绍,尤其是一些少数民族地区,各种禁忌要反复强调,让每一位游客听清并记住。另外,对于入境旅游团,如果存在时差,要详细介绍两国(两地)之间的时差,并请游客将自己的表调到北京时间,并告知其在今后的游览中将以北京时间为作息时间标准。

四、沿途讲解的要领

(1)讲解内容选择要适度,讲解时间应适度。导游员在车、船中进行讲解时,要注意交通状况、道路或航道的宽窄等,并据此调整讲解内容的多少。一般情况下,导游员在整个旅途中的讲解时间可占 60％左右,不必一直不停地讲,要给旅游者留出观赏品味的时间。

(2)突出重点,避免做到面面俱到。

(3)景物提示要有提前量。

(4)讲清景物的左右方位。

(5)注意沿途导游技巧的运用。

知识链接

导游沿途讲解的重要性

一个完整的导游讲解应该分为景区(点)讲解和沿途讲解。在平常教学过程中,老师和学生更多注重的是景区的讲解训练,当然这也是入行的"敲门砖"。但是真正到了行业中后,会发现原来从机场到酒店、酒店到景点、景点到景点之间的讲解也很重要。如果一个导游在接站致完欢迎辞后一句话不说,路途较短倒还可以,但是如果路途较长,游客就会感到单调、沉闷、无聊,甚至可能影响对导游的信任和景点的游览。导游的沿途讲解应该讲什么、怎么讲,这是一个长期积累的过程。

刚刚抵达本地的游客最想知道下榻酒店的名称、位置、条件和到达所需的时间,窗外出现的沿途风光,当地的民风民俗,未来几天的大致行程等,所以在首次沿途讲解中,地陪导游应该根据团队情况,自主安排,灵活机动,但是一定要告知团队客人到达酒店的时间,让客人心中有数。

从酒店出发前往景区(点)的游客,更愿意比较深入细致地了解当地的概况和风情,以及所要参观景区的历史文化。因此,导游在沿途讲解中可以讲解所在城市或景区的基本情况,激发游客的兴趣;讲解一些与客源地不同的地域特色、气候特色、自然资源特色或人文资源特色,让游客比较、感慨;沿途有代表性的景物的介绍,由此引申出的历史故事,到今天给现代人的启示;甚至有针对性地进行某项工艺美术、饮食文化、旅游演艺等的专题介绍,可以关注最新出现的社会热议话题,也可以将近期的考古、科研等最新信息加入自己的导游词中,这些都可以作为导游沿途讲解的内容。当然,如果是长线旅途,导游还可以在车上组织游客做小游戏、进行文娱表演,使团队的整个旅程轻松愉快。但是要注意,不要一成不变,唯有博览群书打破传统的思维创作才能使自己的沿途讲解内容更加的丰富多彩。

　　当然，有了讲解内容，导游还要注意讲解方法，同时认真观察整个团队的兴趣点。沿途讲解中语言要诙谐幽默、由此及彼(尤其是沿途景物的介绍)，时间长了，很多导游会发现，最佳的讲解时机原来是沿途讲解。

沿途导游示例

实战训练

首站沿途导游训练

训练项目	首站沿途导游
训练要求	掌握首站沿途导游的程序和内容，锻炼学生的应变能力
训练地点	所在地旅游城市重要交通港至某酒店行程沿途或旅行社模拟实训室
训练材料	标准旅游车、旅游车用麦克风、导游旗、"导游实战演练平台"实训设备
训 练 内 容 与 步 骤	一、训练准备 1.通过多媒体播放学校所在地旅游城市重要交通港至某一酒店行程影像资料。 2.学生分组扮演游客和导游，扮演游客的学生可随机提问。 二、训练开始 1.致欢迎辞。 2.介绍旅游行程。有重点地介绍旅游者在本地的旅游行程，突出地方特色。 3.沿途风光导游。①讲解内容要简明扼要，语言节奏要明快、清晰。②景物取舍得当，随机应变，见人说人，见物说物，与旅游者的欣赏同步。 4.风情介绍。介绍旅游目的地城市概况、气候条件、人口、行政区划分、社会生活、历史沿革等，以及市容市貌、发展概况及沿途重要建筑物和街道。 5.介绍入住酒店。地培应向旅游者介绍该团所住饭店的基本情况，包括酒店的名称、位置、距机场(车站、码头)的距离、星级、规模、主要设施和设备及使用方法等。 三、训练结束
主要 观测点	1.观察学生对首站沿途导游程序的把握情况。 2.考查参与学生的应变能力、表述能力以及对所在城市的熟悉情况

课后思考

1. 地陪导游在带团前应做好哪些准备工作？
2. 导游员在落实接待事宜时要注意哪些问题？
3. 全陪导游首站接团与地陪有什么不同？
4. 地陪导游应怎样做好首次沿途导游？
5. 制定活动日程时应遵循哪些原则？
6. 导游员在致欢迎辞时应该注意哪些问题？

实训模块五　入住饭店服务

学习目标

1. 了解入店服务的内容与程序,具备办理团队入住饭店手续的能力。
2. 具备处理团队入住过程中各类问题的能力。
3. 熟悉日程商谈与修订的原则、方法、程序,具备商谈的技巧。
4. 具备处理日程商谈中出现的问题的能力,保证团队接待工作的正常进行。

实训项目一　　入店服务

实训目标

1. 掌握入住饭店的流程与手续,能熟练为客人办理入住饭店手续。
2. 了解引领游客入住饭店的方法。
3. 掌握客人入住后检查环节的流程与方法。

　　入店服务是指导游员带领游客抵达下榻饭店后,为游客办理相关手续,引导游客进入饭店并解决期间出现的问题的服务过程。

案例引领

旅游旺季入住经历

　　2018 年 8 月的一天,导游员小王一早带团出发,经过 10 个小时,总算抵达了下榻的饭店。游客们拖着疲惫的身躯走进饭店,办理完入住手续,游客进入客房不久,有几位游客就开始抱怨:一个说客房冷气不足,另一个反映房间烟味很大,还有客人反映冷热水失调,纷纷提出换房要求。正值旅游旺季,客房紧张。怎么办呢? 小王及时来到反映问题的客房了解情况,发现冷气不足的房间是因为空调刚打开,温度没有调节好,小王帮助调节好温度,并告知游客稍等片刻;冷热水失调是因为热水龙头坏了,小王立刻给饭店前台打电话,请维修人员进行维修;进入反映房间有烟味的客房,小王的确闻到一股浓重的烟味,他立即与服务台联系,要求进行处理,客房服务员立即对房间进行了异味处理,但客人仍不满意,小王要求换房,开始服务人员声称没有空房,但在小王的一再要求下,加之旅行社与酒店多年的合作关系,在请示经理后终于为客人调换了房间。

　　小王解决客人入住问题的处理方法,有哪些地方值得我们学习?

　　【案例解析】入店服务中,查房是导游员迅速缩短与游客距离的一个重要环节。导游员必须到旅游团所在楼层,协助楼层服务员做好接待工作。并负责核对行李,督促行李员将行李送至游客房间。将游客送进房间并不意味着万事大吉,常常会发生以下问题:门锁打不开,室内

104

设施不全或有损坏,卫生间无法正常使用,房间不够清洁,电话不通等。在入店服务中,导游员要做的工作比较烦琐,似乎都是不起眼的小事,但却在细节处体现着服务质量的优劣。

一位从事多年导游工作、零投诉的导游员说:"导游接待工作并没有什么秘诀,如果说有,那就是坚持以诚待人。我每次带团,无论入住酒店的时间有多晚,自己有多疲劳,我都会在行李送入客人房间后去查一次房,有问题就及时解决,没问题就和客人道一声晚安,特别是遇到年龄大一点的客人,我会帮他们调好空调温度。而且每次做完这些事情,我还会在酒店大堂坐20~30分钟才回房,这样客人有什么问题就可以及时解决,而且他们也不用顾忌会打扰到我。"

值得注意的是,导游在查房时,最好协同全陪或领队一同前往,避免重复查房打扰客人休息,同时也避免单独进入异性客人房间引起不必要的误会。

地陪导游在带领旅游团队进入酒店后,主要有以下几个方面的工作。

(1)去酒店前台办理入住手续。旅游团队(者)抵达酒店后,地陪导游可以先招呼团队客人在酒店大厅稍做休息,提醒团队客人准备好身份证件等全陪导游来收取(如果没有全陪,由地陪导游直接收取)。地陪导游从全陪手中收取团队客人的身份证件清点数量后,前往酒店前台办理住房登记手续。地陪导游应告知酒店前台团队名称(散客要告知旅游者姓名),如××旅行社的××团到了……然后填写住房登记单(签字确认),向酒店前台提供团队客人的身份证件,按照酒店要求缴纳住宿押金后领取房卡(钥匙)。

(2)配合全陪/领队分房。地陪导游拿到酒店房卡(钥匙)后,应快速和全陪/领队一起确认第二天的叫早时间,将房卡(钥匙)转交给全陪导游(没有全陪时转交给客人领队),并配合全陪(领队)一起分配房间。同时地陪导游应该掌握全陪、领队和团队客人的楼层和房间号。

(3)介绍饭店设施及注意事项。地陪在办理完旅游团入住手续后,应向全团介绍饭店设施。

①介绍餐厅、商场、娱乐场所、公共卫生间等设施的位置;如果是外宾团,还要介绍外币兑换处的位置。

②说明游客所住房间的楼层和门锁的使用方法。

③提醒游客入住期间的注意事项和各项服务的收费标准并提醒游客将贵重物品存放在总服务台。

④如游客需用晚餐,还应宣布晚餐时间、地点和用餐形式。

(4)引领游客及行李入房,检查客房设施及行李入房情况。地陪可陪同游客到达所住楼层,提供必要帮助。游客入房后,可能会对房间内的设施、环境等提出疑问和要求,会对房内物品的使用提出帮助要求,因此,地陪在旅游团入住后的半小时内最好不要离开,以便及时提供帮助。

(5)引领游客用第一餐。

(6)宣布当日或次日的行程安排。

(7)去酒店前台办理叫早手续。安排妥当后,地陪应与领队、全陪一起商定第二天的叫早时间,并请领队通知客人,同时地陪应该返回到酒店前台通知总服务台团队的叫早时间以及早餐时间,并办理好相关手续(签字确认等)。

入住酒店服务流程如图5-1所示。

```
                    ┌─────────────────┐
                    │   团队及行李到达    │
                    └────────┬────────┘
                             │
          ┌──────────────────────────────────────┐
          │ 地陪办理入住手续（安排客人在大堂休息）  │
          └──────────────────────────────────────┘
     ┌───────────────┬──────────────────┬───────────────┐
┌──────────────┐  ┌──────────────┐  ┌──────────────┐
│总服务台交付房费  │  │总服务台登记名单  │  │总服务台礼宾部  │
│（现金或支票），  │  │或证照，填写    │  │交付行李，    │
│帮助领队或客人    │  │住房登记表，领取  │  │安排行李入房   │
│办理钥匙押金     │  │房卡及早餐券    │  │             │
└──────────────┘  └──────────────┘  └──────────────┘
```

团队及行李到达

地陪办理入住手续（安排客人在大堂休息）

总服务台交付房费（现金或支票），帮助领队或客人办理钥匙押金

总服务台登记名单或证照，填写住房登记表，领取房卡及早餐券

总服务台礼宾部交付行李，安排行李入房

领队分配房卡，地陪介绍饭店设施

照顾游客和行李入房

带领团队用好第一餐

宣布当日或次日活动

确定叫早时间

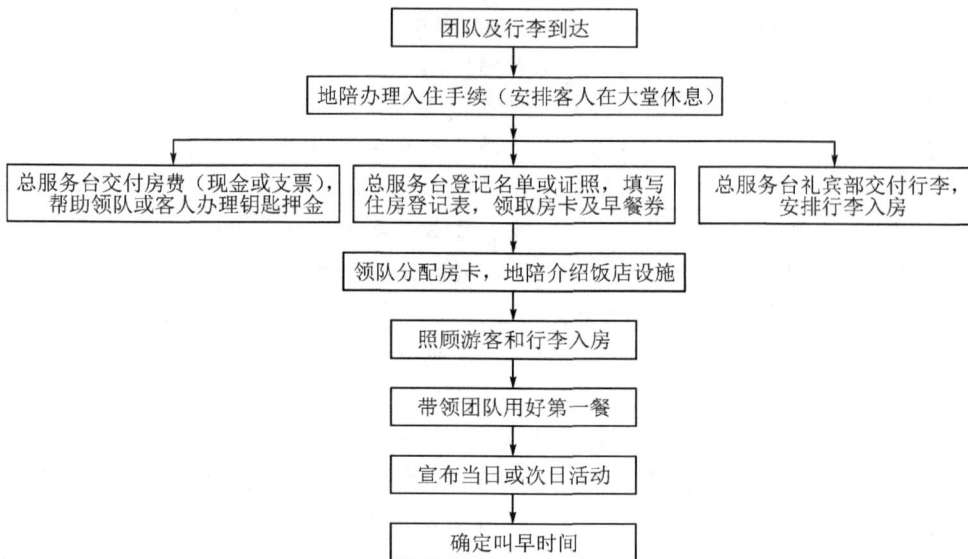

图 5-1　入住酒店服务流程图

🖳 实战训练

入住饭店服务

训练项目	入住饭店服务
训练要求	通过训练让学生掌握入住饭店的流程与手续、引领游客入住饭店的方法、客人入住后检查环节的方法和要求
训练地点	酒店模拟实训室
训练材料	"导游实战演练平台"实训设备、房卡、钥匙、行李车及行李
训练内容与步骤	一、训练准备 学生分角色扮演地陪、全陪、领队、游客、酒店前台工作人员、行李员，按照相应规定准备好证件、登记表、分房名单等。 二、训练开始 1.地陪引领游客进入酒店。 2.办理入住手续。 3.分发房卡。 4.引导游客入房，介绍并检查设施。 5.引领游客用好第一餐。 6.介绍次日行程。 7.确定叫早时间。 三、训练结束
主要观测点	1.观察学生对入住酒店环节的实际操作情况。 2.纠正实训中出现的问题，规范操作流程。 3.考查学生带团过程中的应变能力

案例引领

游客该不该赔偿

西安导游小梦带领某旅游团入住西安一家商务酒店,第二天早上办理离店手续时,客房服务员查房发现8206房间的枕套上留有类似头发焗油的印记,告知主管,主管要求该房间客人赔偿枕套费用100元,遭到客人的拒绝,其理由是枕头就是用来枕的,即便是头发颜色印记留在枕套上也属正常。同时,饭店并没有明确说明该类污迹需要赔偿。饭店一方则认为污损物品理应赔偿。双方相持不下,冲突愈演愈烈。小梦得知情况,也立刻要求游客予以赔偿,但遭到拒绝。无奈之下,小梦找到全陪,在全陪的协调下,饭店和游客都作出了让步,该游客赔偿酒店50元。

【案例解析】本案例中发生的纠纷,如果小梦在游客入住时就进行提醒,完全可以避免此类事情发生。如赔偿不可避免,导游在处理问题时,要讲究方式方法。一般可进行如下处理:首先,把情况告知全陪或领队,让其出面处理。作为导游,应当保持立场中立。其次,导游应向酒店和承担赔偿的游客道歉。最后,导游事后应做好"精神补偿"工作。在处理问题上,有经验的导游都会在事情的处理上尽量公平,但在精神、言语的表达上应尽量偏向承担赔偿的游客,给游客予以心理安慰。

知识链接

地陪、全陪和领队入住饭店的程序如表5-1所示。

表5-1　入住饭店程序比较表

导游类别	地陪	全陪	领队
服务流程	办理入店手续(自订房由领队、全陪或游客办理),将房卡交领队或全陪↓介绍饭店设施↓照顾游客并将其行李入房↓带领游客用好第一餐↓告知当日或次日行程安排↓确定叫早时间并通知前台	协助办理入店手续↓了解游客住房情况,记住领队房号↓将自己的房号告知地陪、领队、旅游者↓掌握酒店前台电话和地陪紧急联系电话↓若地陪不住饭店,全陪要负责照顾好游客	协助地陪办理入店手续↓负责分房↓记录游客入住名单↓协助游客入住,分发房卡

实训项目二　商谈与修订日程

实训目标

1.掌握旅游活动日程商谈的原则、方法、程序,具备商谈日程的技巧。

2.具备根据接待计划、游客需求、客观原因合理修订日程的能力。

![案例引领图标] **案例引领**

导游员张华接待一个入境旅游团,在机场到饭店途中,她向游客介绍了团队的日程安排。当她通知游客第二天六点半叫早时,领队说:"六点半不行,太早了。"导游员又说:"要不就七点好了。""七点也早。"领队说。"您看几点合适呢?"导游问。领队此时也非常严肃,冷冷地说:"到时候再说吧!"车上的气氛顿时紧张起来,导游员张华也感到非常窘迫。

【案例解析】导游员在宣布第二天叫早时间时,受到了领队不礼貌的对待,根本原因就在于导游员没有与领队商定活动日程,就先向游客介绍行程,显得过于贸然。领队在旅游团中的地位是举足轻重的,尤其个别领队还会故意在游客面前显示出其在各地的风光程度,为了增强游客对他的信赖,他对各地导游员对其尊重的要求就非常强烈。关键问题不在于第二天到底是几点叫早更合适,而是导游员没有与领队商量就宣布日程,在领队看来是对他的不尊重,或是目中无人。显然,这位导游员忽略了这个最基本的程序,不但得罪了领队,而且给后来的工作造成了被动。

由此可见,商定日程是旅游团抵达后的一项重要工作,是保证旅游团顺利运行的必要程序。因此,导游员要给予特别的重视。

一、商谈修订日程的必要性

首先,体现了对领队、全陪的尊重,是两国(两地)间导游人员合作的开始。领队(全陪)是组团社的代表,他的职责就是组织游客完成旅游计划,监督各接待单位的计划执行情况和接待质量。因此,他有事先了解、审核各地接待社对旅游活动日程安排的权利,对安排有提出自己意见并予以修改的权利。

其次,是实施接待计划的必要准备。虽然旅游团在某一地的参观游览内容都已明确规定在旅游协议中,在旅游团到达前,旅行社有关部门也已经安排好该团在当地的活动日程,但经过领队(全陪)的认真审核,可以进一步发现问题,弥补漏洞或不足,有助于旅游团的游览活动圆满完成。

最后,利于双方沟通,对未尽事宜达成新的共识。由于旅游的计划拟定在前而接待在后,中间有较长的时间间隔,在主观、客观方面有发生变化的可能,因此,事先商定日程可以针对已经变化的各种因素适时作出必要调整。

综上所述,在旅游团抵达后,开始游览之前,导游人员应与领队、全陪商定活动日程安排,如有变化,要经双方协商后,达成一致意见,对原有日程进行必要的调整,并及时通知到每一位游客。

二、商定日程的原则

商定日程时应遵循 21 字原则,即"服务第一、宾客至上、主随客便、合理而可能、平等协商"。商定日程时既要使团内大多数旅游者满意,同时又要使既定的日程尽量不做较大变动,因为变动过大可能会涉及其他部门的工作。一旦商定,各方面都应遵守。

三、商定日程的对象

(1)与旅游团领队、全陪商定日程,适用于旅行社代理人为领队的观光团队。

（2）与全体旅游者商定日程,适用于聘用或任命领队、临时推选领队、无领队的观光团队。

（3）与旅游团的几位负责人商定日程,适用于重点团、专业团、学术团。

四、商定日程的时间和地点的选择

（1）时间。商定日程可在旅游团到达后的当天,利用比较充裕的时间进行。如果在游客抵达本地后,直接安排游览的时间,导游人员应先就当天的日程安排与领队商量,以后的日程商定放在回饭店以后再进行。

（2）地点。如果在游客抵达本地后,直接安排游览的时间,核对商谈日程可以放在前往游览景点的旅行车上;如果前往酒店,则应选在饭店的公共场所内进行,尽量不要在领队、全陪、地陪房间进行。对于专业团队、重点团队、学术团队等特殊团队,则应租用饭店会议室,并准备相应设备,必要时还需准备茶点。

五、商定日程的方法

（1）以我为主法:适用于一般的观光团队。它是指预先由我方根据旅游接待计划的要求,拟定一个活动日程作为商谈的基础,取得旅游团的认可,但并不排除必要的修改。

（2）以客为主法:适用于重点团队或专业团队。这类团队一般都有相对完整的组织机构,旅游活动的特殊要求也比较多。因此,针对旅游接待计划的要求,导游员可先由旅游团的领队提出意见,然后再进行日程商谈。

六、商谈修订日程的程序

（一）核对日程

在旅游团抵达之前,地接导游员应根据接待计划、团队游客特点、游览环境和具体情况事先拟定一份旅游活动日程,当接到旅游者并安排入住后,导游员要与领队、全陪开始进行日程的核对。核对时应以接待计划为依据,以地陪事先拟定的活动日程为基础,其内容一般包括:

（1）各自手中的团队计划有无出入。

（2）每天日程安排的具体内容。

（3）特殊活动的安排情况。

（4）向领队、全陪征求对地接社安排的详细日程的意见。

（5）离开本地时的交通工具、航班(车次)及时间。

（6）领队、全陪有无新的要求。

（7）征求领队对自费项目的安排意见。

（二）修订日程

导游员在与领队、全陪商定日程时,有时会因某些原因在原有日程上进行修改,对此,导游员要采取相应的措施。

1.领队提出小的修改意见或要求增加新的游览项目

（1）不存在绕路问题且时间上有保证,又不产生新的费用的意见应应允。

（2）如需增加费用,要向领队事先说明,按有关规定收取费用。

（3）时间上不允许,修改后会对旅游团带来其他不利影响,或执行起来确有难度,无法满足的要求,要向领队说明原因,并耐心解释。

2. 领队提出的要求与原日程不符且又涉及接待规格

(1)耐心解释,说明情况,指出其可能带来的不良后果。

(2)婉言拒绝,并说明导游员不方便单方面不执行合同。

(3)如有特殊理由,导游员要请示接团社的有关部门。

3. 领队手中的接待计划与导游员的接待计划有部分出入

示例

(1)及时报告接团社,查明原因,分清责任。

(2)如果是接团社的责任,应实事求是说明情况,赔礼道歉,按正确的接待计划执行。

(3)如果是组团社的责任,又不好向游客交代,在双方都能接受的基础上商定、调整行程。

(三)调整日程

在商定日程时,可能由于某些主、客观方面原因,需要对原有的日程进行调整。

1. 天气变化

由于突如其来的天气变化,如台风、大雾、暴雨、大雪等自然因素,导致某些游览项目被迫取消,而以其他新的游览项目取代。

2. 道路变化

道路的翻修、毁坏造成某段交通中断,旅游车只好改道、绕道行驶,导致原计划的途中景点无法游览。

3. 节庆活动

当地某些景点、景区在旅游团游览期间,举行大型的节庆活动,造成旅游团日程改变。这种情况下有两种办法:一是放弃,二是参与。如果计划中的景点、景区举行节庆活动,考虑到人多、环境差,不能使游客轻松尽兴地游览,还存在某些不安全的隐患;或是当地采取了某种管制、戒严的措施,使游客无法进入景区参观游览,则采取放弃的办法。如果是计划中原本没有举行节庆活动的景点、景区有大型节庆活动,且此次活动内容较为丰富精彩,颇能反映出当地民俗风情特色,机会难得,在保证游客安全的基础上则考虑参与。

4. 交通工具变化

或是由于某些客观原因,或是应游客要求,改变了赴下一站的交通工具。比如,因天气变化飞机不能正常起飞或降落,由于地质灾害造成铁路、桥梁、隧洞的破坏,游客对乘坐某种交通工具感到厌烦等,都可能造成计划中交通工具的改变。由于交通工具的改变,会出现随之而来的在当地停留时间延长或缩短,使旅游团被迫改变行程。

5. 接待单位

计划中参观、游览的单位和景点因某些原因发生变故而暂时关闭,比如,原来应允参观的企事业单位或学校、团体,突然有特殊的接待任务而无法安排旅游团的游览;博物馆展出的珍贵文物被盗,为侦查破案而暂时关闭;某景点、景区的主要建筑发生火灾而停止对外开放等,都会影响旅游团的日程。

6. 下一目的地

由于下一目的地出现了难以预料或不可抗力的事件,如自然灾害或区域性传染病等,致使旅游团不能如期前往,被迫改变或取消日程,或是延长在当地的时间,或是改道去另一目的地。

7. 游客意见

或是因为游客在上站游览中感觉不愉快,或是本站的旅游项目与上站的旅游项目有某些方面的重复,或是因为游客自身的心理与身体方面的原因,游客要求调整本站的日程,如调整住房标准、用餐方式、游览景点等。

导游员在与领队商定日程的过程中,如需要对日程进行部分调整,导游人员必须做到心中有数,对调整原因做出实事求是的说明和解释,切不可为旅行社利益而对游客进行隐瞒或欺骗。对调整后的日程,导游人员要有充分的预见和足够的准备。涉及新产生的费用要与领队和游客认真协商或按有关规定予以确认。对于重大的日程调整,一定要经组团社与地接社的同意,变更及调整的项目或计划要由领队及地接社业务人员或授权导游人员签字确认。

案例引领

地陪、全陪、领队各自手中的计划有出入,导游员该怎么办?

地陪、全陪、领队各自手中的计划有出入,主要原因是各旅行社之间在接待计划上出现了问题。责任虽然不在导游员身上,但面对游客,导游工作不能冷场,而应采取积极的态度去解决这一矛盾。

【案例解析】发生上述情况时,导游员(特别是地陪)要尽快向自己所属的旅行社汇报,并取得下一步的执行计划。若是地接社的责任,地陪则应代表旅行社向全陪、领队说明情况和赔礼道歉。若地陪一时无法得到旅行社的明确指示,游客准备出游时,地陪可采用寻找"共同点"的做法,即地陪、全陪、领队各自手中的计划都有的景点或相同的内容先进行游览,等到旅行社有了明确的指示后再执行其他方面的活动内容和游客享受的标准。从目前的情况来看,导游员基本上采取尊重组团社的意见,同时向旅行社汇报的做法。还有,导游员在核对和商定日程时,应采取积极配合、相互尊重的合作态度,以免出现僵持的局面。

案例引领

当游客的计划与旅行社的计划不符时,怎么办?

某年春节期间,北京的导游员赵先生接待美国 A 团 5 人和 B 团 6 人两个小包价团。根据计划,A 团住中国大饭店,B 团住北京贵宾楼饭店。当两个团的外宾先抵达中国大饭店后,都要求住进这家饭店,并拿出各自旅行社所发的计划给赵先生看,果然计划上都注明是住中国大饭店。外宾刚入境就遇到住宿安排与计划不符的问题,且 B 团的游客情绪比较激动,不愿再去北京贵宾楼饭店。赵先生想,只靠简单的解释是不能打破这种僵局的,况且那天又是休息日,无法与组团社外联人员联系,解释过多可能会与客人发生争执,使局面混乱。于是,他先动员大家去换钱,然后按组团社计划在中国大饭店把 A 团客人安排好,再把 B 团的客人召集起来,向他们详细介绍北京贵宾楼饭店的历史、现状和地理位置,并告诉他们那家饭店历来都是外国游客最向往的高级饭店。他还说,由于今天是休息日,无法找到旅行社的外联人员查明情况,据推测,组团社因在中国大饭店没有订到足够的房间,而为了照顾客人,才另外为他们安排了北京贵宾楼饭店。赵先生最后还向客人做出三点保证:①保证所换饭店与现有饭店的档次一致;②保证所换饭店的价格与现有饭店的价格一致;③先住进北京贵宾楼饭店,如不满意,保证第二天与组团社联系换饭店。B团的游客听了赵先生的解释和保证后,情绪开始平静了,也同意先住进北京贵宾楼饭店。

当游客走进北京贵宾楼饭店受到服务人员的热情接待时,一切烦恼都消失了,只是一个劲地询问哪间房可以看到天安门,哪间房可以看到王府井大街。赵先生见大家都很高兴,便开始与他们商讨在北京的旅游日程。

【案例解析】当游客的计划与旅行社的计划不符时,处理起来确实比较棘手,因为这种问题很可能牵涉到旅行社与游客双方的利益,处理不好会使旅行社遭受损失,或让游客不满。一般来说,导游员应严格按照接待计划行事,游客要求增加计划中没有的项目应由其自理。实际上接待计划遗漏、游客要求变更的情况时有发生,这就要求导游员把这种情况也纳入接待前的准备工作中,在思想和程序安排上做好充分准备。一旦遇到问题,要积极与旅行社联系,迅速处理,而不能机械地用旅行社计划的要求去压制客人。本例中赵先生与组团社联系不上时,能够冷静地分析客人心理,耐心地向他们说明情况,以承诺的形式表示旅行社对他们的重视,平息了游客的不满情绪。可见,怎样使游客的心理放松,理解和信任导游员,也是接待计划准备工作中的重要内容之一。游客最关心的是他们所购买的旅游产品是不是物有所值,居住条件、游览项目、服务水平等是不是能够达到他们的要求。导游员如果能够让他们感受到服务的热情和周到,使他们真正得到心理上的尊重,那么双方计划上的差异是一定能够合理协调的。

实战训练

根据接待计划商谈、修订活动日程

训练项目	根据接待计划商谈、修订活动日程
训练要求	1.三人一组,准备一份团队接待资料,并以接待计划为依据制订一份当地活动日程,以此为基础,分角色以地陪、全陪、领队的身份进行旅游团队日程商谈与修订。 2.掌握导游集体商定活动日程时各自的职能。 3.掌握商定活动日程的程序与方法
训练地点	模拟实训室、酒店大厅等公共场合
训练材料	旅行计划组团、地接行程单、地接预先制定的活动日程
训练内容与步骤	一、训练准备 1.学生按顺序分别扮演领队、全陪、地培。 2.熟悉旅游接待计划。 3.设计旅游活动日程及变更情景。 二、实训开始 1.掌握商定活动日程的基本原则。 (1)严格按双方旅游合同办事。 (2)组团社向客人出售的旅游产品内容一定要保证实现。

训练内容与步骤	(3)团内客人强烈要求的非计划内项目可努力争取实现。 (4)对超计划或全陪擅自增加的不健康项目应予以拒绝。 2.核对、商定日程。 (1)核对旅游团离开的时间。 (2)核对游览的景点和娱乐、购物等旅游活动项目安排。 (3)核对旅游服务接待的标准。 (4)核对团队中特殊要求的落实情况。 (5)核对团队离开时的票据落实情况。 3.情景表演。根据不同的情景设计,商讨活动日程安排,要体现导游集体相互协作的原则。 (1)提出小的修改意见或增加新的游览项目时。及时向旅行社有关部门反映,对合理且可能满足的项目,应尽力予以安排;需要加收费用的项目,地陪要事先向领队或游客讲明,按有关规定收取费用;对确有困难而无法满足的要求,地陪要详细解释、耐心说服。 (2)提出的要求与原日程不符且又涉及接待规格时。一般应予以婉言拒绝,并说明地接社不便单方面不执行合同;如确有特殊理由并且由领队提出时,地陪必须请示旅行社有关部门视情况而定。 (3)领队(全陪)手中的接待计划与地陪的接待计划有部分出入时。要及时报告旅行社,查明原因,分清责任。如果是地接社的责任,地陪应实事求是地说明情况,并向领队及全体游客赔礼道歉。 4.案例分析。 三、训练结束
主要观测点	1.观察学生对日程商谈原则和方法的掌握情况。 2.考查情境设计的合理性。 3.考查学生对问题的应变能力和协调合作能力。 4.考查学生关于日程商谈的语言技巧

❓ 课后思考

某旅行团在西安曲江寒窑遗址公园进行游览时,恰逢该园正在举办七夕民族爱情狂欢活动,游客提出要参加这一有特色的民俗风情节活动,而这属于计划之外的日程,作为导游员应如何处理呢?

实训模块六 导游讲解服务

学习目标

1.了解导游讲解实训要求,具备导游讲解的语言能力。

2.熟悉导游词的结构要素,掌握导游词设计与讲解的基本技巧与方法,具备景点导游词创作与讲解的能力,具有一定的创新性。

3.掌握各种类型旅游景点和不同环境下的导游讲解服务技巧与方法,具备现场导游讲解的能力。

实训项目一 导游词创作训练

实训目标

1.掌握导游词创作的步骤、结构、基本要求,能根据团队特点、景观特色创作一份具有特色和自身风格的导游词。

2.导游词应具有丰富的知识性和深厚的文化内涵,体现中国文化特征,正确宣传中国。

案例引领

游客为什么对小王的讲解不满意?

小王带领某夕阳红休闲度假游客来到广东民间工艺博物馆——陈家祠参观游览。在游览之前,小王到百度百科上查找了陈家祠的相关资料,认为胸有成竹,一定能给游客讲好,可是最后游客对小王的讲解并不满意,认为小王讲得既枯燥又生硬。例如,在陈家祠大门口的石狮子旁边,小王讲道:"在陈家祠的石雕装饰中,大门前的一对石狮虽基座已失,但却是石匠运用圆润简练的线条雕琢而成,这是广东地区石狮造型的代表。"这时,小王的游客听到旁边的导游是这样讲解的:"古代中国有地位的人家都喜欢在宅院前放置一对石狮,以示门第高贵,也用于辟邪。狮子为左雄右雌。雄狮脚踩石球,象征权力,统一环宇;雌狮蹄扶小狮,寓意子嗣昌盛。这一传统,陈家祠的狮子亦不例外,可在广东人眼里,它们比其他狮子更胜一筹。从外表上看,一个是笑容可掬,一个是温驯可爱,显得比北方的狮子亲切多了。从感情上来讲,广东人视其为抗水灾、保平安的神狮。相传在100年前,陈家祠一带发大水,百姓苦不堪言。一日,忽然听到一阵狮吼,只见两只狮子张开大嘴,将洪水全部吞去,百姓得救了。从此,陈家祠一带再也没有水患。这就是'石狮怒吼保平安'的传说,一直流传至今。你们看,狮子口中可以活动的石球就是表现了石狮吞水时卷水之状。凡到陈家祠来的人,都喜欢转动一下石球,以祈求平安如意。各位不妨试试。"

【案例解析】案例中小王未认真准备导游词,没准备丰富的创作材料,导致讲解内容简单、苍白,语言过于书面化,例如"虽基座已失",应在表达时改为"虽然基座已经缺失了";同时缺少亲和力,也未针对游客类型因人制宜地准备详尽的讲解,不生动,让游客觉得索然无味。

撰写导游词的前提是导游员对我国壮丽山川和宝贵人文资源的热爱。导游词应是展示景点风采和神韵的精髓,导游员要以翔实的资料、丰富的内容、优美流畅的语言表达和亲切自然的语言风格,带领游客领略每一处景点的价值和意义。只要积累了丰富的导游知识,付出了辛勤的汗水,就一定能够使导游员的导游词详尽全面,多姿多彩,吸引游客。

作为一名尽职尽责的导游员,要广泛搜集确实可信的资料,拓宽知识面,善于根据游客的现实需要,结合景区、景物的分析来创作导游词。同时,导游员在带团过程中,要多听多看多学习,随时改进自己的导游词,以提升讲解水平。

【任务导入】

时间:2020 年 5 月 3 日。

地点:西安康辉旅行社。

人物:地陪王宏。

事件:地陪王宏接受西安康辉国际旅行社的委派,负责接待由文物博物馆专业师生组成的旅游团,导游部将行程安排交给王宏。

任务:地陪王宏为该团游客创作秦始皇兵马俑博物馆导游词。

【任务提示】导游员应该根据游客的不同情况,创作有针对性的导游词。该团队是师生实习团队,专业素养、文化层次较高,加之有相应的教学活动,对导游的讲解要求较高,因此创作的导游词既要体现墓葬考古文化的特点及内涵,又要符合实习教学的需要,在语言的专业性、知识的丰富性、专业的深刻性等方面都应认真考虑,还应提前与带队教师商榷讲解的重点、方法和其他要求。

导游词是导游员引导游客观光游览时的讲解词,是导游员同游客交流思想,向游客传播文化知识的工具,也是吸引和招徕游客的重要手段。

导游词从形式上看,有书面导游词和现场口语导游词两种,通常意义上人们所说的导游词创作主要指书面导游词的创作。

书面导游词一般是根据实际的游览景观,遵照一定的游览线路、模拟游览活动而创作的。它是口语导游词的基础与脚本,掌握了书面导游词的基本内容,根据游客的实际情况,再临场加以发挥,即成为口语导游词。

一、导游词创作的步骤

(1)研究接待计划,分析团队基本情况。导游员在编写导游词前,必须认真分析旅游团的基本情况,如年龄层次、性别结构、职业构成、宗教信仰,确定重点关照对象,集中讲解内容。例如,上述任务接待的是师生实习团队,专业素养与文化层次较高,加之有相应的教学活动,对于导游的讲解,无论在内容的广度、深度上,还是在语言的专业性、规范性方面,均有较高的要求。

(2)收集、准备丰富的创作资料。结合线路安排、团队特点,收集相关景点资料,并根据需要,结合各种修辞手法,将零散的资料有机结合在一起,成为因人而异的导游词。导游员可以从以下途径收集相关景点资料:收集书面导游词,收集地方风物志,收集旅游景点介绍及画册,收集旅游声像资料,收集网络旅游资料等。

(3)整合资料,细化景点,逐一撰写。结合景区背景整合资料,将景区细化成一个一个小景点,挖掘每个小景点的资料,写出每个小景点的讲解词。导游词的创作要虚实结合,以实带虚,以使旅游者更好地了解景观的特点和知识,产生兴趣。比如,在讲解自然景观时,可以适当讲解其地理环境、地理特征的成因等;在讲解人文景现时,可以适当地讲解历史背景、地位、价值等。

（4）把每个小景点的讲解词有机串联起来。一般来讲,应依照线路顺序依次展开并进行创作,这样导游词便于实地操作。在线路安排上,有四个方面的要求:一是要充分考虑景点的类型和特点;二是要便捷、合理,尽量不走回头路;三是要能够引导旅游者移步换景、层层深入地观赏景物;四是能根据旅游者的不同情况和不同需要因人而异设计出不同的游览线路。

（5）针对不同游客需求调整讲解词,进行整体设计。导游词不应是一蹴而就、一成不变的,而应根据游客不同文化层次、旅游动机、旅游偏好、旅游需求等进行创新设计,同时根据游览的实际情况灵活变化。

（6）充分考虑口语交流的特点。在创作的时候,多用通俗易懂的语言,多用陈述句式、交谈句式。同时,对于专业术语应该适当解释。总之,亲切自然的导游词能够便于导游与旅游者的交流。

（7）撰写好导游词后,应多次大声朗读,发现问题,及时修改,使其避免内容、语法、表述上的错误,符合语言表述习惯,便于讲解时朗朗上口,使游客听起来悦目悦耳、悦心悦意、悦神悦志。

（8）充分认识自身优势,发挥自己在语言表达、性格气质等方面的特长,巧妙运用幽默形式,形成具有自己风格的讲解词。

寒山寺的导游

二、导游词的主要结构

创作景点导游词时,应注意其结构的把握,做到逻辑合理,层次分明,结构完整,内容充实,创新进取。景点导游词的结局如图 6-1 所示。

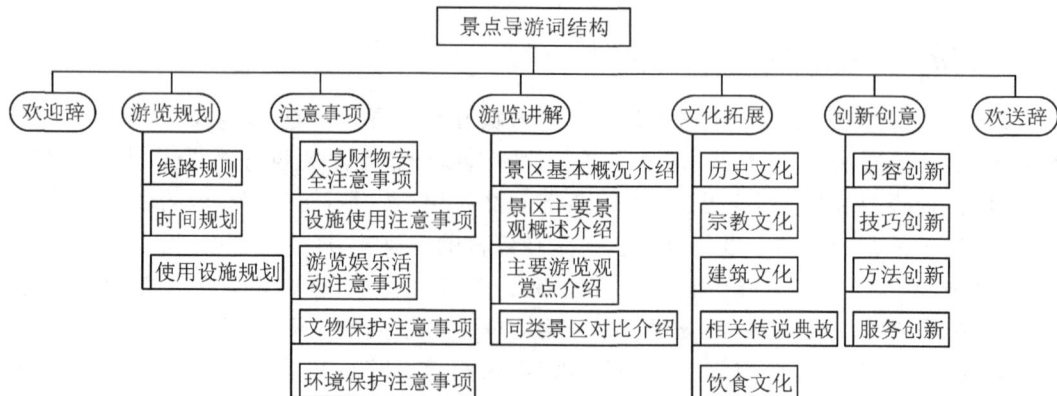

图 6-1 景点导游词的结构

1. 标题与引言

导游词的标题应是该篇导游词的主要讲解内容的概括，一般来说是以"景点名称＋概要"为标题。每一篇导游词应有引言来引入景点游览内容，引言常见内容包括问候、介绍及要求。

"引言"示范

2. 景点讲解

（1）开头部分——"虎头"。这部分主要是景区（点）整体情况、背景、价值的概要介绍，是对景点全貌的一个概览，也是游客对景区（点）的第一印象。其作用是引起游客游览兴趣，犹如"曲调未成先有情"。开头部分的导游词应富有激情，使游客产生浓厚兴趣。自然景观导游词的开头部分应主要包括景区级别、地理位置、风景特色、所获赞誉等；人文景观导游词的开头部分应主要介绍重要地位、地理位置、历史背景等。在此部分，可以对景区（点）行进线路进行整体介绍，使游客了解景区（点）游览时间安排。

"概况介绍"示范

（2）中间部分——"猪肚"。中间部分重点介绍游览的主要内容，必须做到表述准确、内容丰富，注重思想和文化品位，弘扬民族优秀文化。这一部分是最能反映导游员文学功底和导游艺术的篇章。中间部分既要有生动活泼的导游语言，又要有丰富多变的文学艺术方法。中间部分的导游词要把景观的内涵挖掘透彻，引人入胜，从而激发游客的游览热情。

（3）结尾部分——"豹尾"。在导游词的最后，要有总结的点睛之笔。这一部分要回顾景点精彩之处，尽量让游客产生意犹未尽之情，产生还要再次游览的欲望。

三、导游词创作要求

（1）主题正确、明确。导游词的创作首先要主题正确和明确，不能言之无物，东拉西扯，更不能出现内容上的错误。导游词可用一根主线贯穿始终，即内容围绕景点，有中心思想，给旅游者的印象鲜明，留下美好的回忆。

（2）内容新颖、有特色。导游词的创作要与时俱进，符合时代气息，内容新颖有特色。

（3）有文化内涵。导游词的创作不能浮于表面，要挖掘旅游景观的文化内涵，使导游词令人思考、耐人寻味。比如有的导游在介绍云南白族的时候，讲到白族的"三道茶"，即"一苦二甜三回味"，蕴含了"先苦后甜"的人生哲理，令人回味无穷。

（4）重视品位。创作导游词必须注意提高品位。一要强调思想品位，因为弘扬社会主义爱国精神是导游员义不容辞的职责；二要强调文化品位；三要强调审美品位。

四、导游词创作

（1）选择一个景点，开始导游词创作，使其结构完整，内容充实，层次分明。

（2）导游词创作过程中，要对搜集到的资料进行加工整合，使其符合口语讲解的要求，并适当运用修辞手法、导游技巧，提升导游词的吸引力与趣味性，同时注意互动，提升导游词的讲解效果。

导游词创作示例（一）

导游词创作示例（二）

(3)导游讲解讲究针对性、计划性、灵活性,同一个景点在讲解时可以采取不同的讲解方式或选择不同的讲解角度,会收到不一样的效果。

(4)在撰写不同类型旅游资源导游词时,应注意凸显其景观的美学特点、科学价值、游览观赏价值,并结合旅游者的不同需要,因景而异、因人而景、因需而异,从不同的角度撰写导游词。

导游词创作示例(三)　　　　　　　　导游词示例

实战训练

撰写导游词

训练项目	撰写导游词
训练要求	熟练掌握导游词写作技巧
训练地点	导游模拟实训室
训练材料	导游词相关书籍、网络及声像资料,导游三维实景实训平台
训练内容与步骤	一、实训准备 学生分组编写导游词,导游词撰写符合结构要求,主题正确、鲜明,内容新颖,富有特色,具有文化内涵,具有创新性。 二、实训开始 1.教师选择若干景点作为导游词创作景点,随机安排各小组为不同团队创作导游词。 2.学生根据不同团队特点、景区特色创作导游词。 三、考核点评 1.学生自评、互评,评价导游词撰写的优点与不足,互相学习。 2.教师点评,就模拟过程中出现的问题与错误,指出导游词写作中应注意的问题
主要观测点	1.观察学生对景区资料的搜集整理能力。 2.考查学生对资料取舍的合理性。 3.考查学生导游词的写作能力。 4.考查学生对导游知识、导游技巧的掌握与运用能力

实训项目二　导游口头语言训练

实训目标

1.正确理解运用导游语言的相关原则和要求。

2.训练声音的技巧,具备正确运用声音技巧、副语言提升讲解效果的能力。

案例引领

一位黄山的导游员,每次带团登黄山,都能极力地宣传黄山,介绍家乡,积极地照应各位客人。可是临别游客时,他总是觉得自己的导游工作并没有多少感动或感染大家的地方。后来他读到一些戏剧方面的书籍,开始灵活发挥导游讲解技巧。在屯溪至黄山脚下的60千米的车途中,他总是温言细语地告诫客人们不要因黄山山高而发怵,循序渐进地安抚游客激动与紧张的情绪。而当游人们登上山顶,被秀美神奇的云海、奇松、怪石所震撼时,这位导游立即改换了语音、语调,以一种自己就是高山之子、云海之雾、温泉一株、山石一砾的激情,用极富感召力的诗化语言解说得酣畅淋漓,引发了游客们对黄山的无比热爱之情,使游客们记住了山中的峰脉与云海。(选自窦志萍.导游技巧与模拟导游[M].北京:清华大学出版社,2006.)

【案例解析】这位导游员领悟到了音色、语调等技巧带来的作用,这些口语表达技巧为导游讲解增加了感染力。

对于导游语言,可以从广义和狭义两个角度来理解。从广义上说,导游语言是导游人员在导游服务过程中必须熟练掌握和运用的具有一定意义并能引起互动的所有语言符号。从狭义上说,导游语言是导游人员用于同旅游者进行交流、传播知识、介绍景点、实现沟通的一种生动形象的口头语言。

导游语言是每个导游人员必须熟练掌握的工具,一名优秀的导游员在导游语言的把握与运用上,应清楚准确、生动有趣、幽默活跃、符合礼仪。

一、创造声音表情的技巧

1.注意音量

音量是指说话时声音的强度程度。根据专家的研究,讲话时以中音为佳,应尽量少用高音和低音。导游员在讲解和与游客对话时,应根据游客的人数、场合、位置以及讲解环境状况控制声音的强弱,调节、控制声音。游客多时可适当提高声音,反之则降低声音,音量大小以每一位游客都能听清为宜;根据讲解内容调节音量,对一些重要内容或信息、关键词可加大音量进行强调,以加深游客对所讲信息的印象和理解。

2.巧用语调

语调及说话的腔调,是指说话语句中语音高低升降的配置。导游员可通过升、直、平语调,调整控制说话腔调和语气感情,达到抑扬顿挫、起伏多变的讲解效果。由于外语和地方方言都有各自的语调习惯,所使用和理解的普通话也有差异,因此,导游员在讲解时语音要标准,使用语调要注意所需要表达的情感的变化,符合游客的说话习惯。

3.注意停顿

停顿是导游员在讲解中短暂的终止。所谓"终止时间"不是指物理时间,而是就心理时间而言的。这里所说的停顿,是指语句之间、层次之间、段落之间的间歇。一般来讲,最容易使听众听懂的谈话,其停顿时间的总量占全部谈话时间的35%~40%。导游讲解时,适当运用停顿(生理停顿、语调停顿、心理停顿)可以使语言更加流畅,强化语言的节奏感,更易于吸引观众,收到良好的导游效果。

4.调节语速

语速是指说话时语流速度的快慢。导游的过程是一个动态的过程,导游讲解时要做到语速适中,善于变化,应配合、引导游览进程的节奏,徐疾有致。导游员应根据游客对讲解内容的理解程度、导游进程和讲解对象适当调整语速。如对儿童、老人及语言领会能力较弱的游客应适当放慢语速;重点内容或需要着重强调的内容,语速可适当放缓,以便游客理解和记忆。

5.控制音色

音色又叫音质,是指声音的特色。一个人的音色既有先天的因素,也受后天训练的影响。导游员可以训练和控制自己的音色,理想的音色是明亮、柔和、自然、悦耳、舒服。

6.注意语气

语气是指说话的口气。一般通过陈述句、疑问句、感叹句、祈使句等形式表现语言的感情色彩,增加句子的变化,使语言富有节奏感。其中,停顿的巧妙运用能加强句子的语气和表现力。导游员在实际工作中应注意戒除烦躁、嘲讽、傲慢、反问和命令式的语气。

案例引领

令人难忘的藏族导游卓玛的讲解

卓玛是一个典型的藏族姑娘,她在讲解中不是用标准普通话、标准语速和语调向游客介绍游览计划和有关知识,而是以比较缓慢的语调,像亲人、朋友聚在一起拉家常般,让游客感到亲切、轻松、愉快。对于游客的提问,她的回答也是如此,知道的就娓娓道来,丝毫没有传道、授业、解惑的优越感,更没有教训的意味;不知道或者不全知道的,也绝不胡编乱造、敷衍搪塞或是慌里慌张、面红耳赤甚至张口结舌,她始终给游客以平和、平静的感觉。她的音色、声调及导入、收尾也都让人感觉自然、亲切,而没有常见的生硬感。

【案例解析】她的导游服务风格的可贵之处,首先在于她以藏族人的自然淳朴、真诚为基础,加上自己的纯真、敬业、虚心、细心,营造出平等、和谐、轻松的氛围。其次是她注意把握语速、语调,讲究语言风格。

二、正确运用导游语言的四原则

导游语言具有传播知识、沟通思想、交流感情的功能,是知识性、思想性、趣味性的结合体。导游人员在运用导游语言时,必须做到准确、清楚、生动、灵活,四者相辅相成,缺一不可,否则就达不到良好的效果。

1.正确恰当

导游语言的正确性是指导游人员的语言必须以客观事实为依据,内容准确无误,在讲解时使用规范化的语言,逻辑性强。具体包括以下几个方面。

(1)内容准确无误,有据可查。对所讲解景点的背景材料如历史沿革、数据、地质构造等必须准确,要有根据、有出处,不能胡编乱造。即使是故事传说、民间传奇也要有据可查,不能道听途说,信口开河。若遇到说法不一的地方可忽略不讲,或选择有代表性的意见介绍给旅游者,与他们共同探讨,请他们根据自己的理解来做出判断。内容不准确是导游讲解中的"硬伤",特别容易引起旅游者对导游人员的轻视和不信任。

(2)语音、语调、语法要准确。导游讲解是以语言为工具向旅游者传递信息的,在传递的过程中,假如语音语调有误,语法不当,就会使信息失真,沟通不畅,甚至因旅游者听不懂而达不到运用语言的目的。尤其是导游人员在使用外语导游时,由于不是自己的母语,因此要特别注意语音语法知识,以免说错,使客人听不懂或引起误解。因此,导游人员要练好自己所使用的语种,不管是外语、地方方言还是普通话,语音、语调不仅要规范,与自己所表达的思想感情、积极的服务态度相符合,而且要与听者的人数、讲话的场合相协调,既要适度正确,又要富于变化。另外,遣词造句准确、词语组合恰当也是语言运用的关键,要按语法规律和语言习惯进行良好的组合搭配,注意褒贬和分寸感。

(3)观点正确、鲜明。导游语言作为表达思想的工具,其所传递的内容具有一定的社会性,会产生一定的社会效应。导游人员在运用语言表达思想时,首先要有鲜明正确的观点和立场,使旅游者对当地有一个全面、客观、公正的了解,而不能含糊其词。同时,要坚持"内外有别"的原则,自觉运用国家的法律法规和行业纪律约束自己,不得迎合个别旅游者的低级趣味以及在讲解中掺杂格调低下的内容,不开政治性的玩笑。

2.清楚易懂

导游语言的清楚性是指在讲解时要条理分明、脉络清晰、符合逻辑,语义表达清晰,发音吐字清晰,把所讲的内容一层一层地交代清楚。导游人员应注意在思维和语言表达上符合逻辑规律,层次分明,对自己所要表达的内容仔细斟酌;想告诉游客什么,想让游客得到什么,自己心中要有数,不能"东一榔头西一棒子",想起什么说什么,看见什么说什么,层次不清,杂乱无章。讲解时,导游人员应根据思维规律,将所讲内容有机地组织起来,层层递进,主题明确,重点突出。同时还应做到语言干净利索,不拖泥带水,不结结巴巴,使用常用而又形象的词语、简短而朴实的句子,切忌使用生僻的词语、冗长的书面语句。

如下面一段介绍开封的导游词:"开封市位于河南省中部,古称汴梁,为我国八大古都之一。先后有战国时期的魏,五代时期的后梁、后晋、后汉、后周,北宋和金定都于此,素有'七朝都会''自古帝王州'之称。开封之名源于春秋,当时,郑国君主郑庄公选择在这里修筑储粮仓城,取'启拓封疆'之意,定名为'启封'。到了汉景帝时,为避汉景帝刘启之名讳,就将'启封'更名为'开封',这便是'开封'的由来。开封在北宋时最为繁盛,作为宋朝国都长达168年,历经九代帝王,人口多达150余万,是当时世界上最繁荣的大都会之一。当时,东京城周阔30余公里,由外城、内城、皇城三座城池组成。开封境内河网稠密,湖泊众多,素有'北方水城'之称。由于历史上屡次被水淹没,留下了多处地下古城。市区被古城所围绕,部分街道依稀可见宋时风貌。张择端的巨幅画卷《清明上河图》和'琪树明霞五凤楼,夷门自古帝王州'的诗句都描绘了当时开封的辉煌。北宋时,科技发达,经济繁荣,创造了影响深远的宋文化。历史名人有刚正不阿的包拯、屡建战功的杨家将等,他们的丰功伟绩和故事传说早已成为民族文化遗产,为世人传颂。"

这一段导游词主题明确,层次清晰。开封作为历史文化名城,可讲的内容很多,旅游资源非常丰富,怎样用有限的语言给游客一个突出的印象,让游客游完开封以后不至于和其他几个古都相混淆?作者突出了一个"宋"字,内容的延伸由此有了脉络,导游语言也显得十分明晰。

3.生动形象

正确、清楚的导游语言能传递给游客准确的信息,但只有这两点显然是不够的。旅游活动是一个寻找美、发现美、享受美的过程,在这个过程中,应该有一种轻松、愉快的气氛。同样的话,用不同的说法,会产生不同的效果。俗话说"看景不如听景",要想产生良好的听觉效果,就要增加导游语言的趣味性和感染力,用充满活力的语言去打动旅游者,引起他们的共鸣,然后通过联想或想象去感知和理解事物的内在审美价值,从中得到美的享受。在导游语言的生动性方面应注意以下几点。

(1)把握语音、语调。任何语言都是用一定的语音、语调来传达情感的,导游人员如果在语言表达上平淡无味,像和尚念经般单调、呆板,必然会使游客兴趣索然,即使是好的、有价值的景点,也会毫无印象。相反,生动形象、妙趣横生的导游语言不仅能吸引游客,而且会起到情景交融的作用。

(2)使用形象化的语言。在语言的形象化方面,修辞是必不可少的。常用的修辞方法有比喻、比拟、夸张等,通过这些修辞方法的运用,能形象地描绘大自然的美景,给旅游者以真实感和亲切感。

(3)适当的幽默。幽默风趣的语言如果使用得当,可以活跃气氛、提高游兴,增加导游人员和游客之间的感情交流,使旅游者回味无穷,有时还可以摆脱尴尬。幽默既是一种技巧,又是一种艺术,更是一种智慧,它在很大程度上是对修辞方法的综合运用,但又不同于一般意义上的修辞,是以造成幽默意境为目的的。幽默意境主要由语言的反常组合来实现,即语言组织与常识相违背,完全超出人们的预料,像一语双关、正题歪解、借题发挥等,都是很好的幽默方式。在幽默的运用中应注意分寸,使用不当会使旅游者感到导游人员在"耍贫嘴",甚至感到低级趣味。同时,要杜绝"黄色幽默"和"黑色幽默",前者以低级趣味为满足,而后者以玩世不恭、嘲笑他人为目的。

4.灵活多变

毫无灵活性地呆板解说只会使游客产生厌烦情绪。导游语言的灵活性是指在导游讲解时要有针对性,要因人、因时、因地而异,不能千篇一律,应根据不同的对象决定讲解的内容、顺序、语言的方式、音量的大小等。要做到这一点,就要首先了解旅游者的背景,做好准备工作,包括知识准备和心理准备,根据客人的年龄、职业、爱好、文化程度、宗教信仰等,选择适当的讲解方法和内容,使特定景点的讲解适应不同旅游者的文化修养和审美情趣。景点可能是死的、固定不变的,但人是活的、可变的,不同的人有不同的需求。比如,同样是少林寺,在向西方游客讲解时和面对国内游客时,一定是不一样的,历史学家和农民游客的需求也一定有所不同,因而要避免"千人一词""千团一词"而降低景点的文化内涵和魅力。此外,导游员还要根据季节和天气的不同、观览条件的不同灵活调整讲解语言。

案例引领

灵活应对天气变化的讲解

导游小王在带团游览湖泊景区时,需要给游客介绍湖水清澈见底的特点。平日天气晴朗时,导游小王通过"分明看见青山顶,船在青山顶上行"的诗句来解说。但有一次带团游览时,不巧下起了小雨,若按计划的诗句讲解,则有点不合时宜。这时,小王随机应变,改用"水光潋滟晴方好,山色空蒙雨亦奇"的诗句进行讲解,将湖泊风光讲解得别有一番情致,让游客体验到了真实而不一样的美。

三、导游语言的八有原则

1.言之有礼

所谓言之有礼,就是指导游人员言语要文雅,谦虚敬人。在导游接待过程中,要尽量多地使用礼貌语言,如"大家好""早上好""请坐""请跟我来""请走这边""对不起""打扰了""麻烦您了""祝各位旅途愉快""再见"等。同时,说话声调、语气也要体现出礼貌。语调要轻松自然,富有情感,切忌用命令式的口吻,通常可用建议商量的语气来要求客人的支持和合作。说话温和友好是有礼貌的表现,粗声大气是缺乏礼貌的表现。此外,导游员还要能够客气、耐心地接受旅游者的提问,使旅游者体会到被尊重的感受。

2. 言之有物

导游讲解的内容要充实,有说服力,切忌空洞,夸夸其谈。如在参观一个游览点之前,先概括介绍年代、背景、欣赏价值、面积、设施等之后,带团顺次游览时,边看边讲,按物讲事,以物托事,这样会使游客感到学到了知识。导游人员要做到言之有物,一定要具有丰富的文化知识修养。知识面应既宽又杂,上至天文下至地理,工农商学兵,党政工青妇,特别是中外历史、地理、政治、经济、文化、建筑、艺术、宗教、美学、心理学、法律、民俗,都得懂一些,所以有人讲,导游员首先应当是一位博学多才的杂家。总之,导游员没有丰富的知识,是难以接待好客人的。

3. 言之有据

导游员要有责任心,对自己所讲的话要负责,切忌弄虚作假。导游员的讲解必须有根有据,令人信服。遇到游客提问,要客观回答,实事求是,不得胡编乱造,张冠李戴。介绍事实时要根据出版物如实讲解,不能信口开河。即使讲解神话传说也应有根有据,并根据游客的理解能力,要深浅、详略适度。做到言之有据,需要导游接待人员精通业务。首先要精通旅行业务,特别是众多旅行手续和规定;其次要了解旅游者的需求,如什么样的参观游览节目最吸引人,什么节日最受外国人欢迎,不同国家的旅游者对节目要求有何不同,等等;最后要特别熟悉自己的工作程序和自己的业务范围,如全程导游要了解"全程陪同三部曲",即调查准备阶段、陪同参观阶段、归纳提高阶段,地方导游员对本地开放单位、名胜古迹、历史沿革、特产风物、风土人情等,都应非常熟悉,并能用生动的语言表达出来。

4. 言之有情

导游员的讲解不单是信息的交流,同时也是与旅游者情感的交流。优秀的导游人员在讲解时应投入感情,言语要友好,富有人情味,要让听者感到亲切、温暖。"感人心者,莫先乎情",在语言运用过程中,在信息传递的同时,蕴藏着丰富的情感成分,目的在于引起对方愉悦性的互动。这种情感可以蕴含在具体的语言符号中,比如称呼宾客为"先生""女士""您",而不说"你",或是直呼其名;比如使用端正而优美的站姿,而不斜靠、抖动。导游人员在工作环节中有失误,给客人带来了麻烦时,应当公开道歉;或不小心得罪了客人,或伤害了客人的情感,都必须向他道歉,请求他的原谅。接受他人道歉时最好表示宽容,可以说:"请别介意。"或者说:"请不用这样,我能理解。"此外,语言和表情结合,更能起到情感交流的效果。微笑能让导游员和游客的距离很快缩短。当导游员出现在客人面前,一个微笑往往使他们喜欢你。旅途中,常常看到你的微笑,将使人心情舒畅。遇到麻烦,你适当地笑一笑,会使紧张的气氛缓和下来。微笑是一种情绪语言,是一种理解,是一种情感交流。当你把客人看作是自己的朋友和亲人,那你就一定能巧妙地运用微笑。

5. 言之有理

我国宋代理学家朱熹曾给"礼"下过这样的定义:"礼即理也"。就是说,讲礼节礼貌就是懂道理,讲理。导游人员在导游或讲解过程中遇到问题要讲道理,合情合理,以理服人。如临时变更游览节目时,最好事先通知客人,通知时要坦诚地向大家说明情况,请求谅解;不要等车往回开时,草率地说一句"时间来不及了,某某处去不了"。变更节目时应该提醒游客做好思想准备。例如,导游员在用早餐的时候告诉大家安排有点变化:"据天气预报,明天要下雨,所以我们只得变换一下节目,今天上华山,明天参观博物馆。请大家别忘了换双鞋,带上太阳帽。谢谢。"旅途中如有游客违反有关规定或发生激烈冲突而影响旅行时,导游员应当加以批评,但须注意场合、方式和言之有理,以免引起更多的不愉快。有时,导游员可以通过主动承担责任来批评别人。例如,有人迟到,使整个旅行团队等着,事后您可以说:"刚才没能按时出发,很对不起大家。虽然迟到都不是故意的,但我仍然希望不再发生。"这样,迟到者因您对他的理解而不会再迟到,那些未迟到的客人也会因你的道歉而释然,主动自觉地遵守时间。

6.言之有趣

导游员在导游讲解时注意生动有趣,定会使游客心情愉悦并留下旅行游览的深刻印象。如在讲解历史背景时,可穿插叙述传说、神话故事,增加趣味性。讲话谈话风趣是导游语言艺术性的重要体现,它使导游讲解锦上添花,使听者轻松愉快,使气氛活跃,能提高旅游者的游兴。语言风趣幽默,还常常能把人从困境中解脱出来。幽默运用很广泛,但须注意效果应该是轻松的,用心是善意的。

7.言之有喻

导游员应使用生动形象的导游语言,并结合游客的欣赏习惯,恰当运用比喻手法,减少游客理解的难度,从而增加旅游审美中的形象和兴趣。如在介绍太湖石"瘦、露、透、皱"四大特点时,导游员可利用形象生动的比喻,如在太湖石下置放香炉,香烟徐徐上升犹如群龙吐雾;从上向下浇水,则如群龙喷水,立刻将太湖石露、透的特点展现给游客,让游客产生联想,更易于理解并使讲解有趣有神。

8.言之有神

导游讲解应准确达意,突出景观的内涵之美,表达出景观应有的内在神采。为做到言者有神,言必传神,导游员在讲解时要精神饱满,声音传神,引人入胜。

"八有"原则中,言之有理体现了导游语言的思想性(亦称哲理性),言之有物、言之有据是导游语言的科学性和知识性,言之有神、言之有趣、言之有喻是导游语言的艺术性和趣味性,言之有礼、言之有情则是导游员的道德修养在导游讲解中的具体体现。一名优秀的导游员应具备良好的语言驾驭能力,在导游中恰当地运用导游的原则要求,提供高质量的导游服务。每名导游员都应自觉地加强语言修养,积累各类知识,增加词汇的拥有量,锻炼思维能力,提高临场发挥技巧,争取形成优良的导游语言技巧。

四、改掉不良的口语习惯

导游语言忌讳含糊不清,反反复复、颠来倒去的啰唆,使用大量艰涩、冷僻的词语,以及不良的习惯语与口头禅。

实战训练

导游口头语言训练

训练项目	导游口头语言训练
训练要求	通过训练使学生掌握导游口头语言的表达要领与技巧,具备较好的导游语言素养
训练地点	导游模拟实训室
训练材料	导游词、录音设备

训练内容与步骤	一、实训准备 学生分组,教师拟定导游口头语言训练项目(音色、音量、语速、节奏、流畅性等)。 二、实训开始 1.自我训练(音色、音量、语速、语调)。 2.小组训练(小组成员轮流根据拟定项目进行模拟训练)。 3.场景模拟训练(设置带团场景,进行场景模拟训练)。 三、考核点评 1.学生自评、互评,评价导游口头语言表达的优点与不足,互相学习。 2.教师点评,就模拟过程中出现的问题与错误,指出导游口头语言表达中应注意的问题
主要观测点	1.观察学生导游口头语言的表达能力。 2.考查学生导游语言运用的应变能力

知识链接

导游基本水平、技巧、艺术自测要点如表6-1所示。

表6-1　导游基本水平、技巧、艺术自测表

导游基本水平	导游技巧	导游艺术提高
1.声音的可闻度,即你的导游声音,无论在车上,或在景区、景点,大家是否都能听得见。 2.语音、语调有无变化,即声音有无节奏感,是否有抑、扬、顿、挫,有无美感。 3.讲话用词是否准确。 4.持麦克风的方式是否得当,声音经麦克风是否失真、是否清晰。 5.出发时是否清点人数,清点方式是否得当;能否将今日要游览的项目和注意事项告诉旅游者。 6.导游所提供的材料,特别是数据,是否准确可靠,与实际情况有无出处。 7.衣着是否整洁,证件、标志是否展示,能否给旅游者一种"训练有素"之感	1.市容讲解时,导游选择的讲解点是否得当。选"景"和讲"情"是否有内在联系。 2.对于景点的文化内涵、育人作用,揭示的是否恰到好处。 3.用语可接受程度,即是否用旅游者经常用的、容易理解的、而又喜闻乐见的语言。 4.游览车上所讲内容和车外所见景物有无内在的逻辑关系。 5.导游讲解时,是否一直面对旅游者,并适度地运用体态语言。 6.导游讲解时,是否面带笑容、声音悦耳,使旅游者产生愉快之感	1.导游时是否运用导游语言艺术,有无美感,语言是否生动、形象、富有表现力。 2.导游所用知识和信息是否平衡,即旅游团内各成员所关心的知识和信息是否都有所提供。 3.导游能否引起兴趣,言谈有无旅游者可接受的幽默感,讲解时旅游者是否都在听。 4.导游语言艺术是否遵守"八有"原则。 5.导游词是否有"针对性",导游艺术和方法能否"运用而又无形"。 6.外语讲解是否清楚、准确、流畅,是否有时代感。海外导游内容能否同国内情况进行对比。 7.每接一团是否发放"征求意见表",旅游者满意率是否达90%以上

　　注:本自测表根据伦敦旅游局现场考核导游的十余种方法,结合我国导游需要提高的具体情况总结而成,可供学生进行自测时参考。

实训项目三 导游讲解能力训练

实训目标

1. 掌握景区(点)导游讲解的原则、方法与技巧。

2. 具备合理设计景区(点)讲解线路和内容、方法的能力。

3. 具备合理选择导游方法,提升讲解艺术性、趣味性,提高导游讲解效果的能力。

案例引领

在景色如画的苏州石公山上,一位导游员对游客描绘说:"朋友们,我们现在身在仙山妙境。请看,我们的背后是一片葱翠的丛林,面前是无边无垠的太湖。青山绕着湖水,湖水映着青山。山石伸进了湖面,湖水咬住了山石,头上有山,脚下有水,真是天外有天,山外有山,岛中有岛,湖中有湖,山如青龙伏水,水似碧海浮动。"接着,他吟道:"茫茫三千顷,日夜浩青葱,骨立风云外,孤撑涛声中。"

【案例解析】这位导游员情景交融的描绘,使游客就像在观看彩色宽幅风景影片的同时,又听着优美的画外音。他运用具体形象、富有文采的语言对眼前的景观进行描绘,使景观细微的特点显现于游客眼前。在旅游过程中,有些景观没有导游人员的讲解和指点,很难发现其美的所在,唤起美的感受,而经过导游人员一番画龙点睛或浓墨重彩地描绘之后,感受就大不一样了。

导游讲解是导游员以丰富多彩的社会生活和璀璨壮丽的自然美景为题材,以兴趣爱好不同、审美情趣各异的游客为对象,通过对自己掌握的各类知识进行整理、加工和提炼,用简洁明快的语言进行的一种意境的再创造。

导游讲解的技能,体现了导游方法的多样性、灵活性和创造性。作为导游,有责任让这个过程顺利进行,并在此基础上让自己的讲解语言富有艺术性、富有感染力。要达到这个效果,导游应遵循"正确、清楚、生动、灵活"的原则进行讲解,还要恰当运用各种讲解方法和手段,这也是导游重要的基本功之一。

一、导游讲解应遵循的原则

导游讲解是导游人员的一种创造性劳动,因而在实践中,导游讲解的方式、方法可谓千差万别,但这并不意味着导游人员在讲解中可以随心所欲、异想天开。相反,要保证导游讲解的质量,任何导游讲解方式、方法的创造,或导游讲解艺术的创造都必须符合导游讲解的基本规律,都要遵循一定的基本原则,符合一定的导游讲解要求。

(一)以客观为依据

客观事实是指独立于人的意识之外,又能为人的意识所反映的客观存在。它包括自然界的万事万物和人类社会的各种事物,其中有的是有形的,有的则是无形的,前者如名山大川、文物古迹,后者如社会制度、旅游目的地居民对游客的态度等,它们都是客观存在的。导游人员在进行导游讲解时,无论采用何种方法或技巧,都必须以客观存在为依据,即导游讲解必须建立在自然界或人类社会某种客观现实的基础上。例如,在向游客介绍新疆吐鲁番的交河古城时,虽然游客看到的只是残垣断壁、蜂窝状的黄土建筑,但导游员以此为基础来创造意境,通过讲解再现 2000 多年前交河城的盛景,既让游客感到惊叹不已,又使游客感到真实可信。

(二)针对性原则

所谓针对性,是指导游方法必须符合不同旅游者的实际需要,因人而异,有的放矢。导游人员进行导游讲解时,导游词内容的广度、深度及结构应该有较大的差异,通俗地说,就是要看人说话,导游人员讲的应是游客希望知道的、有能力接受并感兴趣的内容。如到我国西安旅游的外国游客,大多都要去秦始皇兵马俑博物馆参观,对于初次来华的游客,导游员可以讲得简洁明了,让其了解兵马俑的规模、建造历史、文物价值;而对于多次来华旅游的外国游客则可以讲得深入一些,比如说 2000 多年以前的建造工艺、秦文化传统等。

导游词的安排,要符合游客的需要,要注意文化差异,讲解得太快、太深奥,游客一下子是理解不了的。导游人员如果不能针对每一特定的游客群体量体裁衣地传递信息,就不算是一名合格的导游人员。

(三)计划性原则

所谓计划性,是指按旅游者的要求、时间、地点等条件有计划地进行导游讲解。

旅游者在旅游期间,其时间是有限的,如何使他们在有限的时间内得到最大的满足,达到预期的目的,完全依赖于导游员的周密安排和精彩讲解。计划性原则要求导游员在特定的工作环境和时空条件下,发挥主观能动性,讲究科学性和目的性,巧妙而恰当地运用导游方法和技巧,使游客获得最满意的旅游效果。日程安排和每个景点的导游方案就是计划性原则的具体表现。导游讲解除受时间限制外,还受地点的限制。例如参观故宫,一般的旅游团队需要 3 个小时,但有组织的专业团队有时需要 2～3 天时间;有的团队在北京只停留 1～2 天,参观故宫只有 1 个小时,这对于这样一个范围广、内容丰富的景点来说时间过于紧张,这就需要导游员根据特定的时间和地点进行导游讲解。时间充裕时进行详细的讲解,景点的选择面可以扩大;时间紧迫时,讲解就应简明扼要,选择最具代表性的景点参观。因此导游员在导游讲解时,必须考虑时空条件,预先科学地作出安排,做到有张有弛、主次分明、动观与静观相结合、导与游相配合;讲解的详细而不使人感到时间长,讲解的简明扼要不使人感到仓促。

(四)灵活性原则

所谓灵活性,就是导游人员的导游讲解要因人、因时、因地而异。导游讲解的内容应可深可浅、可长可短、可断可续,一切需视具体情况而定,切忌千篇一律、墨守成规。

导游讲解贵在灵活、妙在变化的原因是游客的审美情趣各不相同,各旅游景点的美学特征也千差万别,大自然又变化万千、阴晴不定,游览时的气氛、游客的情绪也在随时变化。所以,即使游览同一景点,导游人员也应根据季节的变化,时间、对象的不同,采用切合实际的讲解方式。如在雨雾天气游览西湖时,导游人员如果说:"雨雾天,我们很难看清远处的景物",就会大大影响游客的心境;导游人员如果换一种导游词:"晴西湖不如雨西湖,雨西湖不如雾西湖,西湖什么时候都有不同的美,正是'欲把西湖比西子,淡妆浓抹总相宜',现在就让我们在音乐般美妙的淅淅沥沥的雨声伴奏下,欣赏淡妆的西湖吧!"效果就会大不相同。

导游讲解的原则体现了导游的本质,也反映了导游方法的规律性,它们是统一的、互为补充的,导游员应对其心领神会,灵活运用,将其自然而巧妙地运用于旅游接待和导游讲解中。

二、导游讲解的要求

导游讲解的要求，一般说来可以归结为以下六点。

(一)强调知识性

优秀的导游讲解必须有丰富的内容，融入各类知识并旁征博引、融会贯通、引人入胜。导游讲解的内容必须准确无误，令人信服。

导游讲解不能只满足于一般性介绍，还要注重深层次的内容，如同类事物的鉴赏、有关诗词的点缀、名家的评论等，这样才能提高导游词的档次。

(二)讲究口语化

导游语言是一种具有丰富表达力、生动形象的口头语言。这就是说，在导游语言创作中，要注意多用口语词汇和浅显易懂的书面语词汇；要避免难懂的书面语词汇和音节拗口的词汇；多用短句，以便讲起来顺口，听起来轻松。需要注意，强调导游口语化，不意味着忽视语言的规范化。

(三)突出趣味性

为了突出导游讲解的趣味性，必须注意以下六个方面的问题：①编织故事情节。讲解景点时，要不失时机地穿插趣味盎然的传说和民间故事，以激起游客的兴趣和好奇心理。但是，选用的传说故事必须是健康的，并与景观密切相连。②语言生动形象，用词丰富多变。生动形象的语言能将游客导入意境，给他们留下深刻的印象。③恰当地运用修辞方法。导游讲解中，恰当地运用比喻、比拟、夸张、象征等手法，可使静止的景观深化为生动鲜活的画面，揭示出事物的内在美，使游客沉浸陶醉。④幽默风趣的韵味。幽默风趣是导游讲解艺术性的重要体现，可使其锦上添花，气氛轻松。⑤情感亲切。导游语言应是文明、友好和富有人情味的语言，应言之有情，让游客赏心悦目，倍感亲切温暖。⑥随机应变，临场发挥。导游讲解成功与否，不仅表现其知识是否渊博，也反映出其导游时是否具备技能技巧。

(四)重点突出

每个景点都有代表性的景观，每个景观又都从不同角度反映出它的特色内容。因此，导游讲解必须在照顾全面的情况下突出重点，面面俱到、没有重点的导游词是不成功的。

(五)要有针对性

导游讲解不是以一代百、千篇一律的，它必须是从实际以发，因人、因时而异，要有的放矢，即根据不同的游客以及当时的情绪和周围的环境进行导游讲解之用。切忌不顾游客千差万别，导游讲解一成不变的现象。

(六)重视品位

导游讲解必须注意提高品位。一要强调思想品位，因为弘扬爱国主义精神是导游员义不容辞的职责；二要讲究文学品位，导游讲解的语言应该是规范的，文字是准确的，结构是严谨的，内容层次是符合逻辑的，这是导游讲解的基本要求。如果在观景之外适当的引经据典，得体地运用一些诗词名句和名人警句，会使导游讲解的文学品位有所提高。

三、常用导游讲解方法

导游工作是一门艺术，而且是一门高难度、高技能的复杂艺术。不同的导游员对导游艺术的理解不一样,对这门艺术的提炼和发挥也会不一样,导游讲解可能各具特色,生动活泼,机动灵活,但导游讲解也必须是原则性、知识性、趣味性和灵活性的有机结合。

　　一名成功的导游员应正确掌握导游艺术,灵活运用导游方法,尤其是在现场导游时,对不同的对象必须采取不同的导游方法和技巧;把握游客的需求特点,对不同需求的游客进行语言上的引导,从而吸引游客的注意力,提高游客的观赏兴趣,使各类游客都获得相应的满意度。

　　导游讲解追求方法和技巧,因为科学实用的技巧和方法能够极大地提高讲解的效果。中外优秀的导游工作者无不在工作实践中积极探索,寻求最佳的导游讲解方法,以便提高技巧,增进讲解效果,提高讲解质量,提升游客的满意度。在实践中,导游工作者总结出了很多优秀的讲解方法和技巧,现择要介绍如下。

(一)平铺直叙法

　　平铺直叙法指按时间、逻辑层次或因果关系对景点做概要讲述的方法。它适用于较小的参观景点,以及旅游者人数较少的情形。使用这种方法时,导游员要言辞简洁,并辅以动听的语音语调、适当的面部表情和手势动作,以提高旅游者的兴趣。如在带领旅游团到王府井大街游览时,在旅游者下车之前,就可用平铺直叙法向游客介绍:王府井大街已有500多年的历史了,明朝永乐帝迁都北京时,在此建了10个王府。到了清朝,王府已经不存在了,但王府之名却保留下来了。在这条街的南端有一口甜水井,因此人们将其称作王府井大街。现在,王府井已成为北京最繁华的商业中心之一,共有150多家商店,在节假日顾客流量可达百万。你在此走一走,就可感受到北京的气息,了解到北京人民的生活方式。

(二)重点介绍法

　　对于某一景点,可以讲解的内容和方面很多。突出介绍法就是对景点的讲解内容进行主次划分,在导游讲解时重点讲解景点的某些方面,对一些次要的方面进行略讲,不追求面面俱到。这要求导游员熟知景点的情况和特点,根据不同的时空条件和对象区别对待,科学而周密地编排讲解内容,有的放矢地做到轻重搭配,重点突出,详略得当,疏密有致。导游讲解时一般要突出下述四个方面。

1.突出具有代表性的景点景观

　　这要求导游能够确定某一景点中的代表性景观,提前做好讲解的计划。所选取的代表性景点景观必须具有自身的特征,对全体景观具有概括性或代表说明性。如导游洛阳龙门石窟,就应该把讲解的重点放在对奉先寺、对卢舍那大佛的讲解上。奉先寺和卢舍那大佛的规模和气势、题材和造型,都是龙门石窟的典型代表,也是中国石窟造型艺术的典型代表。选取奉先寺和卢舍那大佛进行讲解,景点本身的气度就能够较强地吸引游客的关注,使游客首先产生很强的了解愿望,突出讲解奉先寺的建造、造型故事、人物选取和雕刻特点、历经的沧桑,会给游客留下较深刻的印象;尤其是可以讲解卢舍那大佛手臂被破坏的故事,增强游客的文物和旅游资源保护意识。

2.突出景点的独特性

　　旅游资源重要的吸引力之一就是其独特性。独具特色的旅游景点是旅游地赖以发展的依托,也是游客关注的焦点。导游讲解应注意发掘景点的独特性,把讲解的重点放在这里并尽力突出。我国作为文明古国,我们的先人留下了大量的建筑遗存,而旅游安排往往大量地向游客展示古建筑的辉煌,旅途变得单调而无聊,于是有了中国之旅——"白天看庙,晚上睡觉"之说。

这里且不说晚间娱乐的欠缺,仅就建筑的观赏来讲,导游讲解的重点不应放在建筑方面。因为飞檐斗拱、雕梁彩栋对建筑专家而言具有很大的独特性,需要详细地讲解和说明,导游讲解越细致,越专业化,越能博得他们的赞赏;但是普通游客可能没有这份雅兴,重点讲庙宇、讲建筑反而会引起他们的厌烦。如果必须讲解,就应尽可能地突出特点,避免同其他建筑的雷同。最好简单讲解建筑,突出讲解建筑的文化内涵。如对曲阜"三孔"进行导游,就不要把讲解的重点放在对"孔府、孔庙、孔林"这些建筑的讲解上,应把它们当作景物,讲解其历史,讲解孔子作为"帝王之师"的地位,讲解儒家文化的兴衰。上海力推的"都市旅游",郑州旅游中强调"山、河、古、拳、根",都是对当地旅游独特性的总结,是导游中值得重点讲解的内容。

3. 突出旅游者感兴趣的内容

"横看成岭侧成峰,远近高低各不同。"旅游者的兴趣爱好各不相同,同一景点,不同游客观赏的感受不同;同一景点、同一游客,在不同的心境下、不同的时间段,观赏的感受也会不同。导游讲解具有很强的引导性,但这种引导绝不是漫无边际,风马牛不相及的引导。导游讲解应因人而异,不能僵化,不能以不变应万变;应针对游客的兴趣点,组织不同的讲解内容,运用不同的讲解方法;注意研究旅游者的职业和文化层次,重点讲解旅游团内大多数成员感兴趣的内容;把握游客的心理变化和表情特征,及时调整讲解的重点,满足游客的需求。

例如,游览故宫时,就应对不同的游客突出不同的讲解重点。对消遣性的游客,可以侧重讲解故宫的宏大和规模,较多穿插其间发生的历史故事;对专家,则要重点讲解故宫的价值、地位、作用和艺术性等,讲解中要尽可能讲出中外不同时期的宫殿建筑对比,讲解宫殿建筑和民间建筑的不同,提高讲解的品位。又如,参观一座博物馆,可将参观讲解的重点或放在青铜器上,或突出陶瓷,或侧重碑林金石,一切视博物馆的特色和旅游者的兴趣而定,避免蜻蜓点水式的参观、讲解方式。

4. 突出"之最"

导游讲解应突出景点最值得关注的方面,用最大、最小、最好、最古老、最新鲜等内容吸引游客,激发他们的游兴。这些"之最"可以是世界之最,也可以是中国之最、本地之最。例如,北京故宫是世界上规模最大的宫殿建筑群,长城是世界上最伟大的古代人类建筑工程,洛阳白马寺是中国最早的佛教寺庙,黄河是世界上含沙量最高的河流等。如果"之最"算不上,第二、第三也值得一提,如长江是世界第三长河。注意,在使用这种导游讲解时切忌无中生有,杜撰捏造,必须实事求是,同时讲解要准确,不要张冠李戴。

(三)分段串线讲解法

为使游客对某一景点形成清晰而全面的印象,导游讲解可以在明确讲解目标的基础上,将景点分成若干组成部分,结合不同的景点内容进行讲解,同时分段的讲解围绕景点构成一个整体,这就是所谓的分段串线讲解法。分段串线讲解法多用于较大的景点(因为较大的景点范围较广阔,讲解点多),这种讲解方法将一处大景点分为前后衔接的若干部分来分段讲解,但要注意层次的划分和讲解中的内容分配,避免平铺直叙可能造成的思维混乱,防止讲解内容的无序堆砌。

讲解时,一般在前往景点的途中或在景点入口处的示意图前用概要法介绍景点(包括历史沿革、占地面积、欣赏价值等),并介绍主要景观的名称,使旅游者对即将游览的景点有个初步印象。游前不需要讲解详细,讲解要简明扼要,激发游客的游览兴趣,使之有"一睹为快"的要求。然后顺次游览,分段导游讲解。注意,在讲解这一景区的景物时不要过多涉及下一景区的景物,但要在快结束这一景区的游览时适当地提示下一个景区,目的是为了引起游客对下一景区的兴趣,并使导游讲解一环扣一环,让景物讲解环环扣人心弦。例如游览嵩山景区,应在途中对嵩山景区的景点组成状况进行概要介绍,如嵩山景区主要由人文景观嵩阳书院、中岳庙、少林寺、古观星台以及自然景观三皇寨等构成,其突出的特点是自然景观和人文景观的聚集,汇集了儒释道文化,有名扬天下的少林功夫,地质构造极具代表性等。尔后到达不同的游览点进行不同的讲解,如嵩阳书院是儒家的讲学之地,游览讲解之后可以提醒游客,我们马上就会游览道家圣地——中岳庙。

对不同的景点进行讲解时,仍然可以采用分段讲解法。如对嵩山景区的少林寺进行导游时,可以先概要介绍少林寺的沿革、基本状况,尔后游览到山门、寺院、塔林、达摩洞等景点时再分别介绍。游览少林寺时,也可以对山门、大雄宝殿、方丈室、藏经阁等进行分段讲解。总之,分段讲解层次清晰,环环相扣,既可使讲解清楚明了,吸引游客的注意力,又可防止大段的无序讲解使游客厌倦疲劳。

(四)触景生情法

导游讲解应针对景点进行展开,讲解可以围绕景点景物适度展开,也可以依据景点景物进行合理的想象和描述。触景生情法就是引导游客的目光,借助某一景点景物展开讲解,讲解不能仅仅局限在这一景物的介绍和说明上。触景生情法有两个含义,一是讲解由此及彼,充分发挥,利用所见景物制造意境,引人入胜;二是导游讲解的内容与所见景物和谐统一,使其情景交融,让旅游者感到景中有情,情中有景。并且通过讲解使游客浮想联翩,尽享旅途之妙趣。例如,游览南阳卧龙岗,当引导游客到诸葛庐时,可以介绍诸葛庐的变迁情况,讲解当地政府的文物保护措施,尤其应该借机讲解历史故事,讲解诸葛亮躬耕陇亩,刘备三顾茅庐,访得诸葛先生,茅庐之内三分天下的故事。一个诸葛庐因此风云激荡,特别是诸葛亮"鞠躬尽瘁,死而后已"的高风亮节值得每一个游客赞叹,值得掬一把怀古追念之泪。

总之,触景生情法要运用得当,讲解要生动自然,不可牵强附会,生拉硬扯;发挥要得体,不能出格,不能为了追求幽默感和生动性而放弃准确性。

(五)问答法

导游讲解应善于活跃和带动气氛,注意游客的参与,为此,导游讲解可采用问答法。在导游讲解时,导游员可向旅游者提供问题或启发他们提问,活跃游览气氛,激发游客的想象思维,促使客、导之间产生思想交流,使游客获得参与感或自我成就感的愉快,同时也可避免导游员唱独角戏的灌输式讲解,加深旅游者对所游览景点的印象。

导游讲解可以采用多种形式的问答法,其中主要有以下几种。

1. 自问自答法

为了吸引游客的注意力,突出讲解的分量,导游员讲解时可以自己提出问题,并作适当停留,让游客猜想,促使他们思考,激发其兴趣,然后作简洁明了的回答或作生动形象的介绍,还可借题发挥,给旅游者留下深刻的印象。如在导游颐和园的"园中之园"——谐趣园时,导游员可以提问:谐趣园中有几趣?这个问题,一般的旅游者是答不出来的,于是导游就可以自问自答地点出。

2.我问客答法

为提高游客的参与兴趣,导游讲解中应适当地设计一些提问,这些提问要有感而发,不能太难,使游客能够较轻松地回答出来。对于游客的回答,导游员应有所估计,善于诱导,避免游客回答不出来感到尴尬。游客的回答不论对错,导游员都不应打断,更不能笑话,而要给予鼓励。最后由导游员讲解,并引出更多、更广的话题。如导游泰山时,可以提问:"五岳是指哪几座山?"一般情况下,游客都可以给出基本的回答,即使回答不完全或回答有误,游客的兴趣也可以由此调动起来,导游员接下来可以进行完善,并进一步提问:"泰山在五岳中有哪些特点呢?"提问后可稍做停顿,观察游客的反应,如游客反响强烈,积极回答,可等待游客回答后再讲解;如游客难以回答,便可及时进行展开讲解,提高讲解效果。

3.客问我答法

客问我答法有两种情况:一是游客主动提问,导游员被动回答;二是导游员通过讲解引导游客提问,然后进行回答。游客的提问可能是千奇百怪、形形色色的,可能是高深的,也可能是幼稚可笑的,无论是哪一种提问,导游员都应予以认真地对待和回答。游客提问,说明游客融入了旅游的氛围中,导游员应欢迎他们提问题。对于提问,导游员绝不能置若罔闻,不要笑话他们,更不能显示出不耐烦。同时,回答提问应讲求艺术,善于有选择地将回答和讲解有机地结合起来,不要问什么回答什么,一般只回答一些与景点有关的问题,注意不要让旅游者的提问冲击你的讲解,打乱你的安排。在长期的导游实践中,导游员要认真倾听旅游者的提问,善于思考,掌握游客提问的一般规律,总结出一套相应的"客问我答"的导游技巧,以求随时满足旅游者的好奇心理。

4.客问客答法

该法是问答法中难度最大的方法,导游员如果使用得当,不仅能调动游客的积极性,而且能活跃旅游团队内的气氛,加强导游员与游客以及游客与游客之间的关系。

客问客答法一般是在导游员使用以上"三法"中产生的。当游客向导游员提出问题后,导游员不马上给予解答,而是故意让游客来回答。如果回答正确,心中自然高兴;如果回答不对,当导游员讲出正确答案时,那些人也会哈哈一笑了之,要知道只有在这时得到的知识,脑海中才能久久难忘。

同时,导游员运用客问客答法的时间、地点和团队气氛要把握好,否则会适得其反。一般在旅游团队中游客玩得高兴时,或者对某些问题颇感兴趣时,效果会更好;而当游客处于疲倦和无聊之中时,对回答问题之类是不感兴趣的。

由于旅游团队的层次各有不同,因此,导游员在掌握客问客答法时要注意问题的内容和性质,对于知识性、趣味性和健康性等方面的问题可尽情讨论,甚至可以争论。但对于类似攻击、污蔑、低级、庸俗等不文明的问题出现时,导游员要据理驳斥,做到有理有节。同时,还要积极疏导,使问题解决在"萌芽"之中。

(六)"虚实"结合法

导游讲解是一门艺术,讲解应故事化,追求生动活泼。导游讲解应将现实的景物和景物所拥有的文化内涵有机结合起来,适当穿插典故、传说、神话和民间故事,拓展讲解的空间和深度。这就是导游在讲解中的"虚实"结合法。

"虚实"结合法讲解应以"实"的景点景物为基本点,对景物的实体、实物、史实、艺术价值等作出生动翔实的讲解；为提高讲解的趣味性、知识性和说服力，恰当而适度地辅以"虚"，"虚"是辅助手段，不能喧宾夺主。"虚""实"必须有机结合，"虚"为"实"服务，以"虚"烘托情节，努力将无情的景物变成有情的导游讲解。例如，游览古都开封时，讲解龙亭前的"潘杨二湖"，就不能只讲解湖的位置和面积，不能只讲解在湖水的衬托下，龙亭显得如何高大巍峨，如果这样讲解，就显得相对枯燥。讲解中如果提醒游客特别注意"潘杨二湖"湖水的颜色，讲一段"杨家将保家卫国，浴血疆场"，因此"杨湖颜色血红"的故事，定会激发游客的探寻兴趣，当他们真的发现湖水颜色同导游的讲解一致时，会惊奇欣喜，游兴大增。

（七）类比换算法

受文化背景和生活经历的限制，游客可能对某些景点难以感悟和认同。为促进游客观赏中的审美，导游讲解可以使用类比换算法。类比换算法就是用旅游者熟悉的事物与眼前景物比较，便于他们理解，使他们感到亲切，从而达到事半功倍的导游效果。

类比换算法分为同类相似类比和同类相异类比两种，不仅可在物与物之间进行比较，还可做时间上的比较和换算。同类相似类比是在讲解时，选取游客较为熟悉的人物或事物为类比对象，对不同时间、不同地点的具有相似性的事物或人物进行比较，便于游客理解并使其产生亲切感。例如，引导日本游客参观乾陵壁画时，导游员指着侍女壁画对客人说："中国盛唐时期美女的特征和在日本高松冢古坟里发现的壁画非常相似。"到此的日本客人仔细一看，发现的确如此，经过类比，从而对乾陵壁画有了具体的了解。

同类相异类比则是选取游客较为熟知的景物或人物后，对比两者在质量、水平、风格、价值等方面的不同。例如，中国长城与英国哈德良长城之比，中国故宫和日本皇宫之比等。但是，使用时要谨慎，绝不能伤害旅游者的民族自尊心。此外，导游讲解还可选取游客较为熟知的历史时代的代表人物和代表景物进行对比。

（八）制造悬念法

导游讲解时，可以根据不同的情况，有意识地创设一些意境，或提出一些令人感兴趣的话题，但故意引而不发，激起旅游者急于知道答案的欲望，使其产生悬念，这种方法称为制造悬念法，俗语称"吊胃口""卖关子"。"卖关子"的关口必须选择得当，"卖关子"之前的讲解必须引人入胜，足以激发游客产生强烈的思考愿望，引起游客听下去的兴趣。制造悬念的方法很多，如问答法、引而不发法、引人入胜法、分段讲解法等都可能激起旅游者对某一景物的兴趣，引起遐想，急于知道结果，从而制造出悬念。

制造悬念是导游讲解的重要手法，在活跃气氛、制造意境、提高旅游者游兴、提高导游讲解效果等诸方面都能起到重要作用，所以导游员比较喜欢用这一手法。但是，再好的导游方法也不能滥用，"悬念"不能乱造，以免起反作用。

（九）画龙点睛法

写作、作画讲求"画龙点睛"之笔，导游讲解也需要"画龙点睛"之话。导游讲解中可以用凝练、贴切的语句对所游览的景点景物进行介绍，总结概括其独特之处，给旅游者留下突出印象。"画龙点睛"可以是总结语，也可以是引导语，贵在点出景物的精髓。例如，旅游团游览云南后，导游员可用"美丽、富饶、古老、神奇"来赞美云南风光；参观南京后，可用"古、大、重、绿"四字来描绘南京风光特色；总结青岛风光特色，可用"蓝天、绿树、红瓦、沙滩、碧海"五种景观来概括。又如，游览颐和园后，旅游者可能会对中国的园林大加赞赏，这时导游员可指出，中国古代园林的造园艺术可用"抑、透、添、夹、对、借、障、框、漏"九个字概括,并帮助游客回忆在颐和园中所见到的相应景观。这种做法能够加深游客对颐和园的印象,起到画龙点睛的作用。

除上述导游方法外,导游方法还有许多。在具体工作中,导游员应善于总结,融合各种导游方法和技巧,结合自己的特点,形成独具特色的导游风格和导游方法,并视具体的时空条件和对象,灵活、熟练地运用导游方法,从而提供良好的导游服务。

优秀导游词示例

知识链接

景区讲解注意的问题

(1)对景区的讲解要繁简适度;讲解语言应准确易懂;吐字应清晰,并富有感染力。

(2)要努力做到讲解安排的活跃生动,做好讲解与引导游览的有机结合。

(3)要针对不同游客的需要,因人施讲,并对游客中的老幼病孕和其他弱势群体给予合理关照。

(4)在讲解过程中,应自始至终与游客在一起活动;注意随时清点人数,以防游客走失;注意游客的安全,随时做好安全提示,以防意外事故发生。

(5)要安排并控制好讲解时间,以免影响游客的原有行程。

(6)讲解活动要自始至终使用文明语言;回答问题要耐心、和气、诚恳;不冷落、顶撞或轰赶游客;不与游客发生争执或矛盾。

(7)如在讲解过程中发生意外情况,则应及时联络景区有关部门尽快妥善处理或解决。

知识链接

讲解中与游客的沟通

(1)旅游讲解也是沟通,讲解员在讲解中应注意平等沟通的原则,注意客人与自己在对事物认知上的平等地位。

(2)在时间允许和个人能力所及的情况下,宜与游客有适度的问答互动。

(3)要意识到自己知识的盲点,虚心听取游客的不同意见。

(4)对游客的批评和建议,应该礼貌地感谢,并视其必要性及时或在事后如实向景区有关部门反映。

讲解过程中常见细节问题应急处理

实战训练

景区（点）导游讲解

训练项目	掌握景区导游讲解各环节的程序
训练要求	设定陕西省（或学校所在地区）的一些景区（点），如秦始皇兵马俑博物馆、碑林、陕西历史博物馆、大雁塔、华清池等，要求学生模拟这些景区（点）的导游进行讲解并交代游览注意事项
训练地点	模拟实训室或景点实地
训练材料	多媒体设备、导游三维实景实训平台、导游词卡片、旅游景区背景材料
训练内容与步骤	一、实训准备 利用导游三维实景实训平台选择相应景区（点），并准备相关资料。 二、实训开始 1.了解并熟悉所参观景区的背景资料。 2.了解和熟悉旅游团队的游览活动内容及日程安排。 3.分析所参观景区代表性景点（游览点）的特色、分布以及线路。 4.根据上述内容，设计该景区（点）游览路线，安排游览内容。 5.写成书面导游词，利用导游三维实景实训平台录音设备上传导游词。 6.利用导游三维实景实训平台录音设备进行练习，并上传讲解录音。 7.利用导游三维实景实训平台进行实景讲解，要求讲解内容、方法与画面同步。 三、实训结束
主要观测点	1.观察学生对景区（点）讲解技巧的掌握情况。 2.考察学生对景区（点）讲解线路设计的合理性。 3.考查学生讲解的艺术性

人文景观类景点讲解技能训练

训练项目	人文景观类景点讲解技能训练
训练要求	1.撰写学校所在地某个人文景观类（如西安钟楼）的导游词并进行导游讲解。 2.科学设计景区游览路线，合理安排游览项目
训练地点	模拟实训室或景点实地
训练材料	多媒体设备、导游三维实景实训平台、导游词卡片、人文景观类旅游景区背景材料
训练内容与步骤	一、实训准备 把学生分为若干个小组。 二、实训开始 1.了解和熟悉旅游景区背景资料。 2.分析人文景观的特色和分布。 3.根据上述内容，设计游览路线，安排游览内容。 4.写人文景观类书面导游词。 5.分组模拟讲解。 三、实训结束
主要观测点	1.观察学生对人文景观类景区（点）讲解技巧的掌握情况。 2.考查学生对人文景观类景区（点）讲解线路设计的合理性。 3.考查学生对人文景观类景区（点）讲解的艺术性

自然景观类景点讲解技能训练

训练项目	自然景观类景点讲解技能训练
训练要求	1.撰写学校所在地某个自然景观类的导游词并进行导游讲解。 2.科学设计景区游览路线,合理安排游览项目
训练地点	模拟实训室或景点实地
训练材料	多媒体设备、导游三维实景实训平台、导游词卡片、自然景观类旅游景区背景材料
训练内容与步骤	一、实训准备 把学生分为若干个小组。 二、实训开始 1.了解和熟悉旅游景区背景资料。 2.分析自然景观类景点的特色和分布。 3.根据上述内容,设计游览路线,安排游览内容。 4.写自然景观类书面导游词。 5.分组模拟讲解。 三、实训结束
主要观测点	1.观察学生对自然景观类景区(点)讲解技巧的掌握情况。 2.考查学生对自然景观类景区(点)讲解线路设计的合理性。 3.考查学生对自然景观类景区(点)讲解的艺术性

❓ 课后思考

1.你认为导游讲解技巧对提高导游服务质量有哪些作用?

2.导游讲解应遵循的原则有哪些?

3.你是如何理解导游讲解创新性的?

4.熟练掌握并能综合运用导游讲解的基本方法。

5.在你所在的地区选择一个景点撰写一篇导游词,要求使用恰当合理的导游方法,并进行解析。

实训模块七　导游促销技巧训练

📖 **学习目标**

　　1.掌握团队购物促销服务技巧。

　　2.掌握餐饮美食促销服务技巧。

　　3.掌握娱乐活动促销服务技巧。

　　4.掌握旅游新点(新线路)促销服务技巧。

🌸 **能力目标**

　　具备旅游接待中导游促销能力,能根据游客特点、促销对象选择恰当的促销方式的能力。

🔑 **素质目标**

　　培养全面优质服务的专业素养和责任感。

　　在"吃、住、行、游、购、娱"六大旅游要素中,购物促销是非常重要的一环,它不仅是游客参观游览活动的必要补充,还是国家或地区旅游收入的重要来源,所以努力促销也是导游上团过程中重要的工作之一。导游促销的范围很广,促销商品、促销地方美食、促销新点(新线路)、促销旅游演艺等都是导游的工作范围。

实训项目一　促销商品技巧

🏔 **实训目标**

　　1.能够根据旅游团行程,恰当安排旅游购物活动。

　　2.具备向旅游者介绍当地特色街区、土特产、纪念品、旅游演艺、旅游宴席和小吃等的服务技能。

　　3.具备提供旅游者在购物过程中所需要的服务,如翻译、介绍托运手续等的能力。

　　4.监督旅游购物接待单位提供合格的旅游商品,确保旅游接待服务质量。

一、旅游购物的重要性

　　旅游购物是整个旅游过程中非常重要的一环,对旅游目的地、旅行社、游客以及导游员都有着非常重要的作用。

(一)旅游购物对旅游目的地的经济发展具有促进作用

　　现阶段,旅游购物已经成为旅游经济的一个增长点。在"购物天堂"香港,旅游购物的总收入可以达到旅游总收入的 40%~60%,发达的旅游购物业吸引了世界各地的游客。旅游购物可以直接给城市的旅游、商贸、就业等带来短期效益,更可以创造城市长期性的经济文化优势。现阶段,我国很多地方政府非常重视旅游购物,各地纷纷举办的旅游购物节、旅游商品和纪念品设计大赛等,都是从不同层面提高旅游创收,提高旅游购物收入的比重,从而促进当地经济的发展。

（二）旅游购物是旅行社团队利润中非常重要的一部分

2013年新旅游法颁布后,相关条款既保护了团队游客,也保护了带团导游的利益,明确了旅行社给导游的工资(导服费)不得低于本市最低标准,旅游市场上杜绝"零团费"和"负团费",让旅游行业不成熟的低价竞争行为从旅游市场上消失。同时,旅行社会选择规范的旅游购物商店,与之签署相关合同,报旅游管理部门备查后,明明白白地让游客去消费购物。

（三）旅游购物对游客来说是旅途的纪念和美好的回忆

在国人传统的观念里,每次旅游回来都要给家人朋友,甚至办公室的同事们带一些吃吃玩玩的纪念品或是特产,不然你这次的旅游就是不完美的。同样,旅游者也常有这样的心理,到了一个地方就一定要买这个地方的特产,比如去云南,不买玉石简直就是浪费了这次旅行,去西藏不买点藏银回来就等于没去。同时,既然是本地特产,价格自然比其他地方便宜,质量也没得说,这是绝对的道理。确实,在一些旅游城市,能让游客以便宜的价钱买到贵重的特产,如玉器、贵重药材、产地的高档时装等,这些东西带回去,无不勾起游客对旅途的美好回忆,毕竟我们出门旅游的回忆不仅仅是靠照片。

带团导游要做的就是让游客买得开心、买得放心,只有这样,他们下次出行的时候才会再次参团,再次购物。

（四）旅游购物可以增加导游的收入

作为导游,介绍当地的旅游景区、风物特产都是他的本职工作。而要把当地的风物特产等讲得有声有色,作为导游是要付出许多心血的。在游客旅游购物消费的同时,给予导游一定的佣金也是非常合理的。可见,旅游购物可以增加导游的收入。

二、旅游购物的类别

旅游行程中的旅游购物分为地方土特产、特色纪念品等两大类。具体有:
（1）旅游工艺品,如饰物、手编、民间工艺品等。
（2）旅游纪念品,如带有当地景观的小型纪念品,如西安的兵马俑和铜车马、上海的东方明珠塔、开封的清明上河图等的复制品。
（3）文物古玩,民间收藏品,如澄泥砚、仿青铜器等。
（4）土特产品,如东北三宝、冬虫夏草等。
（5）旅游食品,如黄河滩枣、城隍庙五香豆、牦牛肉干等。
（6）旅游日用品,如竹炭用品、上海希尔曼刀具、天堂伞等。

三、导游上团过程中如何促销商品

购物是旅游过程中一个非常敏感的字眼,但同时也是旅游过程中一项重要的活动内容。导游员在上团的过程中,要认真介绍当地土特产、特色纪念品,帮助游客购物,但是必须在端正心态的前提下做好促销商品的工作。

1. 在认真讲解景点的基础上促销商品

导游要进行好旅游商品促销的第一个条件就是:在认真做好本职接待工作,尤其是要在认真讲解好景点的基础上再促销商品,并且景点讲解一定要周到细致,这样才能起到事半功倍的效果!

2. 将风物特产等的相关介绍穿插在沿途讲解中

进店购物最正确的打开方式是将风物特产的相关介绍巧妙地穿插在沿途讲解中,这样在进购物店时,就不会显得那么突兀。

3. 要教客人一些鉴别知识,讲出产品的特点

一个地方的风物特产具有自己的本土特点,本地人是能分辨真假的,而外地人却不能,这时导游就应该发挥作用了,导游要教客人一些鉴别产品的知识,说出产品的特点,这样才能进行良好的购物讲解。

4. 接团后要与客人拉近心理距离,热情待客

一般情况下,导游刚刚接到团队,与客人之间都是陌生的,而陌生人的话是没有人信的。如果导游通过自己的讲解能拉近与团队的关系,那么后面的工作就好进行多了。

导游员在上团的过程中要好好研究一下游客的心理。有的导游就非常注重这一点,比如领计划后,会研究出团目的地的一些情况,从接团的那一刻致欢迎辞时,就有意无意地拉近与团队游客的心理距离,以方便后续活动的展开。同时在导游服务中,除了要用心理学理论来帮助了解客人、应对客人外,购物时更需要运用心理学知识分析客人的需求,尤其是抓住出游客人的优越心理需要,按照他们的不同需要去促销,这样成功的把握就大多了。

5. 要善于观察分析团队客人,有针对性地推介旅游商品

导游在上团的过程中,会接待天南海北的游客,每个团的职业、学历、专业等各有差异,就算是对同一个景点的讲解,不同的团队感兴趣的点也不一样,所以导游在接团前要对自己所接团队进行一定的分析,结合团队背景,选取合适的内容有针对性地予以讲解。

同样在进行促销讲解的过程中,导游也不应当一个劲地讲解准备好的内容,不讲完不停止。更不应当对所有的旅游团队都推荐当地相同的旅游商品,要有针对性地进行讲解推介。比如说客人本来就是来自玉器之乡,导游却在那里进行玉器知识的普及讲解,其实客人早就不耐烦了,导游却还看不出来,还在那里继续自己的讲解;还有就是给"夕阳红"团队推荐高档珠宝,给年轻的团队推荐保健品、厨房用品等,这些都是导游员不够灵活的表现。

导游在上团的过程中,应该根据所带团队的具体情况,用灵敏的反应,观察团队客人的兴趣爱好点然后进行分析,并灵活地组织自己的讲解词,有针对性地推介旅游商品(要有重点)。按照不同团队客人的不同需要去促销,成功的把握就大多了。

6. 要巧妙掌握入店的时间

安排适当的入店时间也非常重要。有时候虽然你讲得很好,客人也有购物的兴趣,但是如果没有掌握好入店的时间,即使进店,效果也是差强人意。

一般情况下,导游在上团的过程中,安排购物最好的时间是整个行程快结束的时候,因为这时候游客的购物兴趣一般最大,前期导游在沿途讲解中如果铺垫得好,在这个时候再进行一下直接促销,效果也是很好的。但是,有时受团队行程的限制,最后一天的行程中由于时间紧张或其他原因(没有合适的购物点等)不适合进店购物,那么这时候,导游从接团开始就要安排好团队行程,尽量将景点游览提前,将进店购物往后压。当然,导游也不要为了自己的利益而擅自更改整个团队的行程。总之,安排进店购物的时间一定要科学合理,要充分利用游客的情绪段,照顾好各方面的因素,这也是导游促销成功的关键。

7.强调一些常见的景区、车站等的乱象,给游客以诚信

如今在大多数景区的门口都有商业街,一家家沿街铺面售卖当地的旅游纪念品,甚至还有沿街一路追着游客进行流动售卖的,遇到这种情况,在团队抵达景区之前,导游就要强调景区游览的相关注意事项,同时还要告诉客人:路过商业街时,不想买的东西千万不要去还价,还了价再不买是很麻烦的;如果是不想买的东西,要坚决拒绝,不能态度暧昧;如果发现有商贩在跟着你走,千万不要与其攀谈,避免不必要的麻烦。

另外,各地还有很多旅游乱象。比如长途旅行中,服务区售卖的水果、路边的土特产等,要明确告诉客人有可能称不够,可以买一两个来吃吃,但是不要买得太多!同时,导游应该好好发挥自己是本地人,比较了解当地情况的优势,给团队游客介绍一些防骗的窍门。另外,还要提醒游客尽量不要和当地的商贩发生争执,因为一旦发生争执,不但会带来麻烦,还会影响游客此次出游的心情!

除了景区周围以及车站等的乱象,导游还应该讲一些在购物点以及在客人自由活动时防骗的案例。总之,导游要充分发挥自身的优势,防止游客被骗,从而给游客以诚信。

8.正确处理购物过程中以及购买商品后的一系列问题

有时导游带游客进店购物时,游客看上了某件商品,出于信任,经常会请导游来做参谋,那么这时候导游一定要对得起客人的信任,尽自己一份职责,帮客人挑到好的商品。当然,在购物过程中以及购买商品后有时会出现一些问题,这时,作为带团导游,一定要不厌其烦地进行正确处理,这也是导游服务工作中非常重要的一部分。

9.团队行程中不安排商品类别重复的购物点

在一些线路上容易出现让游客重复购买同一种商品的情况,特别是一些联线团,比如昆明—大理—版纳联线,在昆明看玉器,到了大理又是,到了版纳还得看玉器。再好的东西,两三天的行程中天天让你见,像这样重复安排怎能不让游客生厌和反感。所以,导游在上团过程中要尽量避免这种情况,适可而止,联线团的导游更要向全陪(或游客)了解上一站的情况,及时调整计划,尽量减少重复的安排。

10.端正心态,不要因为游客不购物而变脸,服务态度前后保持一致

有些导游把购物佣金看得太重,只要客人消费,上车后就笑逐颜开,一不买东西就拉下脸来,这是导游带团中的大忌。从职业道德角度来说,不管客人买不买东西,导游都应该尽职尽责,端正自己的心态,更何况拉下脸,客人更不会买。导游在上团过程中,讲解水平以及良好的促销技巧是一方面,拥有积极端正的心态也非常重要,只有做好本职的接待服务工作,相信一定会收获诚信待客的甜蜜果实!

优秀促销导游词

🖥️ **实战训练**

旅游团队购物服务技巧训练

训练项目	旅游团队购物服务技巧训练
训练要求	1.能够根据旅游团行程,恰当安排旅游购物活动。 2.向旅游者介绍当地特色街区、土特产、纪念品、旅游演艺、旅游宴席和小吃等。 3.随时提供旅游者在购物过程中所需要的服务,如翻译、介绍托运手续等。 4.监督旅游购物接待单位提供合格的旅游商品,确保旅游接待服务质量
训练地点	模拟实训室
训练材料	1.多媒体设备("导游实战演练平台"实训设备)。 2.当地旅游景区的特色纪念品。 3.当地旅游购物中心、特色街区、旅游演艺、旅游宴席和小吃等所在的具体位置。 4.导游旗、话筒等实物
训练内容与步骤	一、实训准备 1.把学生分为若干个小组,分别饰演导游、游客。 2.布置模拟现场场景的实训环境。 3.准备接待时的应变导游推介词、手机、固定电话、导游旗。 4.小组根据背景材料,设计团队购物场景。 二、实训过程 1.认真阅读旅游接待计划,了解游览活动内容及日程安排。 2.学生模拟导游员带团游览期间,适时介绍特色旅游商品,以及教游客如何鉴别旅游商品。 3.适度推销训练。 4.学生评议与教师点评。 三、实训结束
主要观测点	1.旅游商品介绍是否有特色。 2.购物过程提供的服务是否到位。 3.推销技巧

实训项目二　促销美食技巧

🖥️ **实训目标**

1.能够根据旅游团行程,恰当安排旅游餐饮。

2.根据客人情况,掌握其用餐特殊要求。

3.掌握当地代表性特色宴席(小吃)知识,向旅游者介绍有特色的美食餐饮。

4.随时提供旅游者在用餐过程中所需要的服务。

5.监督旅游餐饮接待单位提供合格的餐饮服务,确保旅游接待服务质量。

一、促销美食的重要性

品尝各地的美食也是旅游过程中非常重要的一项活动,所以导游在上团过程中应该大力促销本地的美食,让客人不仅得到美食的享受,也使他们的旅程更加的完美。

1. 品尝美食是旅游过程中非常重要的一项活动

"吃、住、行、游、购、娱"旅游六要素中,"吃"是排在第一位的,可见旅游过程中的用餐环节是多么的重要。旅游过程中的用餐分为计划内团队餐、风味餐以及客人自由活动过程中品尝的当地特色宴席以及地方名小吃等。

品尝美食是旅游过程中非常重要的一项活动。人们出来旅游,除了眼睛要看许多美丽的风景,耳朵要听导游讲解沿途风光、传奇故事以及景点解说,嘴巴也需要品尝各种地方美食,比如北京的烤鸭、内蒙古的烤全羊、洛阳的水席、平遥的碗托、兰州的拉面、四川的担担面、重庆的火锅、上海的本邦菜、南京的盐水鸭、福建的南普陀素斋、大连的海鲜、吉林的酱骨头、老边饺子、云南的过桥米线、新疆的羊肉串、广州的老火靓汤等,真是数不胜数,只有将游客的"看、听、品"融为一体,才能为整个的旅程增光添彩!

2. 美食也是旅游文化的一个重要方面

中国美食讲究"色、香、味、形"俱全,就是说除了讲究菜式本身的美味,还要讲究搭配、造型,甚至对上桌用的器皿也十分讲究,这也代表着一种饮食文化。

另外,许多宴席、菜品以及地方小吃背后都有典故,一顿宴席、一道菜甚至是一道小吃就是一个故事。比如,"麻婆豆腐"就是清朝同治年间,由成都的一位姓陈的麻脸老太太而得名;西安名小吃"牛羊肉泡馍"据说讲的是宋太祖赵匡胤未得志时,生活贫困,流落长安时的故事。客人旅游过程中,在品尝美食的同时,能慢慢地品味这些故事,也是一种精神的享受。

3. 美食能给游客的旅程留下深刻的印象,扩大宣传效果

有些地方的风景也许并不出众,但当地的美食却让游人津津乐道,从而使城市也因美食名扬四海,同时也起到了宣传、吸引客源的目的。比如东北吉林四平市的"李连贵熏肉大饼",全国闻名。风味独特的李连贵熏肉大饼,也成了当之无愧的百年"中华老字号"。其实说起来名不见经传的四平市没有什么有名的山水景观闻名于世,但是借着一个"李连贵熏肉大饼"也一样闻名东三省乃至全国,让远近的过客都要趋之若鹜地去四平总店,品尝最正宗的美味。

还有的地方美食能为游客的整个旅程留下深刻的印象。如果既有美食,又有美景,那就更好了。

二、旅游过程中美食的种类

旅游过程中的美食主要有两大类:特色餐饮宴席和地方名小吃,近年来又兴起了饮食文化旅游以及旅游餐饮,无外乎都是以"美食"以及品尝美食作为吸引物的旅游活动。具体有:

(1)特色餐饮宴席,如北京大戏楼的京菜、老北京涮锅、洛阳水席、开封包子(小吃)宴、山西的八碟八碗、西安的饺子宴、福建南普陀素斋、大连海鲜宴、四川的火锅宴等。

(2)地方名小吃,如北京的驴打滚、天津的大麻花、上海的南翔小笼包、福建的烧肉粽、陕西的凉皮、辽宁的李连贵熏肉大饼、四川的夫妻肺片、南京的鸭血粉丝汤、郑州的烩面等。

三、导游上团过程中如何促销美食

品尝一个地方的美食也是旅游过程中一项非常重要的活动,同时也会使游客的旅游生活丰富多彩。导游在上团的过程中应该给游客介绍当地饮食文化,并且推介当地有代表性的餐饮宴席以及地方特色小吃。同时,在促销美食时,导游应注意以下几个方面的问题。

1.要讲出本地的饮食文化以及所推介美食的特点

导游在上团过程中,要向团队客人介绍当地的饮食文化以及特点,应该有针对性地抓住某个特色宴席或者几个特色菜(小吃)来做介绍,这样就可以非常自然地带出当地的饮食文化。

比如,河南洛阳的导游在沿途讲解的过程中,从洛阳的地形、气候条件引申到当地百姓在饮食的过程中偏好汤菜,从而很好地推介了"洛阳水席";郑州导游从河南是一个农业大省,主要的农作物为小麦这个角度出发,向客人讲解了河南人爱吃面,面的种类有很多等。

2.根据所带团队的不同、南北口味的不同,推介真正性价比高、物有所值的美食

在上团的过程中,导游给团队客人推介当地的美食,当然希望客人在品尝之后也会大加赞美,但是导游也需要明白:南北口味是有差异的,南北客人的食量是有差异的,个人的口味也是很难改变的! 所以,导游要根据所带团队的不同,给客人推荐真正适合他们,物有所值的美食。有时你自己认为很好吃的东西外地人吃起来也许觉得并不怎么样,在这种时候,客人上车后也许会失望,甚至是抱怨,有时还会造成麻烦,因为他会觉得导游在骗他,所以导游在推介当地美食的过程中,一定要注意南北口味的差异,提前打好伏笔,话要巧说,让客人也有些心理准备。

3.要讲得绘声绘色,让客人有兴趣

讲一种美食有多种讲法,导游给外地游客推荐美食也是一样,你自己都讲不好,如何吸引客人去品尝呢? 记得很多年前一则关于海南导游被投诉的新闻,导游带客人到景区入口,客人说:"导游你给我们讲讲吧!"导游说:"这自然景观有什么好讲的! 难道我要给你们讲,啊! 这儿的天好蓝啊! 海水好深啊!"这种导游不被投诉才怪。

导游在上团的过程中要成功地给客人推荐当地的美食,自己要先把这种美食讲好,讲完后让客人"流口水",在讲解的过程中如果再加上合适的语气、表情、手势动作,效果会更好!

4.把握好推介美食的时机,并及时订餐

导游给团队客人推介当地的美食,要把握好时机,最好选择客人正饿的时候讲,这时候讲一定是效果最好的。因为人在饿的时候比较容易接受别人的美食推荐,那么在这个时候讲,如果运气好,得到客人的应允后马上订餐,即使不是立马去用餐,也许会是下一顿,或许是后面的行程中,这都是有可能的。还有一种情况就是客人刚刚用完餐,正在抱怨这餐吃得不好,导游这时候要及时收住客人的话题,不能继续扩展下去,最好等到下一餐就餐前再重提此话题,引申出要推介的美食,这样效果会更好。

还有一点,一旦客人定下来要去品尝特色风味餐,导游要早早地订餐,尽自己努力让餐厅给客人安排环境相对较好的包厢或餐位。因为有些餐厅,尤其是带演艺性质的,会按照订餐时间的先后来决定客人就餐的餐位。还有些风味餐厅的生意非常好,尤其是到了旅游旺季,订晚了极有可能是吃不到的,如果把客人的胃口吊起来了却因为订不到餐而让他们失望,不但是导游的失职,还有可能遭到投诉。

5.要在讲解时讲清楚需要提高餐标或者加餐

一般情况下,旅游团队中的特色风味餐都是需要团队客人另外加餐或者是在原餐标上提高标准的(也有少部分是直接安排在团队计划内,此时导游需要做好相关服务),那么导游在讲解推介的过程中一定要跟客人讲清楚,以免让客人产生误会。

知识链接

旅游团餐饮服务的类别与方法

旅游团队的用餐包括团队早餐、团队正餐、风味餐、客人招待宴会4种不同的情况,地陪导游在上团的过程中应针对不同的用餐,做出不同的服务。

1.团队早餐

旅游团队的早餐一般是包含在团队客人所住宿的酒店费用中。对于这种情况,地陪导游在团队入住酒店后,到酒店前台订完叫早和早餐时间后,酒店前台会负责通知酒店餐饮部团队用早餐的时间和用餐人数。同时地陪导游需明确告知客人餐厅的具体位置,提醒客人只需凭早餐券(或房卡)按时到酒店餐厅用餐即可;如果是桌餐,还需提醒团队客人一定要准时抵达餐厅一起用早餐。

另外,对于旅游团队中客人入住酒店没有用餐条件或者是接早班机(早班火车)且含早餐的旅游团队,地陪导游需在前一天为团队选择餐厅且进行预订,保证团队能够正常用早餐。

2.团队正餐

团队正餐也就是计划内的团队便餐,地陪导游需要按照团队计划单的安排落实团队用餐,认真核对餐标、餐厅位置、结算方式等。根据团队的具体行程,地陪导游带团队游客用餐时的具体工作如下。

(1)订餐。地陪导游在带团队游客用团队正餐前,根据团队的具体行程,需要和用餐餐厅进行电话预订,告知餐厅旅行社名称、就餐人数、就餐餐标、客源地以及对团队客人的就餐口味进行提醒,还需告知餐厅团队大约的抵达时间等信息,以便餐厅做好接待准备。

(2)引领团队客人用餐。旅游团队抵达餐厅后,地陪导游要配合餐厅服务员引导团队游客入座,介绍餐厅的菜肴特色,并告知领队、司陪自己用餐的地点,方便客人随时找到自己,同时通知餐厅服务员起菜。

(3)巡餐。在团队用餐过程中,地陪导游要积极主动去巡视旅游团用餐情况,督促餐厅的上菜节奏,询问客人是否需要再添加主食,同时监督、检查餐厅是否按团队餐标提供服务并及时解决客人用餐过程中出现的问题,积极听取团队游客对这一餐的意见和建议,以便下一餐做好及时地调整。

(4)和餐厅结算餐费。团队客人用完餐后,地陪导游应严格按照实际用餐人数、餐标等与餐厅结算餐费。注意,现金结算要索要发票,签单结算要按照要求填写餐费签单,不能涂改。

3.风味餐

风味餐是以品尝旅游目的地具有地方风味特色的风味佳肴为主,有小吃、宴席外加民俗表演等多种形式,是旅游团队中经常举行并且广受欢迎的一种用餐形式。风味餐作为当地的一种特色美食,是旅游文化的重要组成部分,所以介绍、宣传风味餐也是地陪导游义不容辞的责任。地陪导游在上团过程中应该给团队客人介绍当地的饮食文化,特别是当地风味餐的历史、特色、人文精神、传承以及吃法等,让游客在体验当地美食的同时既饱口福,又饱耳福。

旅游团队中的风味餐分为计划内和计划外两种。对于计划内的风味餐,地陪导游应该按照团队计划中的标准执行；对于计划外的风味餐，地陪导游在动员团队游客临时增加时不能采取强制手段，需征得全体游客的同意后，现收费用，然后向餐厅预订。在用风味餐时，作为地陪，如果没有游客领队出面邀请则不可以参加（要产生费用）；在受邀一起用餐时，一定要处理好主宾关系，不能反客为主。

4.客人招待宴会

客人招待宴会分为两种：一种是旅游团在当地的兄弟单位宴请团队客人，地陪导游需要按照客人的宴请时间准时将团队客人送到指定的宴请地点，司陪人员一般是不能参加这种招待宴会的，做好相关接送服务就好。另一种是旅游团队行程即将结束时，团队客人会自发举行告别宴会，提高餐标或者找当地比较有名的餐厅用餐。这时地陪导游也需要配合客人订餐，在这样的告别宴会中，客人常会邀请司陪人员一起参加，同样地陪导游要正确处理自己和游客之间的关系，既要与其同乐而又不能完全放松自己，尤其是举止礼仪不可失态。

优秀促销导游词

实战训练

旅游餐饮美食推销服务技巧训练

训练项目	旅游餐饮美食推销服务技巧训练
训练要求	1.能够根据旅游团行程，恰当安排旅游餐饮。 2.根据客人情况，掌握其用餐特殊要求。 3.掌握当地代表性特色宴席（小吃）等资料，向旅游者介绍有特色的美食餐饮。 4.随时提供旅游者在用餐过程中所需要的服务。 5.监督旅游餐饮接待单位提供合格的餐饮服务，确保旅游接待服务质量
训练地点	模拟实训室
训练材料	"导游实战演练平台"实训设备，手机、固定电话、导游旗，旅游区背景材料，当地特色餐饮美食相关地址和资料
训练内容与步骤	一、训练准备 1.把学生分为若干个小组，分别饰演导游、游客。 2.布置模拟现场场景的实训环境。 3.准备接待时的应变导游推介词、手机、固定电话、导游旗。 4.小组根据背景材料，设计给旅游团队推介当地特色宴席（小吃）时的场景。 二、训练过程 1.认真阅读旅游接待计划，了解游览活动内容及日程安排。 2.学生模拟导游员带团在游览期间，适时介绍游览地的特色餐饮美食，激发游客的兴趣与欲望。 3.适度推销训练。 4.学生评议与教师点评。 三、训练结束

主要 观测点	1.餐饮美食介绍是否有特色。 2.用餐过程提供的服务是否到位。 3.推销技巧

实训项目三　促销新点技巧

实训目标

1.了解所在地域新景点开发与运营状况,熟悉新点旅游特色、线路特点。

2.模拟地陪导游员进行新点促销服务。

一、促销新点的重要性

中国是一个旅游大国,各地的旅游资源千差万别,许多的美景过去是"养在深闺人未识"状态,但是近几年各地政府为了促进当地旅游业的发展,在不断地开发新景点,这也是吸引游客再次来本地旅游的一个很好的机会。

(一)宣传新景点,促进当地经济的发展

导游在上团的过程中,要积极向团队游客推荐和宣传旅游目的地的新线路(新景点),这也是导游应做的工作之一。就算这一次的促销没有成功或是游客没有时间去,但是听了导游的介绍后,也许下一次会和朋友一起再次光临,这也是非常有可能的。当然,导游也不能为了吸引游客前往,夸张过分地将新景区讲得很好,而实际上可能由于很多方面的因素,游客参观后会感觉上当受骗,这样反而做了反面的宣传。

一个新的景点对当地经济效益的作用非常明显,比如我们熟知的河南云台山,是国内新景区开发成功的一个典范,整个焦作市甚至是河南旅游都跟着受益;再比如陕西的茯茶古镇,在2016年国庆"黄金周"期间,不单是本地的游客,大批的外地游客也前往茯茶古镇参观,观民俗、品尝关中小吃,成为陕西最火的旅游景区之一,客流量达到136万人之多,这给古镇乃至西安带来的经济收入也是显而易见的。

在取得的这些经济效益中,导游的作用不可小视。导游在上团过程中完成计划内景点游览的同时,加大新景点的宣传,既能宣传家乡,又能吸引游客,是一举两得的事情。

(二)充实原团队宽松的行程

导游在实际的工作中,可能会发现一个问题:旅行社的计划行程也不一定那么合理,有的团队行程紧张得不行,而有的团队行程又过于宽松。对于宽松的团队行程,一是让游客多在酒店休息、晚出发、自由活动等,还有就是地陪导游向团队游客推荐行程中没有的景点或项目,让客人在当地度过精彩而又丰富的一天。让客人在异地的酒店里休息或是过多的自由活动,可以说是导游对游客的不负责任,旅行社在确认团队的过程中,也许考虑到成本以及诸多问题只能将团队行程做成这样,但是作为一线的导游,在实际的工作过程中应该尽量去充实客人过于宽松的行程,让他们的此次出游真正地物有所值。

(三)让游客多游一些地方,多一点收获

对于大多数游客来说,既然付了往返的交通费,那么到一个地方旅游肯定是想用最少的时

间游览最多的景点,特别是一些原计划行程中没有的精华景点或者是一些别人没有去过的新的精彩景点。这样他们也会觉得这是此次出游意外的收获,毕竟各地外卖的常规旅游线路基本上是差不多的。所以对游客来说,推荐他们去新景点是一件好的事情。

在团队行程中,经常会有车程距离较长的行程,比如有导游带团从张家界前往凤凰古城,车程距离比较长,其间经过芙蓉镇,因为是路过,所以客人只需要支付几十块钱门票费用就可以游览了。几十元的费用,一个多小时的游览,既缓解了客人旅途乘车的无聊,让游客多游了一个地方,多了一点收获,又增加了导游的收入,何乐而不为呢?

另外,随着国内旅游的发展,很多地方现在都发展夜游项目,如上海的黄浦江夜游、北京的长安街夜景、广州的珠江夜游、西安的曲江夜游等。夜晚的城市和白天是两个感觉,如果导游认真推介,大多数游客是愿意参加这些项目的,因为总比他们自己在街上闲逛或者在酒店打牌要强很多。既丰富了游客的旅游行程,又使他们对目的地城市留下了美好的印象,这是多么好的一件事情!

二、导游上团过程中如何促销新点

(一)首先要保证计划内的景点高质量地完成参观

有些导游在上团的过程中,为了在原计划行程中增加景点,就拼命压缩计划内景点的游览时间,不断地催促客人快点儿走,甚至将整个团队的叫早、出发时间提前等,为后面自己推荐的项目空出时间,其实这样做是得不偿失的。客人在出发的时候,手里都有一张组团社的行程单,哪一天是什么行程,具体到早上和下午的安排,很多游客是会拿出来看的。你在景区催促人家快点走,又将后面的景点提前参观,空出时间让客人去你推荐的景点,从心理上来说,谁愿意去呢? 有的可能还会在返程后投诉你呢!

所以,这是非常不当的行为。不是每个团队都适合加点的,即使加点也要首先保证计划内的景点高质量地完成参观,真正有时间,也要在全体游客同意的情况下加点,而不是不容商量、强制性地让游客按照自己的意愿行事。

(二)选好讲解时机,注意讲解方法

导游在领完计划单后,要仔细研究团队行程,如果确实有哪一天行程较松而且有合适的景点可以增加时,也不要着急,首先要严格按照原团队计划进行游程,只有你的周到服务和精彩讲解已经得到游客的好感和信任后,才可考虑加新点。并且,最好在早上出发的时候促销新点,因为这个时候客人的精神都比较好,比较容易对你所促销的景点产生兴趣。但同时也要注意把行程的松紧仔细地向游客介绍,让客人自己衡量,不可强制性地增加景点。此外,在加新点时,还要注意讲解方法。

(三)要在原行程较松的情况下抓住机会

有些团队导游在领到计划单后就会发现,行程确实是非常宽松,如果导游没有计划加点的话,严格地执行原计划单行程,那么送团的时候,客人可能会抱怨导游不会安排,甚至还会回去后投诉。听到过这样一个团队行程,双飞四日的成都游,团队行程中只有一个峨眉山,剩下的两天半有效游览时间,计划内就安排了成都市区的两个广场、一条小吃街自由活动,客人一再给地陪导游抱怨行程太松了,但无奈,地陪是个新导游,没有什么经验,只是一个劲儿地给客人解释这是旅行社安排的行程,他也没有办法,可以想象团队返程时的反馈结果。

可能有经验的导游看了这个行程会重新安排，建议客人加点，因为成都的旅游资源众多，而且距离成都市区都不算远，青城山、都江堰、大熊猫基地、乐山大佛等，这些都是导游可以向游客推荐的地方，计划内的两个广场和小吃街的游览完全可以放到每天行程结束返回市区的时候。所以，在有些情况下，加点是需要的，就看导游能不能把握住机会并及时安排了。

（四）要把相关费用如实地告知游客

导游在加点成功后，要把相关的费用如实地告知游客。如果是只产生门票的景区，那还好，但如果是一整条线路，会牵扯到门票、车费、导服费、餐费，有的还会有索道票等，这些都要一一列举告知客人，让客人明明白白消费。不能为了一点小钱欺骗游客，一旦露馅，自毁形象不说，还有可能会遭到投诉。

比如，有些景区管理就比较混乱，尤其是有些私人承包的娱乐项目（像竹筏、划船等），经营者为了拉拢生意，往往不按景区规定统一报价，会和游客议价，再加上导游之前报价较高，到了地方，这些人一喊叫，价钱上先把导游晾在了一边，这时候再进行弥补，效果都不是特别好。所以，导游一定要将相关费用如实地告知游客。

（五）要加真正精彩的景点

我国的旅游资源相当丰富，一般情况下，常规的团队行程中由于各方面条件的限制，难免会将一些精彩的景点排除在行程之外，这对于专门来旅游的游客来说是一种损失。所以导游在上团过程中，要给游客推荐一些本地真正很精彩、物有所值的景点，弥补他们常规行程中的不足。但是，绝不能给游客推荐一些又贵又没有什么意义的景区，或者直接是为了个人的利益推荐一些压根儿就没什么看头的景区，让游客浪费了时间，出来还满路抱怨，让客人觉得特别不值！

（六）增加较远的整条线路，建议通知旅行社

有时导游在接团后，整个团队行程是待定的，这种团队多是商务团以及酒店会务团，那么接团后，导游的推介就显得尤为重要，因为这会影响整个团队的行程。还有就是原计划一天的会务间隙旅游，临时增加了一两天，那么从时间上来讲，是完全可以增加一整条旅游线路的。对于这种旅游团队，建议导游还是将增加的行程如实地告知旅行社，尤其是像车程距离较远的山岳景观、包含有惊险项目的景点等，这类景区本身有着很大的知名度，非常能吸引游客，所以比较容易加点成功。同时又由于车程距离较远，景区内不确定的因素太多等，一旦发生不安全事故，又不是旅行社安排的景区，那对导游来说可能就是得不偿失了。

所以，导游在加点的过程中，一是要注意所加景点的安全性并强调相关注意事项，还有就是遇到团队增加较远的整条线路时，一定要及时通知旅行社，否则，一旦出了事情没有保险的赔付，没有旅行社的出面，那导游员就要吃苦头了！

优秀促销导游词

148

实战训练

新点旅游促销服务技巧训练

训练项目	新点旅游促销服务技巧训练
训练要求	1.了解所在地域新景点开发与运营状况,熟悉新点旅游特色、线路特点 2.模拟地陪导游员进行新点促销服务
训练地点	模拟实训室
训练材料	多媒体设备、导游实战演练平台实训设备、新点旅游资料
训练内容与步骤	一、训练准备 1.把学生分为若干个小组,分别饰演导游、游客。 2.布置模拟现场场景的实训环境。 3.选择当地有特色的旅游新点,准备相应资料,撰写推介促销导游词。 4.小组根据背景材料,设计旅游团队促销场景。 二、训练过程 1.认真阅读旅游接待计划,了解游览活动内容及日程安排。 2.学生模拟导游员带团在游览期间或者是在沿途导游中,适时介绍本地的特色新点,激发游客的兴趣与观看参与欲望。 3.适度推销训练。 4.学生评议与教师点评。 三、训练结束
主要观测点	1.旅游新点介绍是否有特色,是否具有文化内涵。 2.推销技巧

实训项目四 促销演艺技巧

实训目标

1.了解我国不同旅游地创意性的娱乐活动,具备对特色演艺活动推介的能力和技巧。
2.掌握地陪导游员带领旅游者参加娱乐、演艺活动的服务程序与方法。

一、促销演艺的重要性

旅游演艺,又叫旅游演出,一般将其定义为以异地观众(外地游客)为主要观赏对象的演艺活动。同时,观看旅游演艺也是整个旅游过程中非常重要的一项活动,对旅游目的地、旅行社、游客以及导游员都有非常重要的作用。

(一)旅游演艺项目可以成为旅游目的地重要的发展和吸引要素

国内的旅游演艺形式最早出现在20世纪80年代,主要代表是陕西省歌舞剧院古典艺术剧团于1982年9月在西安推出的《仿唐乐舞》,它的出现让到西安参观秦兵马俑的国内外游客不再"白天看庙,晚上睡觉",而是白天感受秦文化,晚上再细细品味盛唐风采。西安是一座古都城市,最初《仿唐乐舞》演出的主要受众群是外宾。《仿唐乐舞》演出让西安一度成为最受外宾欢迎的中国旅游城市之一,也一直吸引着更多的外宾来陕旅游观光。

随着国内旅游的兴起,华侨城旗下的中国民俗文化村于1995年7月推出的《中国百艺晚会》、世界之窗于1995年12月推出的《欧洲之夜》以及宋城景区于1997年3月推出的《宋城千古情》等旅游文化演艺节目陆续开始公演,我国旅游文化演艺行业逐渐步入了繁荣发展的时期。尤其是近几年,旅游实景演出和主题公园特色演出真正掀起了旅游演艺的热潮。2004年由著名导演张艺谋执导的大型山水实景演出《印象·刘三姐》在桂林阳朔推出,仅在2009年就演出了497场,观众达130万人,演出收入逾2.6亿元。一时间,到了桂林不看《印象·刘三姐》的演出成了一种遗憾,这场演出也吸引着更多的游客,甚至是已经去过桂林的游客再次前往桂林旅游观光。《印象·刘三姐》成为桂林的旅游名片,成为国内文化产业成功运作的典范,也由此引发了国内大型实景演出以及旅游演艺产业发展的热潮。大型的演出一旦公演,就是旅游目的地的一个大的产业,从前期的策划、宣传、营销、排练,包括演职人员的选择等,都会带动当地的经济发展,同时旅游演艺作为旅游的一个吸引物,可以延长游客的逗留时间,增加游客体验,所以也常常会得到相关部门的大力支持。

(二)旅游演艺项目可以拉动旅游目的地的综合收入

且不说20世纪80年代西安的《仿唐乐舞》为当地创了多少外汇的收入,单看这一组数据:2009年《印象·刘三姐》在桂林阳朔就演出了497场,观众达130万人,演出收入逾2.6亿元;2015年,西安大型山水舞剧《长恨歌》累计接待63万名观众,演出收入突破1.2亿元;还有就是创造了年均演出1000余场、观看人数280万、门票收入2亿多元的《宋城千古情》更是带动了50万游客量的杭州夜游市场消费,大大促进了相关服务行业的产生。

近些年来,旅游演艺作为新兴文化旅游产品,在我国各大旅游风景区遍地开花,已经成为推动文化产业和旅游产业融合发展的主要动力,也大大提高了旅游目的地的综合收入。

(三)旅游演艺项目可以让游客更进一步解读旅游目的地的地域文化

纵观各地的旅游演艺,无不突出一个特点,就是旅游目的地的地域文化。我国的旅游资源众多,尤其是悠久丰富的历史文化和民族文化资源取之不尽、用之不竭。旅游演艺又是将传统的音乐、舞蹈、戏剧、武术、曲艺、杂技、马戏等通过精心的编排,运用高科技的演艺手段,以全新的方式展现在游客面前,甚至还有很多的演艺依托着旅游景区。大多数旅游者并不是专业人士,他们观看演出的主要目的是开阔眼界、放松身心和体验当地文化,这也是旅游演艺能吸引外地游客的关键。比如,河南《禅宗少林·音乐大典》中的禅宗、武术文化,北京《鼎盛王朝·康熙大典》中的清朝文化,广州长隆《森林密码》中的森林文化、动物文化,上海《ERA·时空之旅》中的中国杂技文化,湖北恩施《龙船调》中的民歌文化,等等。白天通过导游的讲解了解景区的文化内涵,晚上通过一场鲜活的演出更加深了对旅游目的地地域文化的了解,使得旅游目的地的文化魅力通过旅游演艺这个舞台传播到海内外。

(四)旅游演艺项目可以增加导游的收入,同时给游客的旅程留下美好的回忆

新旅游法的出台,在旅游购物方面给了旅行社和导游很多的约束,但是作为旅途中文化旅游重要形式的旅游演艺却是旅游管理部门大力提倡向游客推荐的旅游项目。导游在上团的过程中,通过推介当地的旅游演艺,不但让游客了解了旅游目的地的地域文化,而且改变了传统的旅游观光格局。在推介的过程中要讲得出彩,让客人有去观看的欲望,作为导游是要付出许多心血的,所以在游客得到超值服务、精神愉悦的同时,通过导游来预订旅游演艺项目并给予导游一定的佣金也是合情合理的。

另外,很多的旅游演艺项目都会从游客的角度出发,注重游客本身的体验性和参与性。如在《鼎盛王朝·康熙大典》和《禅宗少林·音乐大典》的实景演出中,游客既是观众,也是实景演出的组成者,因为在整个的演出过程中,游客会一直身在演出中,随着演出的节奏、情节一起来漫游整场实景演出;又如在《又见平遥》演出中,演出场地行进式的设置;江西的《寻梦龙虎山》打破了空间界限,多层次表现联动,让游客沉浸其中,耳目一新,这种体验对游客来说一般是非常美妙的;还有一些主题公园内的演艺活动,比如《宋城千古情》,就有很多环节是让游客直接参与的,这些都会给游客的旅程留下美好的回忆。

二、国内大型旅游演出基本情况

国内的旅游演艺形式最早出现在 20 世纪 80 年代,主要代表是陕西省歌舞剧院于 1982 年 9 月在西安推出的《仿唐乐舞》;而后经历了繁荣发展阶段,以 1995 年华侨城旗下的中国民俗文化村推出的《中国百艺晚会》、世界之窗于 1995 年 12 月推出的《欧洲之夜》以及宋城景区于 1997 年 3 月推出的《宋城千古情》等为代表;随后进入了快速发展阶段,以 2004 年张艺谋执导的《印象·刘三姐》为代表;随后,旅游演艺市场越来越火,《禅宗少林·音乐大典》《功夫传奇》《长恨歌》《宋城千古情》《丽水金沙》《天门狐仙》《唱响山西》《梦幻九歌》《徽韵》《烟雨春秋》等一大批旅游演艺节目相继问世,旅游演艺成为国内文化产业引人注目的新景观。

统计显示,2019 年,我国国内旅游突破 60 亿人次。国家旅游局原副局长吴文学曾表示:"如此庞大的一个群体,不仅要消费自然、生态等旅游产品,其最大的消费应该是旅游文化的消费。"作为旅游文化市场主力的旅游演艺市场,前景十分广阔。当然,作为文化与旅游的有机融合,各地的旅游演艺也需要用创新性的思维和手段来迎接市场需求。

国内部分大型重点旅游演出基本情况

三、导游上团过程中如何促销当地的旅游演艺

旅游演艺作为新兴文化旅游产品要高雅很多,导游在上团的过程中应该紧贴当地的地域文化,将这种全新的旅游产品很好地推介给团队游客,通过他们的观看,将旅游目的地的文化魅力传播到海内外。

(一)抓住沿途讲解的好时机,找到好的切入点,展开讲解

导游在上团的过程中,应该抓住沿途讲解的好时机,找到一个好的切入点,推介当地的旅游演艺。比如,一位陕西的导游,团队第二天的行程是去西线乾陵和法门寺,沿途几十公里的路程,从沿途风光到相关景区的历史人物,他讲解的头头是道,尤其是讲到武则天,又看似无心地提到了杨贵妃,然后打开了话匣子,引到了李隆基和杨玉环的爱情故事,很自然地讲到了最后一天团队要去的华清池景区和在华清池上演的大型山水剧《长恨歌》。其间还提到了两个人物,一个是认了杨玉环当干娘的安禄山,讲到了他的奇丑无比,227 斤的大胖子是如何像陀螺

一样飞速旋转来跳"胡旋舞"的(《长恨歌》中可以看到啊);一个是李隆基跟前的红人——高力士,他讲道,高力士也是一位乐坛高手,精通好多种乐器,尤其是打击乐器,他用小钹和水镲交替敲击出的鸭子拌嘴,真的是此起彼伏,互不相让,甚至连天上的鸟听了都不飞了,水里的鱼也都不游了,直接停下来说:"你俩别吵了,我给你们做裁判吧!"(《仿唐乐舞》中有器乐表演《鸭子拌嘴》)

这样有心的讲解和渗透,切入点就非常好。首先他讲的故事大家都耳熟能详,只不过进行了归纳总结,这样更能引起游客的共鸣。在后面的旅途中,如果再找合适的机会直接推介当地的《仿唐乐舞》或者《长恨歌》,成功的机会就很大了。当然,旅游有着地域性的限制,但正因为这样才使得各地的地域文化百花齐放,各不相同,切入点也不同。不管怎样,只要找到好的切入点,由此展开讲解,一定是事半功倍的。

(二)要真正地讲出旅游演艺项目的文化内涵

祖国山河美不美,全靠导游一张嘴!当然,推介当地的旅游演艺项目也是一样的,这场演出好不好,不能单靠你告诉游客"很好看",游客就能和你自掏腰包去看演艺。那么,它好在哪里?怎么好?有哪些亮点?文化魅力点在哪里?这些导游都要讲出来,才能让游客有去看演出的欲望和动力,毕竟大多数的旅游演艺都是需要游客自费去观看的。

同时,要想当一个好的导游,讲解的时候一定要有热情,你自己都觉得这演出没有意思,那么如何去向客人推介呢?同时还要热爱自己的专业内容,只有热爱,才能有心思去钻研,对游客讲解的时候才能有深度,才能真正讲出它的文化内涵。

(三)要在行程合理的情况下抓住机会

导游上团的过程中会碰到不同的团队行程,有的团队适合给客人推介演艺项目,但是有的团队根本就没有时间,所以导游在原定行程合理的情况下一定要抓住机会,因为不是每个团队都会有这样机会的。

比如去武夷山的行程,大多数的团队只会在武夷山当地停留一晚,有的甚至是接站后直接游览下山后入住,那么导游就可以抓住机会推介当地的大型实景演出《印象·大红袍》。这种推介可以在景点的讲解中,也可以穿插在讲解武夷山茶文化的过程中,因为白天登武夷山,九曲泛舟漂流,欣赏武夷之美景,那么晚上去品一杯武夷大红袍,让客人可以一天读懂武夷山、水、茶,岂不妙哉?

此外,很多演出本身就是在景区内,如果团队行程中安排住在景区附近,那么这就是最好的机会了。比如陕西的大型山水实景舞剧《长恨歌》,就是在华清池景区内演出,有好多团队因为后面的行程中有华山(或者刚刚从华山返回),就入住在华清池景区所在的临潼区,这种机会导游一定要抓住。还有一种情况就是当天的团队行程早早结束了,这种情况下导游更要抓住机会,将当地的演艺项目推荐给团队游客,让他们的旅程更加丰富多彩。

(四)事先做好铺垫

说起导游行业中铺垫最好的地方,当属海南。因为不管游客是到海口落地还是三亚落地,从那一刻起,你的愉快假期就开始了。只能说当地的旅游氛围真的很好,不管什么时候,导游开讲当地的"红芝人表演"都不会觉得不合时宜,白天的多次铺垫,晚上去看演出显得水到渠成,而且大多数导游的推介都非常成功。

优秀促销导游词

经过路途中的介绍和铺垫,游客的热情一定会被调动起来,但是一定要注意,除了讲解,一路上的服务也非常重要。只有你服务得好了,讲解再出彩,客人才会真正地信任你。

实战训练

旅游演艺促销服务技巧训练

训练项目	旅游演艺促销服务技巧训练
训练要求	1.掌握我国不同旅游目的地创意性的娱乐活动,要求能做简要介绍。 2.模拟地陪导游员带领旅游者参加娱乐、演艺活动的服务过程
训练地点	模拟实训室
训练材料	"导游实战演练平台"实训设备,各地特色旅游演艺、娱乐项目资料
训练内容与步骤	一、训练准备 1.把学生分为若干个小组,分别饰演导游、游客。 2.布置模拟现场场景的实训环境。 3.选择当地有特色的旅游演艺或娱乐活动,准备相应资料,撰写推介促销导游词。 4.小组根据背景材料,设计旅游团队促销场景。 二、训练过程 1.认真阅读旅游接待计划,了解游览活动内容及日程安排。 2.学生模拟导游员带团在游览期间或者是在沿途导游中,适时介绍本地的特色演艺或娱乐活动,激发游客的兴趣与观看参与欲望。 3.适度推销训练。 4.学生评议与教师点评。 三、训练结束
主要观测点	1.演艺娱乐活动介绍是否有特色,是否具有文化内涵。 2.参与旅游演艺或娱乐活动时提供的服务是否到位。 3.演艺娱乐项目推销技巧

课后思考

1.阐述导游促销在旅游接待工作中的重要性。
2.分析旅游购物在现代旅游活动中的重要性。
3.在旅游促销过程中应注意的问题有哪些?
4.以地陪的身份针对本地区的特点,选择一个促销对象,设计相应的导游促销方案。

实训模块八　导游上团常见细节问题应急处理

学习目标

1. 了解全陪导游上团常见细节问题处理方法。
2. 了解地陪导游上团常见细节问题处理方法。
3. 了解海外领队上团常见细节问题处理方法。
4. 了解"惊喜服务"的妙用,提高带团质量。

能力目标

具备处理带团过程中常见问题的应变能力。

素质目标

培养全面优质服务的专业素养和责任感。

导游在带团过程中,经常会遇到这样或那样的问题。本模块从不同类型导游在上团过程中遇到的常见问题入手,通过案例解析的方法,分析总结导游上团细节问题的处理技巧。

实训项目一　全陪导游上团细节问题处理案例

案例引领

上团首次做全陪怎么办?

2015年10月,南京某旅行社推出了"内蒙古希拉穆仁大草原、库布齐沙漠、大昭寺、成吉思汗陵双飞五日游"特惠线路,报名的人特别多。因为在旅游旺季,很多全陪导游都在上团,社里便安排常做地接的导游小赵出全陪。小赵虽然入行已经3年,可是从来没有出过全陪,更别说去过这几个地方。因为自己做地接时也经常接触全陪,所以小赵也就没怎么当回事儿就领计划出团了。因为是散拼团,在机场出发的时候就有客人问:"小赵,希拉穆仁大草原和库布齐沙漠是在一起吗?""小赵啊,我们去的这个大昭寺和拉萨的大昭寺有什么关系呀?为什么名字都一样?""小赵,当地有什么好吃的啊?"每每这个时候,小赵都支支吾吾,很是尴尬,虽然游客嘴里没说什么,但最后返程时质量反馈单上对他的评价是"一般"。

【案例解析】本案例中,小赵虽然在南京做了3年的地陪,但是不熟悉全陪的工作,加之没有提前做好出团准备,才会在旅途中不能为游客提供全面优质的服务,而得不到游客的肯定。

我国的旅游资源众多,各地旅游现状的差异化决定了当地旅游的三种走向——以出团客流为主、以地接客流为主、出团地接对半,本案例就属于第三种。同样体现在行业中也就有了以地陪、全陪(领队)为主要业务的工作人员,全陪工作看似简单,但却相当琐碎、繁杂。尽管本团中的小赵有过做地陪的经验,但是在全陪的行当中还属于"新人"。对于初次出全陪的导游

来说,要特别注意以下事项:

(1)出团之前可以借助网络熟悉团队行程中的旅游景观及风土人情。借助网络可以查到很多关于旅游目的地的知识,不仅拓宽了自己的知识面,学习了更多的知识,而且也熟悉了本次的出团线路。

(2)认真研究全陪接待工作知识。如可以向去过此线的老导游请教出团经验,这条线中会经常出现哪些问题等,提前做好准备工作,避免意外事故的发生。如果是出境团,要特别注意提前学习出入境手续的办理等。

(3)多渠道了解该城市饭店住宿条件、交通状况、餐饮习惯以及风味特产等,可以利用这些知识在沿途与客人沟通畅聊,拉近与游客的心理距离。

(4)抵达旅游目的地后,注意观察地陪的接待工作,虚心学习,了解更多的情况,尤其是地陪导游强调的安全事项,有必要的情况下要重复强调,以保证整个团队的旅游安全。

案例引领

团队游客上车抢座位怎么办?

2016年国庆黄金周,江西导游小曹带领旅行社组织的32人赴四川成都、九寨沟旅游,因为是散客拼团,所以直接在机场集合出发。当客人陆续抵达机场后,小曹按照团队人员名单清点团队人数,确认无误后就收取了团队客人的身份证办理登机手续,随后就带客人出发了,出发旅程一切顺利。哪承想在四川双流机场接站后,地陪导游刚刚带领团队客人走到接站的旅游大巴跟前,客人"呼啦"一下子上车开始哄抢座位了,车上顿时乱作一团。有一位女客人显然没有抢到自己满意的位置,直接将双肩背包放到了第一排的"导游专座"上,嘴里嘟囔着:"我还就坐在这里了!"小曹当时就傻眼了,后悔自己在机场强调注意事项的时候忘了说这一点才造成现在这种局面,但是在地陪开始讲话前,他还是决定要在车上将之前没有进行完的工作进行进一步的弥补,为整个团队的旅程开一个好头。

【案例解析】旅游团队有很多种,散客拼团是其中比较常见的一种。散客拼团中又分两种情况,一种是出发地拼团,也就是在出发时已经成团,是由组团社拼的相同出发地的游客自成一团,虽然出发城市相同,团队行程相同,但是游客之间彼此并不认识;还有一种是落地拼团,这种团队大多是由地接社来拼团,客人有可能来自天南海北,但是抵达旅游目的地后团队行程相同,所以也常被地接社拼在一起来旅游。

本团中,全陪导游小曹显然碰见的是第一种情况,团队客人上车抢座位是这一类团队之中较为常见的问题。因为彼此之间并不熟悉,所以作为全陪,在带这一类团出游的时候,一定要注意提前提醒团队客人发扬一下风格,尽量照顾那些年长或者体质不好(如晕车)的客人,让他们尽量往前排就座,有必要的情况下,导游还需亲自出面来协调座位。原则上散客拼团实行的是全程座位承包制,也就是说上车时坐在哪个位置上,整个旅程都将不再变动,参观完景点回到原位。所以,这也是这类团队上车哄抢座位的一个重要原因。对于本团中有游客直接坐到"导游专座"上,全陪导游一定要积极协调,设法说服游客把"导游专座"让出来,可以告诉游客,不管是在车上讲解还是坐在"导游专座"上,导游都是在坚守自己的岗位。目前大部分地区实行了第一排空出一个"导游专座"的做法,但是仍有一些地方的导游座位就位于司机旁边,殊不知这个位子是最危险的。有驾驶经验的人都明白,一旦发生交通意外,司机一定会采取紧急避险措施,出于本能地进行自我保护,方向盘打的方向一定是朝向保护司机的,所以司机旁边的位置是最危险的。因此,即使是为了游客的安全考虑,也坚决不能让游客坐在位于司机旁边的导游座上。同时上团导游也要很好地保护自己,在不讲解的时候坐在位于第一排的"导游专座"上,因为这个位置,既方便为游客服务又方便随时起身进行沿途讲解,同时也能做好司机的另外一双"眼睛",多多注意前方路况、天气,帮忙给司机递茶倒水,阴雨天气时帮忙擦前挡风玻璃,疲劳时要想办法调动司机的情绪等,这些看似简单的工作都是导游上团时的分内工作。

🐰 案例引领

带特殊身份和社会地位团队出游要注意些什么?

辽宁某旅行社导游小李接到计调部经理的电话通知,带一个比较重要的领导团去西安考察。在拿到出团计划单以及团队客人名单时,小李心里承认这是目前自己近距离地接触过的最高级别的政府官员。小李不敢怠慢,认真准备了欢迎辞,联系落实西安地接社的接待工作,包括用餐环节、入住酒店、考察线路安排以及有关部门的接待,不放过任何一个细节,甚至连自己每天的服装都精心准备。同时,还为每个客人准备了一张制作精美的问候卡。团队落地西安先用餐后入住酒店,在客人用餐的同时,小李打车先到酒店,在酒店销售部的协调下把那张精心准备的问候卡放到了客房的床头柜上,上面写着:"非常荣幸能随各位一起来到西安,祝您在西安开心愉快!"在整个的行程中,由于小李热情细致的工作,赢得了领导们的赞扬。

【案例解析】本团中,小李带了一个有特殊身份的政府官员考察团到异地考察,从计调部经理电话通知带团,就能看出旅行社对此团的重视。小李也是尽心尽力,从接到出团计划时起,精心准备安排落实每一项工作,更是在团队游客的客房中放置问候卡,这种积极主动的服务,为带团的成功打下了基础。

一般情况下,有特殊身份和社会地位的旅游者是指:外国在职或者曾经任职的政府高级官员、对华友好的官方或民间组织团体的负责人、社会名流或者在国际上有一定影响的各界知名人士、某些国家的皇室或贵族成员、国际或者某一国著名的政治家、社会活动家、大企业家等。这些旅游者除了游览外,往往还有其他的工作交流或考察项目。因此,对他们的礼遇和服务,既要和普通旅游者有相同的一面,又要有不同之处,不仅服务上要更加热情周到,生活上也要更多的关心和照顾。例如,在带团前熟悉指定的考察线路,尤其是有地方接待要求的,要在客人入住的客房中放置水果和花篮等。对于这些有特殊身份和社会地位的客人,一般是政府有关部门与旅行社共同配合接待,有时有关方面的负责人或领导人还要出面接见。因此,导游在具体的工作中可按照有关的规定和要求办理,要特别注意多请示多汇报,才能保证接待工作的顺利完成。

🐰 案例引领

出团时碰见了"惜字如金"的地陪怎么办?

暑假期间,重庆导游小崔带领团队客人31人一行到内蒙古旅游,虽然是第一次带团来内蒙古,但是出团前她做足了功课,包括团队行程中的希拉穆仁大草原、成吉思汗陵、响沙湾、五当召的景区概况,她都提前熟悉了一下。团队在包头机场落地之后,接团的是一位20岁出头的女导游,在做完简单的自我介绍后就直接坐到了导游座上,直至到了响沙湾景区门口才起身去购买门票,景区参观游览完毕回到车上直接入住酒店,又是轻描淡写的一句话带过:"我们现在回酒店了哦!"于是在办理完客人的入住手续后,小崔终于忍不住和地陪导游沟通了此事,希望她在接下来的团队行程中能够多给客人讲解一点儿,毕竟客人都是第一次来到内蒙古,没想到地陪导游竟回答说:"我们这里都是这样的,我们的导游考试都是不考口试的!"但是小崔想,即使不考口试,这也不能成为导游上车不讲解的理由吧!

【案例解析】本团中,很明显导游小崔是一个认真负责的全陪导游,出团前提前了解自己没有去过的地方和团队行程中景区的基本情况,对团队客人认真负责,感觉地陪导游讲解太少前去交涉,但是得到了非常不满意的答复。的确,导游证考试中不考口试不能成为导游上团少讲解或者不讲解的理由。导游在工作中最重要的一项技能就是导游讲解,这包括对景区的讲解和车上的沿途讲解,尤其是在沿途讲解中,各地因为旅游资源的差异化,可讲解的点非常多,各地的地陪导游在上团时都应该对客人进行导游讲解。内蒙古是我国少有的导游证考试过程中不考口试的地方,但是从业后,在具体工作中,从业人员应该能感觉到导游讲解的重要性。

本团中,全陪小崔遇到这种情况,应该继续积极和地陪导游进行协调解决,维护团队游客的利益,引导地陪导游在车上进行沿途讲解,比如提醒她可以提前讲解即将参观景区的基本概况、相关的参观游览注意事项、当地的民风民俗、特色小吃等,如果地陪导游实在不愿意配合,那么小崔本着对团队游客负责的态度也应该及时将此事反馈给旅行社,积极协调更换导游。若新换来的导游也同样是这样,那么团队返程后就要建议旅行社谨慎选择地接社了。

案例引领

出团回来后,全陪的工作就真的结束了吗?

9月中旬,导游小马带一个"丝绸之路"长线团从上海出发走西安、西宁、敦煌、吐鲁番、乌鲁木齐后,然后从西安再中转回上海,12天的团队行程。在西安中转飞机回上海候机的过程中,全陪小马非常礼貌地向全团客人(22人)一一派发名片,并且互留邮箱,要把旅途中帮客人拍的照片整理后发给客人。12天的相处,此时虽然分别的气氛弥漫着整个团队,但是相互之间特别的亲切,有客人甚至拉了小马又一次地合影留念,嘴里说着:"下一次出来还找你!"小马心里也非常高兴,好在此次团队行程一切顺利,和22位客人之间也相处得非常好,虽然该返程了,但是自己还需要站好最后一班岗!

【案例解析】本团中,全陪小马带了一个12天的长线团从上海出发走"丝绸之路",目前在国内旅游中,这一类的团队相对较少,12天的团队行程,4个地接站,要保证团队旅程的顺利进行,全陪导游各站的衔接、落实工作是少不了的。全陪导游在随团队出团过程中的工作是相当琐碎和繁杂的,尤其是像这一类多站接待的团队。正是因为导游的认真负责,所以团队顺利返程,可见小马也是一位非常优秀的导游,从返程时给客人派发名片、互留邮箱准备给客人发旅途中的照片这两个小细节就可以看出来。

全陪导游在出团回来之后,应该与客人保持长期的友谊,这样才能保证自己经常有带团的机会。像本团中小马与客人12天的相处,又来自同一个城市,大家一起玩了这么多天,许多人相互之间都成了朋友,此时派发名片留下联系方式也是活跃团队气氛的一个好方法。全陪导游在此时表达一个主动的态度,想与游客成为朋友,别人自然也就拿你当朋友来看,如果你从不表达这方面的意向,人家认为你根本不在意他们,当然也就对你敬而远之了。现在除了一般互留电话外,网络、微信沟通又便捷又新潮,也是抓住许多游客的好办法,同时把旅途中的旅游照片整理后发给游客,一能再次地促进相互之间的友谊,也能让游客的旅途快乐延续的时间更长。也许这一个小小的举动,会为你拉来新的客源。另外,节假日的问候、特价线路的促销都可以有选择地推荐给游客,但是也一定要注意不要过于频繁,这些都可以为自己也为旅行社争取更多的回头客源。

实训项目二　地陪导游上团细节问题处理案例

系列团该怎么带？

导游小杜是北京青年旅行社一名工作了 3 年的年轻导游，日常的接待工作以地接为主，6 月份她带的一个上海系列团让她很是难忘，但也学到了不少知识。

这个上海的团队是一个国有企业的系列团，前后分四批参加北京故宫、长城、恭王府、圆明园以及天津一日游，共 5 天的团队行程。因为小杜的老家就在天津，所以社里特意安排小杜来带第一批团，第一批团队里有不少是单位的领导，因此小杜提前也为这个团做了很多准备工作，欢迎辞、欢送辞、景点讲解，尤其是去天津的沿途讲解、风土人情都和北京进行了比较，内容详细，而且有一定的深度。第一批团返程了，客人反映特别好，旅行社领导也表扬小杜开了个好头。等第四批团来的时候已经是 7 月中旬，适逢北京的旅游旺季，社里特意将小杜从别的团上调下来带最后一批团，因为之前带过，所以小杜显得轻车熟路，讲解内容几乎和上次差不多，原本以为也会得到客人的好评，但是奇怪了，前两天反应特别平淡，甚至有大部分客人对她所讲的内容就不感兴趣！

第二天团队行程结束，小杜借着旅行社经理来看团的机会向该团领队了解情况，原来小杜带的第一批团年纪大的人多，尤其是单位的好几位领导都在其中，文化水平相对较高。而这次的最后一批团大多是单位里的一线工人，相对比较年轻，爱玩爱动，所以对小杜那种内容详细的讲解没有兴趣。小杜恍然大悟，第三天开始调整了讲解方式、讲解内容，增加了调动团队积极性的兴趣话题，尤其是北京赴天津的两个小时车程，沿途在车上和客人搞起了活动，车上气氛特别好。当然，付出总是有回报的，最后送团时，小杜又一次得到了客人的一致好评！

【案例解析】 本团中，小杜带的两个团虽然同属于一个单位，但是她却忽视了非常重要的一点，那就是两批团队的年龄、文化水平、社会地位差异这一细节。小杜先前精心准备的导游辞，非常符合第一批团队客人的特点，因为第一批团队中有很多单位的领导，文化水平相对较高，年纪稍大，喜欢听这种内容详细有深度的讲解。这说明第一批客人注重导游的文化内涵，而导游辞是其中非常重要的一个评价标准，刚好小杜把工作重心放到了讲解上，提前做了很多准备，因此会被认可。而她带的最后一批团队大多是一线的工人，学历可能不是很高，年轻人多，爱玩爱动，小杜再用第一批客人的讲解词来讲给第四批的客人听，就有些不被认可。还好小杜及时调整了讲解方式、讲解内容，增加了调动团队积极性的兴趣话题，甚至在沿途讲解的过程中和客人搞起了活动，最终使得团队满意而归。

导游在上团前，尤其是领到计划单后，有一项非常重要的工作内容，就是提前的知识准备，因为不同的团队要有不同的导游词和相关兴趣话题的准备，而不能是任随团队千万变，千篇一律的导游词不变！当然新导要做到这一点是有点难度的，但是只要有心，一定会取得意想不到的效果。比如在上团前搜集讲解素材，尤其是非常规景区的背景资料，分析本团游客的特点和需求，简单确定讲解内容和讲解方法等。同时还有一点，就是无论什么层次的旅游团，都会对涉及政治、经济、文化、体育、地方名人等某一方面的热门话题感兴趣，导游上团时也要对这些兴趣话题有所准备。在带团过程中，当讲到这一类话题时可以适当地与团队游客进行讨论，这样才会缩短与游客的心理距离,促进相互了解,活跃团队气氛。

案例引领

上团时精心打扮,我错了吗?

西双版纳导游小林是个漂亮阳光的女导游,虽然已经成家,但是因为长着一张娃娃脸,上团时常被客人开玩笑问她有没有对象。为了让自己更加成熟,她特意烫了一下发型,果然更显成熟漂亮,也比较像一个经验老到的老导游。

新一年的旅游旺季开启,4月初小林接到一个重庆过来的38人的旅游团,团员年龄都在30岁出头,30位女士,8位男士(三八妇女节单位福利团队)。看到这个计划单,一看是重庆过来的,小林听说重庆的女人都很讲究,美女多,又很会打扮。所以在接团时她确实动了一番脑筋,甚至和社里申请不穿傣族服饰接站,换上了自己的套装,化个淡妆,以显得成熟稳重。于是精心打扮了一番就去接团了。可是她发现当她带全团游客上车后致完欢迎辞后,游客连一点反应都没有。几天下来,团队里的女士都对她淡淡的,若即若离,尤其是讲解时离她也挺远,几位男士倒是对她的讲解听得津津有味。整个团下来,小林自我感觉很不好,非常有挫败感。下团报账时,她向社里的老导游抱怨说这个团带得不舒服,当她讲述完后,老导游一句:"你知道你错哪里了吗?你打扮得太好,客人被比下去了,能和你亲近吗?"小林更纳闷了:"上团时精心打扮,我错了吗?"

【案例解析】本团中,地陪小林的出发点是好的,想以一个成熟导游的形象获得游客的认可,尤其是接团时,从礼仪的角度来看,为了表示对团队的重视,着套装化淡妆都是没有错的。但是小林与游客的初次见面打扮得过于漂亮,尤其本团是一个特殊的团队——三八妇女节单位福利团队,30位女士,8位男士,所以引起了女游客的不满,留下了不好的"第一印象",直接导致后面的团队行程中以女士为主导的团队客人对她工作的不认可。话说回来,如果当时旅行社派出一位男导游来带此团,效果肯定要好很多。

其实,在日常的工作中,导游的内在美十分重要,但是其外在形象也直接影响着旅游者对导游的印象和评价。导游形象的好坏也是导游服务质量中的一个重要组成部分。导游上团的时候穿什么,怎么穿?首先,要把握一个原则,就是服装要符合导游的身份和工作需要,整洁得体。夏装要透气、吸汗,保持干净,不能过于透、露、短,尤其是女导游穿裙子要注意场合;冬装要保暖,不能过于臃肿。其次,修饰要自然大方,避免过于世俗和前卫;要按规定佩戴导游证等。导游员对自己的着装打扮要有追求、有品位,借助得体的衣着打扮给游客留下良好的印象,更好地为游客服务。

案例引领

碰见了一个什么都不懂的全陪该怎么办?

山西导游小曹接待了一个上海24+1的旅游团,太原接站后直接用午餐,当小曹安排好客人就餐后,一转身去招呼全陪却到处找不见人,最后只好打电话,全陪却告诉他和客人坐在了一桌一起吃了。下午团队安排参观阎锡山故居,全陪直接第一个进了景区,刚进大门就开始高兴地拍照,接下来,在整个的游览过程中,这位全陪导游表现得比客人还兴奋,出景区一问,原来是刚拿了证的一名新导游,小曹心里想:怪不得表现得比客人还兴奋呢?

【案例解析】本团中,山西地陪小曹碰见了一个第一次出团的"全陪"。地陪和全陪是国内导游中最主要的两种,虽然他们共同接待一个团队,但是他们的活动范围、工作重点都不相同,在整个团队接待过程中,只有两人共同合作才能高质量地完成整个团队的接待工作。

面对这样一个什么都不懂而且到了景区表现得比客人还兴奋的全陪,作为地陪导游应该在合适的时间和地点、用合适的方法给予引导,比如:告知这个新同行司陪人员有专门的工作餐,最好不要和客人同桌用餐;巧妙地提醒她在每次上车后清点团队人数;景点游览时可以走在整个队伍的最后面,随时提醒客人紧跟团队游览等,但一定要注意方式方法,以免引起这位新同行的不满情绪,从而影响整个团队的接待工作。另外,毕竟是和一个新的同行合作带团,所以作为有经验的导游,应该发扬导游行业"以老带新"的风格,在随后的接待工作中,尤其是在入住(退房)酒店、游览、自由活动以及送站等环节中要积极主动地协助(或引导)这位新同行做好相关的服务工作,保证整个团队的接待工作顺利进行。

案例引领

特殊需求团队该如何接待?

西安导游小张接待了一个四川峨眉山的佛教朝圣团,7天的团队行程。一领计划单,小张傻眼了,因为计划内的景区除了华山外,全部都是陕西的佛教寺院,一共9个。知名的还好,有的寺院小张自己都没有去过,仅仅是听说过大体方位而已。但是接到这样的带团任务,小张还是回家先恶补了很多自己不熟悉的寺院的很多知识,包括提前和司机沟通线路怎么走等。因为提前做了很多准备,前几天的接待一切顺利,同时也让小张自己受益匪浅。到了去华山的那一日,依照以往的经验,小张在讲解完团队参观游览华山的注意事项后,就想号召大家活跃一下车上的气氛,动员大家唱唱歌,自己先唱起了一段流行歌曲,哪承想刚刚唱到一半,一位监院直接双手合十站起来说:"阿弥陀佛,善哉善哉……"小张意识到了自己的错误,赶紧收住了话题,提醒大家在车上休息。后来到了送团的那天下午,因为车票紧张,原计划返程时硬座,但是旅行社没有拿到那么多张的硬座票,就自己贴钱拿了2张硬卧,特别交代小张可以把这2张硬卧票给方丈和监院,谁承想,分发火车票时,方丈和监院一听,立马不高兴了,说让旅行社赶紧想办法,他们不能坐硬卧回去,一定要硬座,哪怕是站票都行,这下小张真的不懂了?

【案例解析】本团中,小张接待了一个佛教朝圣团,从整个的团队行程就能看出来,他们以参观陕西当地的佛教寺院为主,这一类团队是以朝拜圣迹、敬香还愿、参加法事活动、捐赠布施及学术交流为主要目的的特殊旅游团体。由于其信仰和习俗的特殊性,即使是出门参加活动,他们都保留着其宗教本身所特有的禁忌。所以,尽管在前期为了这个特殊的团队,小张本身也做了很多的努力,比如恶补团队行程中不熟悉寺院的知识,和司机沟通线路怎么走等,但是在带团的过程中还是犯了佛教的很多禁忌。常规的团队在沿途中可以和客人互动,在车上搞娱乐活动来调节气氛,但是碰见这样特殊的团队,还是要特别注意,有时确实是"此时无声似有声",让他们在车上休息是最好的选择。同时,还要对他们的宗教习惯给予充分地尊重。

至于在最后送团过程中火车票由硬座换成硬卧的问题,这也是佛教的宗教习惯问题,在他们内部是没有等级之分的,即使是方丈和监院一起出门,也应该和普通的僧侣同坐硬座回去,当然对于旅行社来说,最后的解决方案只能是委托全陪在火车上用硬卧来换同车厢游客的硬座票了。这在我们看来可能有些难以理解,但是接待这一类团队确实是要特别注意的。另外,宗教团队的行程和时间安排也是极其严格的,一般情况下也是不可以随便调换的,这也是导游必须牢记的服务细节。

当然,在旅游的目的得以实现、宗教习惯得到尊重之后,宗教旅游团的游客在其他方面普遍表现出其宽容的美德。尤其是对司陪人员,都表现出了较之常人更为宽容的态度,态度和蔼,与人为善,对导游的某些失误也能很快地给予原谅。

案例引领

大型团队游客串车/串团的处理

河北青年旅行社接待山西某单位组织的职工到承德避暑山庄游玩,共 4 辆车,分派了 4 个导游各带 1 辆车,小蔡负责 3 号车。因为游客都是一个单位的同事,彼此之间非常熟悉,在接站后按照组团社的分配,导游带各自车上的游客上车,清点完人数就出发了。因为车程距离比较长,再加之刚接站有些不熟悉,小蔡根本就没有认清自己车上的游客,在一个小景区参观完毕后,小蔡发现自己车上少一个人,刚好是坐在第二排的一位女士,她还有些印象,于是就问车上的客人,客人回答:"不用管她,她肯定去她老公的那个车上了!"小蔡不放心,专门进行了确认,确认那位女客人去了 2 号车上,才通知司机发动车离开。等到参观完避暑山庄出来返回酒店的时候,小蔡又发现自己车上少了两位客人,恰巧这时她听到自己的同事在 1 号车门口喊着:"我车上多了两位客人!"于是她心想那肯定是她的客人,于是通知司机人齐了,直接回酒店,可是车刚开出 10 分钟,她接到了办公室计调打来的电话,她的两位客人还在山庄门口的停车场等着她。

【案例解析】本团中,地陪小蔡和同事一起带了一个大型旅游团,正是由于自己没有注意提醒团队游客不准串车、串团这个小小的细节,结果自己车开走了,却把车上的游客丢在了景区门口,给自己的工作造成了很大麻烦,还有可能被游客投诉。

在接待大型团队时,为了避免旅游团可能出现的混乱,随车导游要采取有效的管理措施,使自己的旅游团活动处于一种可控制的状态。比如,上车后反复多次强调车号(或者大型旅游团队特别制作的编号),每次下车后强调集合时间和地点,特别提醒本车的游客不能串车/串团,自始至终上这一辆车,不要上错车等;同时还要注意同各车导游及时沟通,协调行动,切忌自作主张增加或者减少团队的活动内容。

旅行社在接待这一类团队时也要特别注意,比如可以委派一个经验丰富、统帅全团的总指挥,来负责组织协调以及运转调度,在接团之前开个小会,很多具体的工作可以明确到人;给每辆车粘贴编号防止游客上错车;用餐时,要求餐厅(或自备)提前在餐桌上摆上带编号的桌签以免发生混乱;进景区游览的时候,尤其是针对那些空间有限的游览点,应该提前规划线路,错峰分开游览,打好时间差,这也是随团导游应该注意的细节。只有大家相互配合,齐心协力,才能保证整个旅游团队按照计划顺利地完成团队行程。

实训项目三 海外领队上团细节问题处理案例

案例引领

因为领队的一个失误,赔了五万多!

小 A 是无锡中旅的一位资深领队,带一个 21 人的旅游团队前往台北,前期的一切工作进展顺利,到了出发那日下午,小 A 也是提前早早抵达了机场。团队是晚上 8 点直飞台北的航班,下午 5 点团队机场集合完毕,在做登机前的准备时,被机场告知不能登机,原来是小 A 自己的签证竟然过期了。一时间,团队乱作一团,小 A 自己也慌了神,"怎么能犯如此低级的错误?"随后的事情发展僵持住了,21人滞留在了无锡禄口机场!旅行社出面协调:因为这个去台湾旅游的团费为每人3000元,误了晚上的航班,旅行社联系了第二天上海直飞台北的航班,但是是全价机票,每位单程就是3600元!旅行社考虑到领队个人的承受能力,愿意单位和他个人各出一半,但因为耽误了大家的行程,旅行团成员要求旅行社赔偿每人1000元,这1000元旅行社不肯承担,要小A自己承担,小A实在是想不通,只愿意每人赔500元,一时间,僵在了机场!

【案例解析】本团中,由于领队小A自己的疏忽大意——签证过期,导致21人的旅游团队无法顺利登机,按理说这样的后果只能自己承担,还好旅行社及时出面联系了第二日上海直飞台北的航班,晚上安排团队到酒店休息,第二天乘车去上海飞往台北。在多人调解下,领队给每位赔偿800元,加上前期机票的损失,小A的这次失误造成了近9万元的损失,除去旅行社帮他承担36000多元的高价机票钱,他个人还得赔出近55000元。

事后了解到,因为小A早些时候做了扁桃体手术,加之前期一直在上团,糊里糊涂自己的签证过期了也没发现,所以造成了后来的严重后果。但是,不管是什么样的原因,毕竟造成了后果,所以小A自己承担主要后果也是无可厚非的。同时我们也从这些表象中看到了一些严重的事实,那就是专业旅行社犯了如此低级的错误,让大家都感到匪夷所思。因为不单是领队自己的签证过期,还有诸如游客的身份证件过期、签证不等团队返程就要过期、相关证件涂鸦(涂改)等,如果相关工作人员在检查登记审核证件的时候能稍微注意一下,就可以避免此事的发生。带团无小事,仔细、慎重一点总是好的,这白花花的银子教训,做领队以后可得注意啦!

🐰 案例引领

带团去A国旅游,碰见了想"黑吃黑"的小贩

2015年9月,领队小朱带团去A国,在当地导游的带领下,团队客人去珠宝店购物,陆续出来后,门外的水果小摊一溜地摆着,非常吸引人。于是很多客人不由自主地围了过去,二三十A币的杜果非常受欢迎,折合人民币也就是不到5元钱。一会儿工夫,听见了一个杜果摊前的嘈杂声,原来是领队小朱团里的一个客人,给了小贩50元人民币,小贩很快塞到口袋里找给客人几块零钱的A币,当客人告诉他那是50元的人民币,小贩这时候就开始假装听不懂客人讲话了。于是客人来向小朱求助,小朱和客人一起来到了小贩跟前,争论了半天,甚至小贩自己将那50块人民币已经掏了出来,但是说是他早上收的,就是不承认是小朱客人给的,摆明了不认账,小朱只好请来了地陪,地陪用A国语言和小贩争论了半天,交代小朱先带游客上车,最后终于要回了应该找回的45元人民币。

【案例解析】本团中,领队小朱带团去A国,团队客人在水果摊购买东西的时候遭遇了想"黑吃黑"的小贩,尽管涉及的金额并不大,但是这种事情处理不好会影响整个团队的气氛。还好在当地导游出面下,事情得到了圆满地解决。且不说当地导游是如何和小贩进行沟通,直至小贩同意将那45元人民币退还给客人,就这件事情而言,如果小朱在行前说明会上稍微强调一下,可能就不会出现这样的局面。

近几年,随着出境旅游的兴起,许多国家成了我国非常重要的出境旅游目的地国家,但也有一些旅游乱象充斥着旅游市场,诸如上述的沿街小贩公然"黑吃黑"等。作为出境领队,因为对旅游目的地国家相对较为熟悉,如能提前将这类事件告知游客,比如提醒游客尽量用零钱去小贩那里买东西,即使没有零钱也在团队内部换一下,就可以避免这类事情的发生。因为由

于语言障碍的问题，即使是经常出境的领队有时也不见得能把这样的事情处理好，且有时当地导游并不一定就和团队在一起，所以作为出境领队，应该细心再细心一点，提高安全防范意识，防患于未然，才能避免这类事情的发生。

实训项目四　导游上团过程中的"惊喜服务"

案例引领

一部老影片，一首插曲成就了一次难忘的旅程

陕西地接导游王军，在带领团队游了黄河壶口瀑布之后，回到旅游车上，已是下午4点多，团队要赶到延安入住酒店。此时恰好夕阳西下，车窗左手边是奔腾的黄河，落日的余晖映照在黄土高坡上的景色，甚是美好。因为此条线路很长，先前已经沿途讲解了很多陕北的风土民情，这时如果再重复，估计很难打动客人的心。于是，导游不失时机地利用旅游车上的DVD电视，播放了一部古老的影片《黄河绝恋》，因为刚刚参观过壶口瀑布，客人对电影中的壶口瀑布的画面还是相当感兴趣的，尤其是当电影中那首优美的小提琴插曲《夕阳山顶》响起的时候，车上客人十分兴奋，也由此对壶口瀑布、对黄土高坡留下了深刻美好的印象。

【案例解析】本团中，陕西的这位导游巧妙地利用了旅游车上的DVD电视，播放了一部与景区相关的影片，在特定的景色中又适时地利用了影片中的音乐让全车客人得到了一次美的享受，给了全车客人一次超出了期望值的超值体验，这是口述导游辞达不到的效果。

在导游上团的过程中，当团队的旅游线路确定后，导游可以提前细心地选择一些相关的影像（或音像）资料，这些多媒体资料有声有色，尤其在特定的环境下播放，能使客人对此次旅程留下深刻美好的印象。

在信息社会中，运用多媒体传递信息已是大势所趋，尤其是在一些发达国家，导游不一定指的就是真人，凡是能描述景点的多媒体工具，如触屏电脑、语音讲解器、电视、录音机等，都可以称之为导游。在上团的过程中，导游要好好利用这些设施设备为自己团队的旅程增光添彩。

案例引领

用过的景区门票成了送给游客最好的礼物

导游小涂是广西中青旅的一名导游，平常的工作是以地接为主，但也随单位组织的专列出过几次长线全陪。这天她接到一个地接带团计划，是北京某收藏协会组织的23＋1旅游团来桂林旅游，其中团队计划单的备注栏有一项为：地陪导游在每参观完一个景区后，请务必将景区门票分发给团队游客，客人要收藏。看到这条备注，小涂回看了一下计划单，本团在桂林一共有4个景区，那就是说每位游客只可以收藏桂林4个景区的门票。由于刚刚领完计划单还没有离开旅行社，所以小涂直接去找旅行社财务，和他协调将本社导游报账后的多余景区门票给自己一点。财务抱来了一个纸箱，里面有全国各地的景区门票，都是自己做完账剩下的，小涂如获至宝，整理了一个多小时，分出了全国各地的32家景区的门票各23张，心满意足地离开了旅行社。

第二天接团后，当天只有市区的象鼻山景区，游览结束在回酒店的途中，小涂在沿途讲解中说要送大家一份礼物，于是将自己提前准备的32家景区门票拿出来分发给了大家，全车报以热烈的掌声……后面的团队行程，客人都相当的配合，送站时客人领队还专门代表团队客人

向小涂致谢,返程后小涂所在的旅行社收到了这23名客人专门寄来表示致谢的锦旗——"细心、用心、专心,温暖游客旅程!"

【案例解析】本团中,广西导游小涂在领计划单时注意到了一个细节,那就是客人的一个兴趣爱好——收藏全国各地的景区门票。于是举手之劳的一个举动,向旅行社财务要了一些景区门票分类整理后送给了客人,却获得了全车客人的赞扬,客人一致认为这是他们此次出游最大的收获,事后还收到了客人专门致谢的锦旗。也许"收藏"的世界我们不懂,但是小涂的做法给团队游客带来了意外的惊喜、超值的享受,同时也让游客对桂林留下了深刻的印象,这一点是非常成功的,也是值得广大导游学习的。

对于团队游客来说,出门旅游能碰见一个好导游是最舒心的事情,在顺利走完团队行程后,能给客人带来"意外惊喜"的导游更是难得。接团过程中,这种机会是非常多的,导游完全可以利用自己工作的便利以及资源优势给客人提供"惊喜服务"。如有同行每次在介绍完武当文化后,还忘不了给游客展示太极拳,让游客更好地了解武当武术;山岳景区参观下来后的一张湿巾;用完中餐后上车的一个口香糖;根据团队备注项给客人提前准备贴心的小礼物;等等,都能给客人带来惊喜。

案例引领

浪漫的"七夕"之旅

2016年8月7日到12日,昆明导游小田接待了一个22人(11对夫妻)的"昆明—大理—丽江七日游"团队,在8月8日那天,小田就发现微信朋友圈里都在发"提前祝中国情人节快乐"的相关微信,她一查日历,原来8月9日就是农历的"七夕"——中国的情人节,小田突然间有个想法,要在"七夕"那天给团里的客人一个惊喜。

第二天一早,小田安排团队里的女士先上车,说是召集所有男家属开会,她突然像变魔术似的从包里拿出一枝枝包装得很漂亮的红玫瑰说道:"各位先生,今天是农历'七夕',也是中国的情人节,我为各位男士每人准备了一支红玫瑰送给你们的太太,祝大家情人节快乐!"男士们连声道谢。当他们拿着红玫瑰送给他们的太太时,车上的气氛好极了。送站时,大家纷纷向小田表示感谢,感谢她让大家度过了一个难忘而又浪漫的"七夕"之旅!

【案例解析】本团中,地接小田为团队客人提供了一次优质的有人情味的"惊喜服务"。因为她的团队客人都是夫妻,她抓住了"七夕"——中国的情人节这个小小的细节,用一枝玫瑰花让团队游客度过了一个难忘、浪漫的"七夕"节,游客的感动是可想而知的,这是一次非常好的"惊喜服务"。

导游在上团的过程中,可以根据所接团队的不同特点和心理需要,结合具体的情境,发挥自己的资源优势采取有针对性、灵活性的服务。这一点很大程度上取决于导游的自觉性和其服务技能的水平,但是只要有心,处处都可以有惊喜!

案例引领

天呐,这些照片是啥时候拍的,太美啦!

2016年6月份,河南导游小高带一个26人的自备车团队去西宁青海湖游玩,团队中女性居多,一路上也是欢声笑语,气氛非常好,小高非常有心地用手中的相机记录下了他们的点点滴滴。抵达青海湖沿线,爱美的女士们从油菜花海开始就狂拍不止,到了景区更是每人购买了一条大的披肩,在哪里拍照都是一道亮丽的风景线。恰巧小高也是一个摄影爱好者,一路上除了拍美丽的风景,镜头里就是自己团队里的游客,而且抓拍了不少美的镜头。几天的愉快行程就要结束了,在从茶卡盐湖返回西宁的途中,小高在车上提议团上的客人建一个微信群,自己要把照片发给客人。当天晚上,小高回到西宁,晚餐后利用酒店大堂的电脑将自己相机里的照片有选择地下载后,做了一个精美的相册,配图加文字,一共54张照片,每位游客选择了两张,外加两张集体合影。然后放到了和游客一起建立的微信群中,不一会儿,群里热闹起来了,大家纷纷感慨:"天呐,这些照片是啥时候拍的,太美啦!""这是我们此次出游最好的纪念了!"

【案例解析】 本团中,全陪小高利用自己的特长——摄影,给了游客一个大大的"惊喜服务",同时也是一份很好的出游礼物。因为是自备车旅游团,他从团队出发开始,就用自己手中的相机记录下了游客出游过程中的点点滴滴,尤其本团中的女性游客较多,爱美是女士的天性,旅途中他也发现了这一点,团队客人特别爱拍照,所以他就投其所好,精心选择了自己抓拍的游客出游的照片制作成相册,再配上文字解说,在团队行程结束前送给大家,效果非常好!

经常出全陪的导游最好培养一下自己与旅游有关的爱好,比如本团中全陪小高的摄影就非常的实用。因为工作的关系,导游走遍大江南北,也许会重复去一个地方很多次,春夏秋冬,阴晴雨雪,有时会看到别人看不到的风光,还有那些摄影师寻都寻不到的美景都可能遇上,所以导游应该掌握一些摄影技巧,让自己不要辜负了这份工作可能带来的便利性。在旅途中可以随时举起相机、手机抓拍游客的精彩瞬间,有选择地给游客看,因为不经意之间的抓拍加上摄影技术的高超会赢得游客的好感,增加许多话题,再加上可以告诉团队游客,比如当前美景该怎么取景,其中的学问就很多,返程后将好的照片挑选整理后发给客人,对客人来说也是一次美好的回忆,甚至有可能还会为旅行社带来新的客源!

另外,与旅游有关的兴趣爱好还有收集景区门票、品尝美食、喜欢逛街购物等,导游都可以利用这些兴趣爱好给自己的团队游客带来惊喜,有时这对他们来说是出游中最好的礼物。

案例引领

贴心的地陪

西安的导游员卢先生接待了一个20人的美国旅游团。在接待过程中,他发现大家对旅游的兴趣各不相同。A先生的猎奇心强,对中国古老的文化很感兴趣,每参观一处总要刨根问底,自由参观时也总是最后一个出来;G女士出手大方,对本地的旅游纪念品很感兴趣,对导游讲解不以为然,一有机会就去购物;W先生的夫人刚刚去世,他来中国是为了解脱悲痛之情,所以经常默默无语、茶饭不思;L夫妇则是来中国度新婚蜜月的,常常卿卿我我,形影不离。卢先生针对游客们不同的要求和特点,分别待之:对A先生多讲一些古城风貌和历史事件,详细回答他提出的各类问题,使他感到不虚此行;对G女士详细介绍旅游商品的特点,帮她选购商品,使她满载而归;对W先生不厌其烦地介绍本地的风土人情、生活趣事,在生活上也尽量多给予关照,嘘寒问暖,体贴关心,使其心情舒缓,在离开西安时,W先生像换了一个人似的,满面春风,看起来年轻了许多;对L夫妇则尽量讲解一些中国的婚嫁喜庆之事,并常与大家一起和他们开一些善意的玩笑,使之笑口常开,喜上加喜。大家对卢先生的导游服务非常满意,在离开西安时,纷纷与他握手致谢,难分难舍。

【案例解析】 涉外导游工作是一项涉外性强、服务要求高的工作,导游员的一言一行、一举一动无不代表着中国旅游业的形象。来中国的游客目的不一、状况有别,但都是因对中国感兴趣而来。为了接待好每一个游客,帮助他们实现旅游目的,导游员要尽快掌握他们的要求和特点,有的放矢,才能取得良好的服务效果。

卢先生通过细致地观察和分析,针对不同游客的特点和兴趣,采取了不同的接待方式,使猎奇者感到不虚此行,购物者满载而归,新婚者喜上加喜,悲伤者笑逐颜开。可见,导游工作要在热情友好、宾客至上的原则指导下,不断分析游客的特点,找到不同的接待方法,这是非常重要的。

实战训练

导游带团细节问题处理能力训练

训练项目	导游带团细节问题处理能力训练
训练要求	1.了解导游上团常见细节问题处理方法,具备处理带团过程中常见问题的应变能力。 2.了解"惊喜服务"的妙用,培养全面优质服务专业素养和责任感,提高带团质量
训练地点	模拟实训室
训练材料	多媒体设备——"导游实战演练平台"实训设备,团队真实案例资料,模拟实训场景
训练内容与步骤	一、训练准备 1.把学生分为若干个小组,分别饰演全陪、地陪、领队、游客。 2.选择当地有特点的旅游案例,准备相应资料,讨论问题处理方案。 3.布置模拟现场场景的实训环境。 二、训练过程 1.阐述场景案例背景,角色分配,处理问题的类别与思路。 2.根据背景材料,以小组为单位,采用情景模拟方式完成问题处理案例。 3.小组成员点评任务完成情况,指出需要改进的地方。 4.学生评议与教师点评,讨论可行的问题处理的其他方法,集思广益,提升训练效果。 三、训练结束
主要观测点	1.学生分析处理问题的能力。 2.学生的应变能力与团队合作精神

课后思考

1.你认为导游人员在带团细节问题处理过程中的关键点是什么?

2.你认为"惊喜服务"有没有必要?

实训模块九　导游送团服务

学习目标

1. 掌握送团服务的具体流程。
2. 掌握欢送辞的写作方法。
3. 掌握善后工作的主要内容。
4. 掌握带团记录的主要内容。
5. 掌握带团总结的主要内容。

能力目标

培养导游送团服务的各种技能。

素质目标

具备送团及善后服务的工作能力与素养。

导游工作的每一个环节都不容忽视,送团服务是保证导游接待服务圆满完成的重要环节。如果说接团时留给游客的第一印象是重要的,那么送团时留给游客的最后印象则是深刻持久的。在这一阶段的工作如果出现失误,极有可能使旅游者对整个旅游行程产生不良评价,甚至功亏一篑;但优质的送团服务,也是对前段服务工作不足的一个补救机会。在这一阶段,导游人员应该继续保持昂然的工作状态,善始善终,处理好送团服务的每一个环节。

送团服务是游客在旅游目的地所接受的最后一项服务,旅游团结束本地参观游览活动后,导游员应尽力保证游客顺利、安全离站,使遗留问题得到及时妥善地处理。此阶段工作以地陪为主。

案例引领

匆忙的早晨

2019年7月8日上午8时,地陪王晓匆忙赶到了游客下榻的西安经开洲际酒店(酒店距西安北客站大约20分钟路程),按照计划,团队将在9:28乘坐G672次高铁离开西安,前往北京。小王预计7:30到达酒店办理退房手续,再带领团队前往西安北客站。可由于路上堵车,迟到了30分钟,时间紧迫,抓紧办完退房手续,小王带领游客上车,清点人数后,催促司机张师傅赶紧开车,赶往西安北客站。途中小王向旅游团成员致欢送辞:"各位团友,早上好!我们全团三十人已经到齐,我们现在前往西安北客站,乘坐G672次高铁前往北京,两天来大家在西安一定过得很愉快吧?我十分感谢大家对我工作的支持和理解,中国有句古话'相逢何必曾相识',短短两天,我们从陌生人成了朋友,在分别之际,我希望各位团友还能有机会再来西安旅游,人们常说,世界变得越来越小,我们一定会有重逢的机会。最后预祝大家一路顺风,好人一生平安！好了，火车站到了，请各位下车。"

本案例中，地陪小王有哪些做得不妥之处？

【案例解析】送团服务是旅游者在旅游目的地所接受的最后一项服务，导游员应当善始善终地做好送站工作。本案例中的导游在送团当天迟到，没有做好离店服务，没有提醒游客与酒店结账，退还房卡，离店前没有亲自清点行李，出发前没有提醒游客清点随身携带物品；集合登车后，没有再次提醒游客检查证件和随身物品；欢送辞中没有对迟到行为致歉，没有回顾旅游行程，没有征求游客的意见和建议。

送站时，地陪要合理安排时间，保证游客能按时抵达送站地点，并在车站（机场、码头）留有充裕的时间办理登车（机、船）手续，避免误车（机、船）事故的发生。国内团队游客应当提前60分钟到达车站，到达后，地陪还应提醒游客带齐随身的行李物品，照顾全团下车后，还应再次检查车内有无旅游者遗漏的物品。

实训项目一　送团前的准备工作

实训目标

了解送团前准备工作的具体内容，并能在送团过程中正确做好各项准备工作，保证送团工作顺利进行。

【任务导入】

时间：2019年5月5日。

地点：苏州康辉旅行社。

人物：地陪王宏（18991833276）、司机周永利（13769245568）、领队、全陪林青（13909213884）、饭店前台服务员、全团游客10人。

事件：2019年5月5日18时30分乘MU6398航班由杭州萧山机场飞往北京。

任务：地陪王宏要落实送行前的准备工作。

旅游团离开的前一天，地陪应认真做好旅游团离开的交通票据核实工作，与司机商定出发时间，及时与领队、全陪商议确认并通知游客。旅游团乘坐国内航班离开，一般提前2小时抵达机场，乘坐出境航班提前3小时抵达机场；乘坐火车、轮船离开，要求提前1小时抵达车站、码头。地陪不仅要向游客说明时间安排，还应提醒、督促游客尽早与饭店结清所有自费项目账单（如饮料酒水费、电话费、洗衣费等），如有损坏客房设施，地陪应协助饭店妥善处理赔偿事宜。

一、核实确认团队返程交通信息

旅游团离开本地的前一天，地陪导游需要认真核对团队返程的交通信息，做好旅游团离开的交通票据核实工作。飞机团队核对返程机场名称、起飞时间和具体航站楼，如果是乘飞机离境的旅游团队，地陪导游应该提醒或协助领队提前72小时确认机票；火车或者高铁返程的团队，需要确认票面时间以及返程的具体车站等信息，特别注意的是，返程票是地接社所出的，一定要在团队客人返程前尽早拿到返程车票并配合全陪（或客人领队）分发车票并确认相关信息；自备车出游团队的返程，地陪导游要注意在结束团队行程送站时，给团队预留足够的白天行车返程时间，引领自备车团队在标识明显的路口送团。

同时,核实交通工具班次有无变更,问清内勤是否已通知下一站,以免漏接;提醒全陪通知下一站,以免漏接。除了要确认团队返程的交通信息外,地陪导游还需要注意把握时间,提前带领团队抵达机场(车站或码头),尤其是送当日有团队行程的,一定要反复多次强调集合时间并告知客人返程的具体信息,以免延误返程交通。

交通票据核实内容包括:

(1)核实姓名。若是团体机票,核对内容包括团名、代号、人数、全陪姓名;若非团体机票,则要核对每一位旅游者的姓名是否与有效证件吻合。

(2)核实航班(车次、船次)、始发站及到达站。

(3)核实起飞(开车、起航)时间,务必要做到四核实,即计划时间、时刻表时间、票面时间、问询时间的核实。

二、确定出行李的时间和方法

如团队有大件行李托运,地陪应在离开本地前一天与全陪(领队)商量好出行李的时间,并通知旅游者及饭店行李员,同时提醒客人行李打包的有关注意事项。出行李时,地陪应与全陪和领队、行李员一起清点件数,检查行李是否上锁、捆扎是否牢固、有无破损等,最后在饭店行李交接表上签字。

三、商定叫早、早餐、集合及出发时间

地陪应在旅游团离开的前一天与领队、全陪商定第二天叫早、早餐、集合及出发的时间,并通知饭店有关部门和旅游者。如果该团所乘交通工具班次时间较早,无法在饭店餐厅用早餐,地陪要及时做好相应的准备工作,可与饭店和旅游者协商,请饭店做好早餐外带工作。

【任务模拟情境】

(地陪王宏核实完旅游团队离开的交通票据,与司机周永利商量出发时间。)

地陪王宏:周师傅,我们5月5日18时30分乘MU6398航班由杭州萧山机场飞往北京,您看几点出发合适呢?

司机周师傅:哪个航站楼?

地陪王宏:T3。

司机周师傅:我们中午是从灵隐寺出发,是吧?萧山机场离我们这里大概有40多千米,路上将近1个小时,我们需要什么时间抵达机场呢?

地陪王宏:按照送机要求,我们需要在航班起飞前2小时抵达机场,也就是说我们需要在2019年5月5日16时30分前抵达机场,您认为我们应该几点钟出发比较合适呢?

司机周师傅:根据该时段的路况、车况,我建议应该在15时20分左右出发。届时我会在灵隐寺停车场等候,我们的车牌号是苏A3369。

地陪王宏:好的,我会通知游客15时10分在灵隐寺游客服务中心前集合,然后带领团队前往停车场登车。我再与全陪沟通一下,有变化随时通知您,请保持电话畅通,随时联系。

四、对派团计调进行结清费用提醒

地陪导游在送站前,还应该对地接社派团计调进行团队结清费用的提醒,报明自己的团

号、组团社、团队人数等信息,提醒派团计调团队要返程了,应该及时催收团款。

五、强调团队返程离站注意事项

地陪导游在送站前还需要给游客强调团队返程离站的相关注意事项。

1. 飞机返程团队

旅游团队飞机返程,地陪导游需要提醒团队游客:下车时带好所有行李物品,到达机场出发大厅后集中等候,将自己的身份证件准备好等待导游来收取,团队统一办理登机手续,并提醒需要托运行李的游客将自己的行李捆扎好,然后随导游一起到值机柜台进行托运;同时建议洗漱用品托运(因规格不好控制),手机相机电池、充电宝随身携带不要托运,原则上团队行李统一托运(超大型团队办理完登机牌后实名制托运),并提醒团队游客注意随身携带行李物品的安全。

2. 火车(动车/高铁)返程团队

旅游团队火车返程,地陪导游需要提醒团队游客:火车(动车/高铁)的发车以及到达目的地的时间,下车时带好所有行李物品,紧跟团队进站(不要单独活动),注意自己行李物品的安全,同时携带好自己的身份证件以及火车票,听从车站工作人员的指挥有序安检、集中候车、检票进站等。地陪应提早告知旅游者行李托运的有关规定,提醒其将有效证件、所购买的贵重物品及发票放在手提包里随身携带,如是离境团,还应该提醒其准备好海关申报单,以备出关时查验。

实训项目二　离店服务

实训目标

了解离店服务的主要工作及流程,并能在离店过程中正确操作,保证离店工作顺利进行。

【任务导入】

时间:2019 年 5 月 5 日。

地点:苏州康辉旅行社。

人物:地陪王宏(18991833276)、领队、全陪林青(13909213884)、饭店前台服务员、全团游客 10 人。

事件:2019 年 5 月 5 日 7 时 30 分离店。

任务:地陪王宏完成离店工作。

离开酒店前,地陪导游要按照和团队客人约定的时间提前到达酒店大堂,为团队客人办理退房手续。如果是境外团,要特别注意和酒店行李员办好行李交接手续,包括确认托运行李的件数、捆扎是否牢固、有无破损等,填写行李运送卡,然后交付酒店行李员,同时行李件数一定要当着行李员的面点清,并告知领队和全陪。

一、收取房卡

地陪导游在团队客人退房时,应当提前抵达酒店大堂,配合全陪导游一起收取团队客人的房卡并清点房卡数量,提醒客人检查自己的行李物品是否全部携带,然后前往酒店前台办理退房手续。

二、去酒店前台办理退房手续

地陪导游在酒店前台退房时的具体工作内容有:退还团队房卡(钥匙)、督促前台通知楼层服务员查房、看看团队有无自费消费用品以及和酒店前台结算房费。如果客人有物品遗落在酒店房间,地陪导游应该快速通知全陪(或领队)让其通过分房名单查找入住此房间的客人,通知客人上楼去拿东西,如果方便的话还可以让楼层服务员送下来。

三、结算房费

待酒店前台通知团队的房间全部"OK"后,地陪导游应该按照计划单的要求和酒店前台结算房费。一般情况下,旅行社旅游团队和酒店的房费结算方式有以下两种。

1. 签单结算

签单结算团队,地陪导游要认真填写房费签单,包括:入住酒店的名称和团号、入住日期和住宿天数、用房间数(大小写)和房间类型以及导游姓名和导游证号等信息,按照酒店要求在"退房结账单"上签字,同时要求酒店退还之前缴纳的住宿押金。

2. 现金结算

现金结算团队,地陪导游应该严格按照计划单的要求(单房价、陪同房价)向酒店支付实际用房所产生的住宿费用,同时注意旅行社和酒店销售部"住房确认单"中如十六免一、免陪同、陪同房(床)特价等优惠政策,并要求酒店前台开具发票,以备后期财务报账时使用。

四、集合登车

地陪导游在酒店前台办理完退房手续后,应该引导团队游客带好行李物品上车并协助司机一起将客人的行李摆放整齐,仔细清点团队人数,同时再次提醒游客检查自己的行李物品有无落在酒店房间的,如无遗漏,通知司机开车离开酒店。

实训项目三　送行服务

实训目标

了解送行服务的主要工作及流程,并能在送行过程中正确操作,保证送行工作顺利进行。

【任务导入】

时间:2019 年 5 月 5 日。

地点:苏州康辉旅行社。

人物:地陪王宏(18991833276)、领队、全陪林青(13909213884)、全团游客 10 人。

事件:2019 年 5 月 5 日 17 时 30 分为旅游团队送行。

任务:地陪王宏完成送行工作。

一、做好送行途中的各项工作

(一)致欢送辞

地陪导游在送团时,应该给团队客人致欢送辞。地陪导游致欢送辞最好的地点是在送站前的行车途中,这时客人相对集中,地陪导游语气真挚、富有感情的一篇欢送辞不但可以加深与团队客人之间的感情,还可以将一些上团过程中出现的问题巧妙地进行化解。没有条件的话,致欢送辞的地点也可以安排在机场(车站、码头)。

欢送辞是带团导游员在结束了所有计划安排的景点游览后,即将与客人告别之时所说的最后一段话。好的欢送辞犹如一篇好文章的精彩结尾,会给游客留下长久的余味,为前面的导游讲解工作锦上添花。如果在游览中曾出现过这样或那样的遗憾和不足,也可以通过欢送辞再一次向客人表示歉意,以宽慰游客,使之心态平和。任何不"辞"而别或草率收场,都是对游客的不"礼貌"、不负责任的行为。

1.欢送辞的要素

欢送辞应该包括的内容如下:

①惜别语,表示惜别之情。

②感谢语,对游客的配合与支持表示感谢。

③征求意见语,诚恳地向游客征求意见和建议。

④致歉语,对行程中不足之处赔礼道歉,请求谅解。

⑤祝愿语,期待下一次重逢,祝游客一路顺风。

2.欢送辞的形式

就内容而言,欢送辞可分为惜别式、道歉式和感谢式三种。就形式而言,欢送辞大致有引用式、唱歌式、诗歌式和故事式等几种。

(1)惜别式。惜别式的欢送辞是常用的方式之一,但切记不可过分渲染,给人以虚假之嫌,点到即可,才会是自然真情的流露。

【示例】各位团友,大家在中国15天的行程即将结束,在这期间,我陪同各位由南到北、由东到西进行了游览,对中国有了一个概略的印象。15天的时间说长不长,说短也不短,和睦融洽的相处使我忘记了自己是一个工作人员,在不知不觉中既完成了工作,又获得了轻松愉快的体验。直到要送走大家的这一刻,我才发现,心中真的有许多的留恋。我会记着各位,记着我们这个团15天的快乐与艰辛。天下没有不散的筵席,也没有永远在一起的朋友,匆匆相聚又匆匆离别。但我相信,在不久的将来,我们会重逢在这片神奇的土地上,重温友谊的温馨和惬意。最后,再次感谢这些天来大家的支持,祝大家永远健康、快乐。

(2)道歉式。道歉式的欢送辞往往用在有失误的情形下,通常是不得已而为之。旅游旺季或在接待过程中,有时难免会出现失误或意外,导游员应息事宁人,以消除客人的怨气。送团时再次重申,既可说明自己的诚意,又可使客人明白导游已足够重视,对缓和客人的情绪是很有益的。但忌致歉言语过多及反复强调,适可而止就可以了。

【示例】各位游客,我们四大佛山的朝圣旅行即将结束,回顾我们20天的行程,曲折与劳累、快乐与欢笑,可以说同时伴随着大家。最让我感动的就是各位的宽容和理解,因为我们这次旅行美中不足的便是原计划乘坐的软卧因客观原因而被迫改乘硬卧,这一点让我觉得很愧疚,在我们即将分别之际,我再次向各位真诚地道歉。同时也请大家相信,我可能不是最好的,但我是最努力的。在这里,恳请各位一如既往地支持我。最后,祝大家万事如意,一路顺风,希望再次见到各位。

（3）感谢式。感谢式的欢送辞是最常见的一种,如果团队旅行顺利完美,此时的感谢将会是锦上添花,会收到非常好的效果。

【示例】各位游客,我们的黄土高坡之旅到这里就圆满结束了。黄土地是夯实的,黄土文化是厚重的,而我和大家的这段缘分,也要感恩于黄土地的牵引。在大家即将踏上归途之前,我要感谢大家,正是由于大家的宽容和理解,才使我们的旅途充满了欢乐,也使我的工作变得非常轻松;我要感谢我们的领队王先生和全陪李小姐,正是由于他们的配合和协助,我们的行程才如此圆满和顺利;我要感谢我的同事司机刘师傅,正是由于他的安全准时,我们的时间和游览项目才得以保障。让我们大家记住这段欢乐时光。黄土地的故事很多,我真诚地邀请各位,如果有机会的话能够再来,让我们再去寻找那些有趣的故事,再去分享中华文化的精华吧!谢谢大家。

（4）引用式。引用一些名人名言对景区景点加以描绘和总结,会使导游员的欢送辞极具文采,并可增强说服力,使客人有一种不虚此行的感觉,是一种效果极好的方式。

【示例】各位朋友,人们常常把杭州西湖和瑞士日内瓦的莱蒙湖比喻为世界上东西辉映的两颗明珠,正是因为有了西湖,才使意大利的马可·波罗把杭州比喻为"世界上最美丽华贵的天城"。西湖在我国乃至世界上的地位,用孙中山先生的话来说,就是"西湖的风景为世界所无,妙在大小适中。瑞士湖水嫌其过大,令人望洋兴叹,日本的芦之湖则又嫌其过小,令人一览无余。惟西湖别无此病,诚为国宝"。因此,西湖不仅是杭州的明珠,更是东方的明珠、世界的明珠。"江南忆,最忆是杭州;山寺月中寻桂子,郡亭枕上看潮头。何日更重游?"这是白居易为颂扬西湖给人留下来的回味无穷的千古绝唱。各位朋友,当我们即将结束西湖之行时,是否也有同感?但愿后会有期,我们再次相聚,感觉陇里赏桂子,钱塘江上看潮头的意境,让西湖的山水永远留住您美好的回忆。

（5）故事式。故事式的欢送辞比较通俗易懂,既能引起客人的兴趣,又能蕴涵一定的人生哲理,但切记故事的叙述千万不可流于俗套,使人感到烦琐、乏味。

【示例】各位游客,今天的石林游览活动结束了。石林是老区,是山区,是少数民族地区,是风景名胜区,有看不完的美景、流不尽的河,有说不完的故事、唱不尽的歌。火塘边的故事流传了千百万,阿诗玛的故事流传了千百年,是民间故事中家喻户晓、最有名的故事。美丽的石林,阿诗玛像美伊花,白云追逐她的歌声,春风羡慕她的舞姿,最爱她的是勇敢善良的猎人、摔跤英雄阿黑哥。阿诗玛是石林文化的中心,是撒尼族人民心中的女神。每天都有成千上万的人来拜望圣洁美丽的阿诗玛。人们都说,阿诗玛让小孩健康成长,让老人安康长寿,让青年人事业有成,让相爱的人永结同心,让大家接受阿诗玛美好的祝愿,让我们的明天更幸福,生活更甜美。

（5）诗歌式。诗歌形式的欢送辞听起来很美,但若表达得不好,容易让人感到很做作;同时若想用得很到位,导游员的日常积累和较高的文化素质是必需的。

【示例】各位团友,大家好!愉快的旅行就快结束了,但我们的友情却刚刚开始,我随时等待各位的再次来访,我将等待着同大家一起去领略春的娇嫩和生动,夏的海风和浓荫,秋的收获和深沉,以及冬的冰雪和情趣。浪漫的旅行会让我们重续前缘。然而,憧憬固然美好,分别却已在眼前,我想用一首小诗来结束我们的这次旅行,诗的名字是《握别》。

惧怕这离别的忧伤

我迟迟不敢伸手

惧怕这别离的惆怅

我久久不肯抽手

但愿这深情的一握

天长地久

但愿这醉心的一握

情韵悠悠……

(7)唱歌式。唱歌式的欢送辞也是效果非常好的一种形式,因为音乐是无国界的,音乐也是最容易使人进入状态的。如果导游员比较善于唱歌,而且能够抓住恰当的时机用唱歌的形式来表达自己的情感,调动客人的情绪,将会把结尾推向一个高潮。但是,这需要导游员平时注意学唱一些当地民歌和健康的流行歌曲。

【示例】各位游客,我们现在将要进行的是整个旅游行程的最后一项——踏上回家的归途。几天来,千年风华的石窟古寺,古韵古香的明代小城,平实古朴的历史气息,都给我们留下了深刻的印象。大家说啊,谈啊,用不同的方式表达着自己的感受。然而,我认为,当你不知道如何表达你的感受时,最好的办法就是放声高歌,就像我现在的感觉。所以,我想用一首各位都很熟悉的歌——《小城故事》来结束这一次旅行,希望大家能够记住我,记住我们的小城。"小城故事多,充满喜和乐;若是你到小城来,收获特别多……"

(二)组织客人填写"旅行社团队服务质量反馈表"

地陪导游在致完欢送辞后,要把"旅行社团队服务质量反馈表"(见表9-1)交给全陪以及领队或游客代表填写,同时将事先准备好的"旅游团队行程变更单"交予全陪(或领队)确认后签字,火车返程团队要配合全陪(或领队)一起分发火车票。

(三)强调团队返程离站注意事项

地陪导游在送站前还需要给游客强调团队返程离站的相关注意事项。此处和送团前的准备工作中的相关内容一致,在此不再叙述。

二、提前到达送站地点(机场、车站、码头)

地陪导游在送站时必须留出充裕的时间并提前到达送站的机场、车站、码头,具体要求是:飞机离站应该在航班时间前2小时抵达机场(民航最新通知:机场提前1小时停止办理登机牌,提前40分钟登机,提前15分钟关闭舱门;离境或者去沿海以及航程较远城市的航班更应适当提前抵达);乘火车或者轮船需提前1小时抵达车站(码头)。

旅游车到达送站地点后,下车前,地陪导游应该提醒团队客人带齐所有行李物品下车,待全体游客下车后提醒全陪或领队上车再次检查有无团队客人遗漏的物品,然后用导游旗引导客人进站。

表9-1 旅行社团队服务质量反馈表

尊敬的游客：

欢迎您参加旅行社组成的团队外出旅游，希望此次旅程能为您留下难忘的印象。为不断提高我们旅游服务水平和质量，请您协助我们填写此表(在每栏其中一项里打"√")，留下宝贵的意见。谢谢您! 欢迎再来旅游!

组团社：　　　　　　　　　　　全培导游姓名：

团号：　　　　　　　　　　　　人数：

游览线路：　　　　　　　　　　天数：

游客代表姓名：　　　　　　　　联系电话：

单位：　　　　　　　　　　　　填写时间：

项目	满意	较满意	一般	不满意	游客意见与建议
咨询服务					
线路设计					
日程安排					
活动内容					
价格质量相符					
安全保障					
全陪导游业务技能					
全陪导游服务态度					
地陪导游服务					
住宿					
餐饮					
交通					
娱乐					
履约程度					
整体服务质量评价					

三、办理团队返程离站事宜

1.火车(动车/高铁)团

地陪导游送火车团队返程离站，待全体游客下车后，用导游旗引领客人至火车站进站口，等全体游客都到齐后，需要再次清点人数，引导客人进站安检并和团队客人挥手告别(如果导游可以进到候车大厅，提醒客人出示身份证件和火车票并引导团队客人进站、配合引导行李安检、提醒团队游客集中等候、注意自己随身财物的安全)，待团队客人全部进站后，地陪导游方可离开。

2.飞机团

地陪导游送飞机团队返程离站，等全体游客都到齐后，在全陪(或领队)的配合下收取客人身份证件，前往指定的值机柜台为团队客人办理登机牌以及行李托运手续，将团队游客的身份证件、登机牌(统一托运时的行李票)转交全陪或领队后，并配合他一起分发给团队游客，提醒团队游客认真核对登机牌上的姓名等信息,确认无误后引导客人进行安检,待团队进入安检口或隔离区时,地陪导游应与团队客人挥手告别并祝他们一路平安。

如送国际航班,尤其是与酒店方有行李交接的团队,地陪导游抵达机场后应在第一时间请领队、全陪一起与行李员交接行李,清点检查后将行李交给团队游客(车、船同理)。

3.自备车团

地陪导游送自备车团队返程,需要提醒全陪(或领队)返程前是否需要购买途中所需的食品、饮用水等,提醒自备车司机是否需要加油,然后引导自备车到标示明显的路口后下车并和团队客人挥手再见,待自备车启动离开后,地陪导游方能离开。

四、及时交还证件

一般情况下,地陪不应保管旅游者的旅行证件。如有特殊情况,用完后应立即归还旅游者或领队。在办理完离站手续后,应及时将客人证件、车船机票、登机牌归还领队(全陪)或游客本人,当面点清。

五、与客人告别

当旅游者进入安检口或隔离区时,地陪应与旅游者告别,并祝他们一路平安。如旅游者是乘坐火车或汽车离开,地陪应在交通工具启动后方可返回;如旅游者是乘坐飞机离开,地陪应等旅游者安检结束后才能离开。

六、结算费用

地陪导游送站时的结算包括:与全陪结算、与司机结算。

1.与全陪结算

地陪导游与全陪的结算应该安排在送站期间合理的时间,尤其是国内旅游团,地陪应该在团队结束当地全部游览活动后、离开本地前,提前签好"旅游团队运行变更单"(或者用白纸写好变更后附在计划单后),经全陪确认后让其签字,并妥善保管好相关单据以备后期财务和组团社结算用。

2.与司机结算

地陪导游在送走旅游团后,应该按照计划单的要求和上团司机结算车费,一般情况下地陪与地接司机的结算分为签单结算和现金支付。

(1)签单结算。地陪导游应该按照实际的团队行程(有时团队行程会和计划单上有出入,签车单时以实际的团队行程为准)给司机签好车单,同时注意填写接待车队(或司机)的名称、车型车号、导游姓名、导游证号等,并按照计划单的约定清点停过票并支付相关费用(全包价则无须收回停过票)。

(2)现金支付。地陪导游按照计划单中的金额用现金给司机支付车费,同时清点停过票并支付相关费用(全包价则无须收回停过票)。现金支付车费的团队要注意按照旅行社和司机的约定,要求司机开具收据(或发票),以备后期财务报账用。如果实际团队行程和计划单中有出入,及时和计调电话沟通,重新确定车费并和司机进行结算。

实战训练

送行服务

训练项目	送行服务
训练要求	1.掌握送行服务的工作内容。 2.具备创作讲解欢送辞的能力。 3.熟练掌握送行服务各项工作的流程
训练地点	旅行社模拟实训室
训练材料	场景模拟、相关资料、交通票据、"导游实战演练平台"实训设备
训练内容与步骤	一、训练准备 学生分组扮演旅游团客人与导游。 二、训练内容 1.送行前的业务。 (1)核实交通票据——四核实。 (2)商定出行李、集合、出发、叫早和早餐时间。 (3)协助饭店结清与旅游者有关的账目。 (4)及时归还证件。 (5)请旅客填写"国内旅游游客意见表"。 2.离店服务 (1)集中交运行李。 (2)办理退房手续。 (3)集合登车。 3.送行服务 (1)致欢送辞。 (2)提前到达机场(车站、码头),具体要求是:出境航班,提前2小时,乘国内线飞机提前90分钟;乘火车提前1小时。 4.办理离站手续,移交证件票据。 5.与游客告别。 6.与司机结账。 三、实训结束
主要观测点	1.观察学生对送行工作程序的实际操作情况。 2.考查地陪送行各流程完成的规范性。 3.考查学生带团过程中的应变能力

实训项目四 后续工作

实训目标

了解送行后续服务的主要工作及流程,并能在送行过程中正确操作,善始善终,提高服务质量。

【任务导入】

时间:2019年5月5日。

地点:苏州康辉旅行社。

人物:地陪王宏。

事件:2019年5月6日处理后续问题。

任务:地陪王宏完成后续工作。

导游在送走旅游团后,并不意味着接待工作的全部结束,还必须做好善后的相关工作。

一、处理团队遗留问题

下团后,地陪导游应该妥善、认真处理好旅游团的遗留问题,尤其是处理好团队客人临行前的委托事宜,如委托办理托运、转递物品、邮寄发票等;还可以给全陪以及领队发一个回访短信,因为客人到达后的第二天,很有可能在你发短信的时候,全陪也在公司报账,领队也刚好在组团社商量结余款的事情,可以想象得出来,无意中收到远方的祝福信息,每个人都会很开心,那么之前种种的不愉快,很可能在这一刻烟消云散。

二、按照旅行社财务规定,尽快报账

回到所在地后,导游应该主动尽快地到旅行社财务室报账。在报账之前整理好本次上团的相关单据(发票、签单第一联、收据、停过票等)并按要求粘贴好,在导游报销单上认真写好团队费用支出明细表,随同接待计划、团队质量反馈表一起先由派团计调签字后到财务部门结清账目,并归还有关资料及物品。

三、认真总结写好地陪(全陪)日志

导游在回到旅行社报账的同时,一定要实事求是地给派团计调汇报本次接团情况,如果团队行程中有重大事情发生,还要提前整理好书面材料向旅行社领导汇报。即使团队一切顺利,导游也应该回顾整个的接待过程,认真总结,这样有助于自身接待水平的提高。全陪日志如表 9-2 所示。

表 9-2　全陪日志

单位/部门			团号	
全陪姓名			组团社	
领队姓名			国籍	
接待时间	年　月　日　至　年　月　日		人数	(含　岁儿童　名)
途经城市				
团内重要客人、特别情况及要求:				
领队或旅游者的意见、建议和对接待工作的评价:				
该团发生问题和处理情况(意外事件、旅游者投诉、追加费用等):				
全陪意见和建议:				
全陪对全过程服务的评价:	合格		不合格	
行程状况	顺利	较顺利	一般	不顺利
客户评价	满意	较满意	一般	不满意
服务质量	优秀	良好	一般	比较差
全陪签字: 日期:	部门经理签字: 日期:		质管部门签字: 日期:	
备注:				

案例引领

及时总结是不断提高导游服务技能的重要途径

2007年8月的一天晚上,上海的导游员唐小姐在车站接到了一个由苏州来的旅游团。她把游客送到静安区希尔顿酒店后,就让司机回家了。但游客们突然告诉她,大家还没有吃晚饭,请她安排一下。唐小姐听后很吃惊,因为按计划安排,游客应该在苏州吃晚饭,她只需接到游客后把他们送到饭店,当天的任务就算完成了。唐小姐因为没有思想准备,也没带旅行社的用餐结算单,又把司机放回家了,所以有些手足无措。当时已经是晚上8点了,游客们显得情绪很低落。她连忙和旅行社联系,叫出租车把游客们送到一家餐馆用餐,并向大家解释,这种失误是由于苏州旅行社与上海旅行社交接不清楚所造成的。由于导游的努力补救,游客们终于用了餐,并对唐小姐的工作表示满意和感谢。

此事对唐小姐的触动不小,回家后她立即在工作日志上写道:①接团前应有充分的准备;②注意团队到达时间是否与就餐时间冲突;③接待中随时都要带齐餐单与票据;④到达饭店将游客安排妥当后,再让司机回家。

【案例解析】导游工作并不像一些人想象得那样轻松,也不是简单地"吃喝玩乐",而是一项要求从业者责任心强、工作态度认真、作风细致和业务知识广博的工作。针对这些要求,导游员不但要在接待前认真准备,以防不测,在接待后也要及时总结,发现问题,迅速改进。导游员要随时警惕是否出现了敷衍游客、思想放松、工作马虎、语言障碍、知识贫乏等问题,对于产生问题的原因应认真分析,以便找到妥善解决问题的方法。

本案例中,唐小姐能够及时总结,发现了接待时准备不充分、没有注意游客就餐时间与抵达时间的协调、没有随身携带票证单据、没有处理好带团司机的去留时间等问题,为提高今后接待工作的质量积累了经验。可见,导游员在接待前的认真准备与完成每项任务后的及时总结都是很重要的。认真准备可提高应对不利因素的预见能力,未雨绸缪,而及时总结则可对已发现的问题防微杜渐,及时改正。

🔖 **实战训练**

后续总结工作

训练项目	后续总结工作
训练要求	1.掌握后续工作的主要内容及程序。 2.掌握地陪（全陪）工作日志的撰写内容。 3.熟练掌握财务报账的工作流程
训练地点	旅行社模拟实训室
训练材料	场景模拟、相关资料、带团相关票据、"导游实战演练平台"实训设备
训练内容与步骤	一、训练准备 学生分组扮演导游与旅行社相关工作人员。 二、训练内容 1.整理带团记录,填写地陪（全陪）日志 带团记录中应包括: ①团队基本情况:人数、客源地、线路。 ②成员基本情况:背景、职业、爱好(从中可以总结出不同地区或不同职业人的喜好偏向,对以后接待类似团队有很大的帮助)。 ③团内重点人物的反应(抓住团内重点人物就成功了一半)。 ④住宿、餐饮、交通、其他接待人员的情况。 ⑤对于带团过程中突发事件的处理情况。 2.做好带团总结 ①旅游团名称、人数、抵离时间、旅游线路等。 ②旅游团成员的基本概况以及在旅游期间的表现。 ③各项服务的落实安排情况,有无出现意外及失误。 ④接待过程中发生的重大事情及其处理办法。 ⑤旅游者对本人接待工作的看法。 ⑥自己对本次接待工作的体会及今后做好工作的建议。 3.财务报账,归还物品 整理好本次带团所有账目及相关票据,按照旅行社规定进行账目结算与报销手续;归还所借物品,将相关资料存档。 三、训练结束
主要观测点	1.观察学生对后续工作程序的实际操作情况。 2.考查后续工作完成的规范性。 3.考查总结、提升带团技能的能力

全陪导游工作程序如图 9-1 所示。

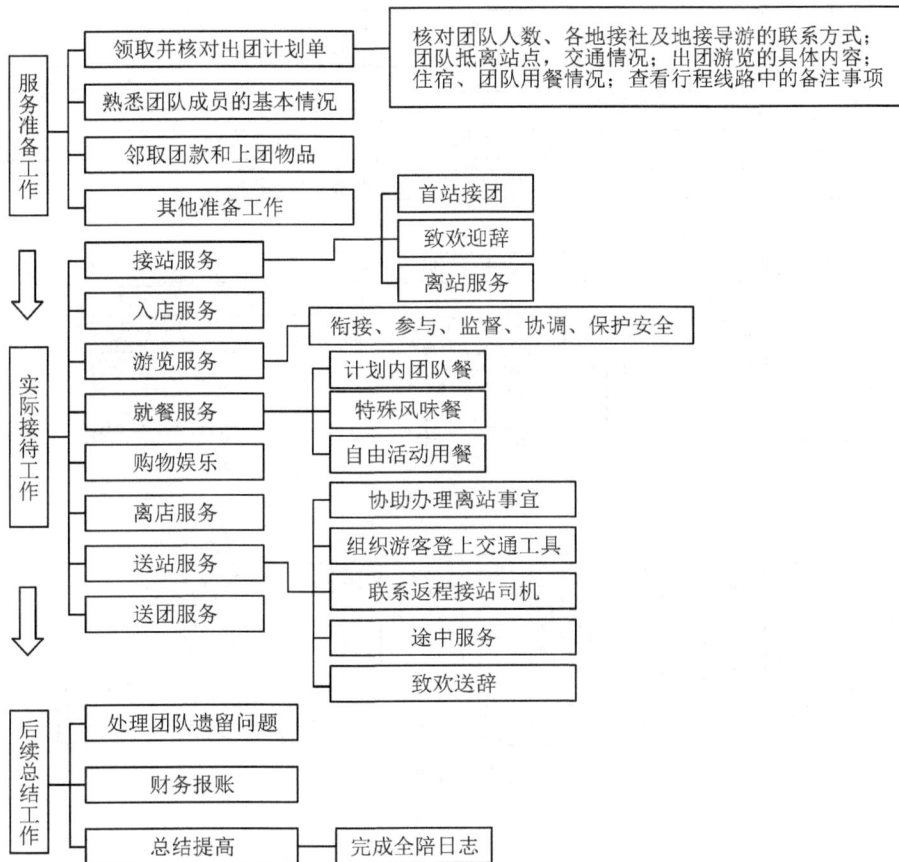

图 9-1　全陪导游工作程序图

实战训练

全陪导游工作程序训练

训练项目	全陪导游工作程序
训练要求	通过训练让学生掌握全陪导游工作程序
训练地点	模拟实训室
训练材料	"导游实战演练平台"实训设备、导游业务实训平台
训练内容与步骤	一、训练准备 学生扮演全陪,查阅接待案例,确定要接待的团队,并熟悉接待计划。 二、训练开始 利用"导游实战演练平台"实训设备、导游业务实训平台,选择已确定好的团队,以全陪身份完成全陪导游工作的所有流程。 三、训练结束
主要观测点	1.观察学生对全陪导游工作程序的实际操作情况。 2.考查全陪导游工作各流程完成的规范性。 3.考查学生带团过程中的应变能力

地陪导游工作程序如图9-2所示。

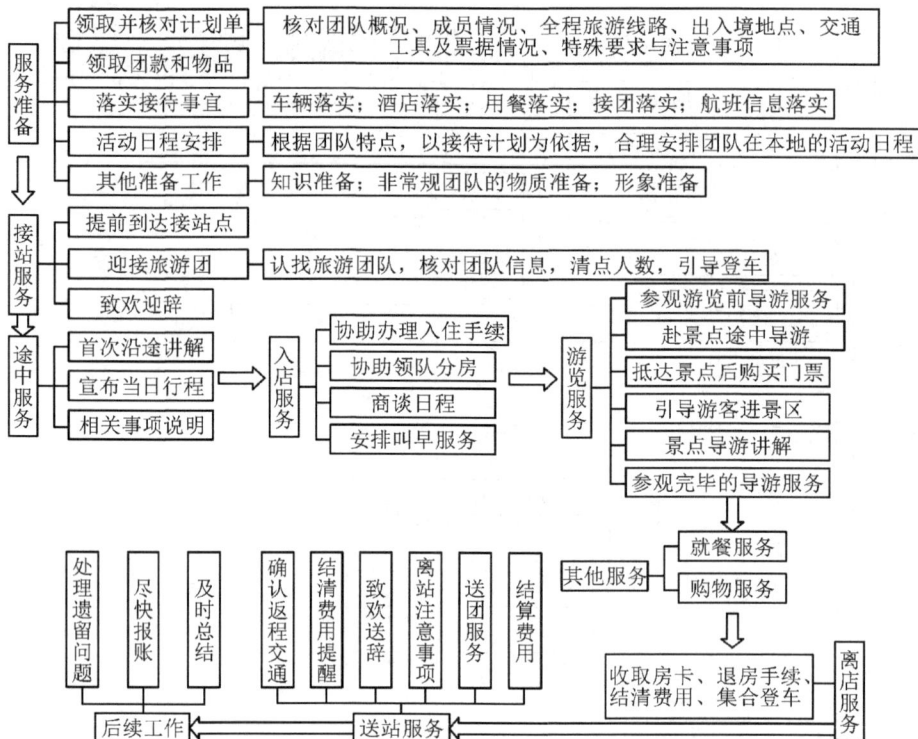

图9-2 地陪导游工作程序图解

实战训练

地陪导游接团服务流程训练

训练项目	地陪导游接团服务流程
训练要求	通过训练让学生掌握地陪导游完整的工作服务流程
训练地点	模拟实训室
训练材料	"导游实战演练平台"实训设备、导游业务实训平台
训练内容与步骤	一、训练准备 将学生分成6~8人的实训小组,其中一人扮演地陪,一人扮演全陪,其余同学可以分组协助两人共同完成实训操作,具体内容包括查阅接待案例、确定要接待的团队、熟悉接待计划、接站、入住酒店、游览、就餐、购物、退房、送站等。 二、训练开始 利用"导游实战演练平台"实训设备、导游业务实训平台,选择已确定好的团队,以地陪身份完成导游工作所有流程。 三、训练结束
主要观测点	1.观察学生对地陪导游工作程序的实际操作情况。 2.考查地陪导游工作各流程完成的规范性。 3.考查学生带团过程中的应变能力

? 课后思考

1. 你认为应如何审核离站交通票据才能避免出现误机等技术性事故？
2. 办理离店手续时,地陪导游应注意哪些方面的问题？
3. 送走旅游团是不是意味着结束导游接待工作,还需要做些什么？
4. 简述全陪导游与地陪导游在接待工作中的异同。

实训模块十　导游才艺展示技巧训练

1.了解导游带团服务中才艺表演的主要类型。

2.了解旅途娱乐活动的基本类型。

3.掌握组织旅途娱乐活动的基本要领与方法。

4.掌握一定的摄影技术,并能在接待中熟练运用,为游客提供美好旅游体验。

5.掌握根据游客不同类型和喜好展示个人才艺,调动游客情绪的要领。

能力目标

1.掌握导游常用才艺展示技巧,具备成功展示个人才艺的能力。

2.具备成功开展旅途娱乐活动的能力。

3.具备利用摄影技术为游客服务,提供美好旅游体验的能力。

4.具备灵活的应变能力和较强的组织协调能力。

素质目标

具备合格导游员应具备的才艺素养,能适时引导游客开展活动,活跃旅途氛围。

导游员在带团过程中,有必要为游客提供休闲放松、充满乐趣的旅游生活服务,以满足游客求乐、求趣,开心、舒心的旅游需求。在旅游过程中展示个人才艺,组织适当的活动,活跃团队的气氛,缓解游客疲劳是导游服务的一个重要组成部分。导游个人才艺展示技巧的主要类别如图 10-1 所示。

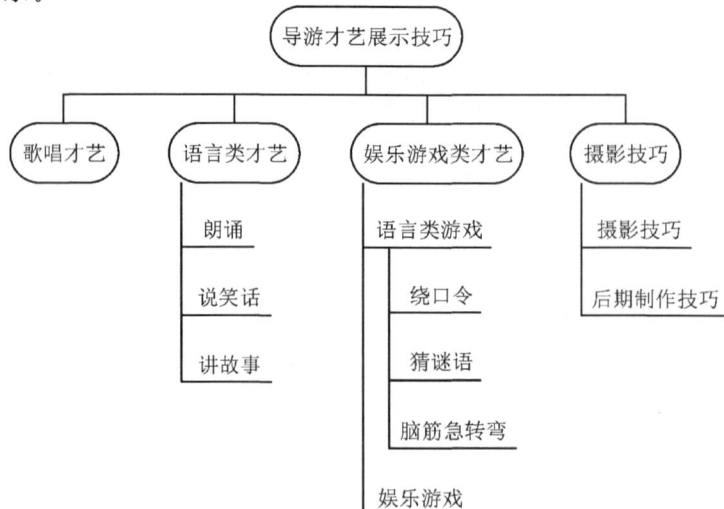

图 10-1　导游个人才艺展示技巧主要类别

184

实训项目一　歌唱才艺

实训目标

通过实训,使学生具备一定的歌唱技能,掌握一定数量的歌唱曲目。

案例引领

穆导的唱歌才艺

山东地陪导游穆××接到了来自广东的"山东豪华六日精品游"旅游团,致欢迎辞后,有一位客人要求她说几句粤语听听,小穆微笑解释道:"亲爱的朋友们,我是土生土长的山东大嫚,不会讲粤语,但我会唱粤曲,各位想听吗?"大家都惊讶于一个北方女孩会唱粤曲,一起叫好。于是她吊起嗓子,字正腔圆地唱了段《帝女花》,就这一段粤曲就已经给游客足够的亲切感。这个团后来的几天在住宿方面有点小问题,但游客都原谅了她,因为他们喜欢这个地陪。

【案例解析】广东旅游团长途跋涉来到山东,对一切都充满着好奇的同时,对陌生环境存在着不安的心理,忽然之间听到"乡音"当然会倍感亲切,客人感觉受到了尊重,在接下来的旅游中自然就十分配合导游工作。作为一名地陪导游员,虽然常年直接面对游客,但是跟每一位游客直接接触的时间并不长,在短时间的接触中,小穆能抓住游客的"异地心理"对症下药,一曲乡音不仅消除了游客身处他乡的惶恐,而且拉近了与客人之间的距离,为接下来的游程免去不少麻烦。

唱歌是普遍的大众性娱乐活动,几乎人人都能唱上两句。导游员为游客唱歌可调动起整个旅游团(者)的气氛,容易引起游客的共鸣,产生愉快的心情,拉近与游客之间的距离,使旅途变得有趣,使行程更加顺利。再者,旅游车上有专门的音响设备,这为导游员的表演和游客的参与互动提供了平台。导游员在唱歌时可适当加些个人元素,如自编歌曲、改编歌词等。导游员不是专业歌手,但在业余生活中学习必要的歌唱基础知识并适当进行训练,进而掌握一定的唱歌技巧,对于旅游服务特别重要。

【任务导入】

时间:2020 年 10 月 5 日。

地点:旅游大巴车。

人物:地陪王梦、旅游团成员。

事件:北京红蜻蜓旅行社旅游团一行 36 人前往延安旅游途中,为了活跃旅途氛围,王梦打算为旅游团演唱一首歌曲。

任务:地陪王梦为游客唱首歌。

一、歌唱才艺展示要点

在旅游团上唱歌的主要目的是通过导游自身来带动客人活跃气氛,增进与客人的感情,消除旅途的疲倦,但导游需要根据具体情境进行歌唱。

(一)区分对象,恰当选择歌曲

在带团中展示歌唱才艺时,要区分客人的年龄、性别、文化层次、职业等情况,"见什么人哼什么曲"。如果游客是老年人,具备一定的知识层次,一般要唱红歌,唱老歌,如《洪湖水浪打浪》《我的祖国》《莫斯科郊外的晚上》等;如果游客是大学生、青年人,宜唱《江南》《稻香》等流行歌曲;如果游客是小学生,宜唱《让我们荡起双桨》等励志歌曲。在展示歌唱才艺前,可征求客人的意见,察言观色,如果游客对所选择的歌曲有意见,导游员要立即灵活改变套路。

(二)把握歌唱时机

导游员在工作中一展歌喉,要选择合适的时间和合适的场合,并注意不同的时间节点唱不同的歌。

(1)地陪接团后首次讲解时:上团的时候因为是刚刚跟客人见面,所以为了表达心中的欢迎之情及旅途的顺利,一般给客人唱《祝你平安》《平安歌》《跟我出发》。

(2)旅游结束与游客告别之际:送团的时候一般适合唱《永远是朋友》《明天会更好》《好人一生平安》《一路顺风》《远方的客人请你留下来》等歌曲,能够表达导游对客人的祝福与惜别之情,感谢及留念之意。

③游客旅途疲惫之时:可选择演唱一些比较舒缓、大家耳熟能详的歌曲,如《万水千山总是情》《大约在冬季》《甜蜜蜜》,或者家乡的民歌小调,如《谁不说俺家乡好》《山路十八弯》《兰花花》等。

④旅途单调漫长之时:在长途跋涉中,感觉时间难以打发,非常烦躁的时候,导游员可以选择相对比较开心快乐的歌曲演唱,如《月亮之上》《快乐老家》《桃花朵朵开》等。

⑤在客人游览一个景点后情绪饱满、亟待抒发自己情怀的时候:一般可以唱《好人好梦》《花好月圆》,有时候看到客人情绪高的话,可与客人合唱一首《天仙配》《新白娘子传奇》等电视剧的主题歌及《知心爱人》等。

(三)体现参与性

在旅途中调动客人的情绪,使大家快乐旅游是导游员展示歌喉的目的。导游员在唱歌的同时,要仔细观察每位客人的反应,有的客人会随着音乐摇头晃脑,有的客人会伴着音乐轻轻演唱,有的客人在默默欣赏,也有的客人无动于衷。一般情况下,客人中会有一位或几位是大家特别喜欢的"焦点"人物,导游员应选择这些焦点人物共展歌喉。如果是游客都熟悉的歌曲,也可邀请大家同唱。

二、平时训练歌唱才艺的注意事项

(1)掌握正确的歌唱技巧,学会气息的运用,注意共鸣调节,注重唱歌的效果,正确呼吸、科学发声。

(2)平时有意学唱一些老歌、民歌和戏曲等,选几首自己最拿手、最喜欢的歌曲,加强训练。

(3)分别以接待亲子度假团、商务考察团、小学生夏令营团、中老年观光团等为例,各选出一首合适的歌曲,进行重点训练。

(4)以在自己的家乡做地陪为例,选择几首适合在本地接团时演唱的歌曲进行重点训练。

(5)熟悉所选歌曲的歌词和曲谱,在熟悉歌曲曲调节奏的基础上,进一步对歌曲做艺术处理。

📖 **实战训练**

导游员歌唱才艺训练

训练项目	在旅途中唱歌
训练要求	1.掌握唱歌的基本知识。 2.学会唱歌技巧。 3.能够根据时间、对象正确选择歌曲,活跃旅途气氛
训练地点	旅行社模拟实训室
训练材料	麦克风、音响设备、模拟实训场景
训练内容与步骤	一、训练准备 1.查阅相关资料,初步了解本次实训所需掌握的知识。 2.收集适于沿途演唱的歌曲。 3.学生分组,分别扮演导游、游客。 4.旅游团背景资料及场景布置。 二、训练过程 要求参加训练的同学,应掌握在旅游途中如何调节车内气氛,尽可能使游客满意。 1.选择适合自己的歌曲,选择内容健康、积极、正面的歌曲。 2.拿到一首歌曲时,首先对曲谱有一个初步的认识,把歌曲的音符、节奏唱准,然后把歌词准确地填进去,定好合适的调,只有在逐步熟悉了歌曲曲调节奏的基础上,才能进一步对歌曲做艺术处理。 3.唱之前先听歌曲的旋律,听的时候小声读着歌词。 4.先不带歌词把旋律背下来。 5.确认歌曲的速度。 6.明确歌曲演唱的基本音调及多种变化发展。 7.注意循序渐进的学习,先唱中低音区,不要过早地唱高音。 8.注意音调的准确和正确的发音方法。 9.指导教师点评,小组互评,纠正演唱过程中存在的问题。 三、训练结束
主要观测点	1.学生歌唱才艺水平。 2.学生灵活应变能力

实训项目二　语言类才艺

✎ **实训目标**

通过实训,使学生具备一定的语言类技能,掌握朗诵、讲故事、说笑话等的方法与技巧。

实训任务一　朗　诵

案例引领

朗诵的魅力

地陪王宏接到了来自西安的"海边三日精品游"旅游团,接团时天公不作美,下起了小雨,虽然客人已有心理准备,但是刚到目的地就遇上了下雨,心里难免有点小失落。旅游车上,导游员王宏为了缓解有些沉闷的气氛唱了一首歌,又做了互动游戏,客人情绪稍稍有些回升。之后,他灵机一动来了一篇应景的诗朗诵:"在苍茫的大海上,狂风卷集着乌云。在乌云和大海之间,海燕像黑色的闪电,在高傲地飞翔……让暴风雨来得更猛烈些吧!"接下来,王宏讲了青岛的海鸥与游人互动的可爱场景,让游客暂时忘却了下雨之事。客人夸赞:"导游的朗诵非常专业,让我们有种身临其境的感受,导游真棒。"良好的第一印象为此后旅游活动的顺利进行奠定了基础。

【案例解析】案例中遭遇下雨天气,客人情绪低落是在所难免的。导游灵活运用专业技能,有效缓解了客人的低落情绪。当然,导游在选取朗诵题材时,一定要根据游客的情绪和当时的环境状况,不能因为自己选择的不慎,而起到了相反的效果。

【任务导入】

时间:2020年10月5日。

地点:江南古镇乌镇。

人物:地陪王宏、旅游团成员。

事件:地陪导游王宏接待一个来自西安的旅游团,前往乌镇参观游览,在烟雨迷蒙的古巷,王宏即兴为旅游团朗诵《雨巷》,增加了游览的诗情画意。

任务:地陪王宏为游客朗诵。

导游员在带团过程中穿插朗诵节目,是自身文学修养、文化内涵的体现。这要求导游员不但要会向游客传送知识,成为历史、文化、景点知识的"杂家",还要有一定的艺术细胞。导游员展示自己的朗诵才能,"以声传情"增加艺术的感染力,可以使旅途生活具有诗情画意,从而增加游客的审美情趣。

一、掌握朗诵的技巧

1.注意停顿

停顿是指朗读朗诵过程中声音的断和连。朗读是朗诵的基础,导游员在朗读时既不能一字一停,断断续续地进行,也不能字字相连,一口气到底;无论是朗读者还是听众,无论是生理要求,还是心理要求,朗读中的停顿都是必不可少的;切忌紧紧巴巴,仓促平淡。停顿既是显示语法结构的需要,也是明晰表达语意传达情感的需要。导游员需要根据不同的文学作品,创造朗诵意境,酝酿朗诵情绪。

2.把握语速

语速是指朗诵时,在一定的时间里容纳一定数量的词语。世间一切事物的运动状态和一切人在不同情境下的思想感情总是有千差万别的。导游员在朗诵作品时,要正确地表现各种不同的生活现象和人们各不相同的思想感情,就必须采取与之相适应的不同的朗诵速度以把握节奏,如同唱歌要合乎节拍,跳舞要踩住乐点一样。一般说来,热烈、欢快、兴奋、紧张的内容速度快一些；平静、庄重、悲伤、沉重、追忆的内容速度慢一些，而一般的叙述、说明、议论则用中速。

3. 表现重音

在朗诵中，为了准确地表达语意和思想感情，有时需要强调那些起重要作用的词或短语，被强调的词或短语通常要使用重音或重读，一般用增加声音的强度来体现。在由词和短语组成的句子中，在表达基本语意和思想感情的时候，不是平均地处在同一个地位上。有的词、短语在表达语意和思想感情上显得十分重要，而与之相比较，另外一些词和短语就处于一个较为次要的地位上，所以对前者有必要采用重音。同样一句话，如果把不同的词或短语确定为重音，由于重音不同，整个句子的意思也就发生了很大的变化。

4. 妙用体态语言

朗诵要求导游员不看作品，面对游客，所以除运用声音外，导游员还要巧妙借助眼神、手势等体态语言来更好地表达作品感情，引起游客共鸣。但朗诵不同于演戏，手势、姿态等只是帮助表达感情的辅助性工具，不宜过多、过火。

二、广泛阅读，重点记忆

导游员对历代著名的诗歌散文要广泛阅读、欣赏，要对自己喜欢的一些篇目进行重点记忆，对拟朗读的篇目、段落要背下来，并了解这些文章的中心思想、写作背景、修辞手法和作者概况等，以便接受游客问询。

三、精心选择朗诵内容

朗诵者要根据自己的爱好和实际水平，在众多作品中，选出合适的作品。要注意选择那些语言具有形象性而且适于上口的文章，朗诵的材料主要是诗歌和散文，尤其以诗歌为主。所选的朗诵材料不宜太长，不宜太深奥，最好是大家耳熟能详的作品。朗诵内容应适合自己的年龄、身份，还要适合游客的年龄和身份。

四、准确把握朗诵时机和情感

导游员一般应结合自己的讲解内容，结合景点、景区来朗诵，使朗诵与导游讲解有机结合。同时，导游员要具有细致的内心体验和丰富的想象能力。导游员要唤起听众的感情，使听众与自己同喜同悲同呼吸，必须仔细体味作品，进入角色，进入情境。导游员在理解感受作品的同时，还要伴随丰富的想象，这样才能使作品的内容在自己的心中、眼前活动起来。

实战训练

导游员朗诵才艺训练

训练项目	在旅途中朗诵
训练要求	1. 掌握朗诵的基本知识。 2. 学会朗诵技巧。 3. 根据时间、对象正确选择朗诵内容，增强游览的诗情画意，提升游客的审美情趣

续表

训练地点	旅行社模拟实训室
训练材料	麦克风、音响设备、模拟实训场景
训练内容与步骤	一、训练准备 1.查阅相关资料,初步了解本次实训所需掌握的知识。 2.收集适于旅途中朗诵的诗词歌赋、散文等资料。 3.学生分组分别扮演导游、游客。 4.旅游团背景资料及场景布置。 二、训练过程 要求参加训练的同学,应掌握在旅游途中如何调节气氛,尽可能使游客满意。 1.选择合适的朗诵材料。 2.注意朗诵的场合与气氛,把握朗诵的时机。 3.正确掌握朗诵的基本技巧,使其具有生动性、形象性、音乐性的特点。 4.指导教师点评,小组互评,纠正朗诵过程中存在的问题。 三、训练结束
主要观测点	1.学生朗诵才艺水平。 2.学生灵活应变能力。

实训任务二　讲故事、说笑话

案例引领

原来是导游

我刚出生那年,老爷子帮我找了一个方圆几十里都威名显赫的算命大师给我相面,大师说我面相很好,有帝王之气,长大以后出入都有车,走哪儿都得摇旗呐喊,频繁进出豪华酒店及名胜古迹,无论走到哪里都有一大帮人紧紧跟随。光阴似箭,岁月如梭,我后来成了导游……

【案例解析】导游的自我调侃既能调节车内气氛,也可使游客了解导游的工作,从而在旅游过程中能够支持导游的工作。

【任务导入】

时间:2020年10月5日。

地点:旅游大巴。

人物:地陪小王、全团游客。

事件:地陪小王刚从车站接到了一行来自四川的游客,在去饭店的途中,导游小王向游客介绍广州五羊城的来历。

任务:地陪小王用故事的形式介绍广州五羊城的来历,激发游客游兴。

标新立异的导游讲解,可广征博引,许多民间传说、野史等都可作为素材,但对历史应持慎重态度,否则会被部分知识层次高的游客笑话。民间传说不一定有现实生活的依据,只要导游员事先做好准备,能流利生动地讲解,就可能达到更佳的效果。一处普通的景点,经过讲解的润色加工,可能会使游客流连忘返,留下深刻的印象。

游客的旅游生活应该是丰富多彩的。在游客觉得无聊的时候,给游客讲个笑话、穿插一个景点的传说故事,会丰富旅游行程的内容,更会给游客带来无穷的乐趣。欢声笑语贯穿整个旅行过程,不仅体现了团队融洽、和谐、愉快的氛围,而且反映了导游员与客人之间的友好关系,这也是导游员职业素养的体现。"笑一笑十年少",让游客在笑声中、在快乐中旅游是导游员的职责。

一、掌握讲故事、说笑话的技巧

1.注意平时积累

导游员平时在学习生活中要学会提炼精华、积累生活。在书上看到的相关知识,可以经过自己的加工,提炼成笑话。日久天长,导游员只要用心,就会有丰富的关于笑话(故事)方面的积累,为提供良好的导游服务奠定基础。

2.沉得住气

为使笑话(故事)不失去应有的效果,导游员对于故事、笑话或者幽默的结构和意义要有清楚的了解。在讲述过程中,要适当渲染,制造悬念;同时表达要正确精炼,情节安排要高低起伏。整个讲述过程,导游员一定得沉住气,不要过早暗示故事的结果和包袱,更不能自己没说就先笑了起来。

3.体现针对性

讲故事、说笑话的过程,实际上是导游员把自己的感受转移给游客引起心理共振的过程。因此,导游员要根据游客的受教育程度、地域分布、年龄性别、兴趣爱好以及游客旅游过程中的实际需求程度等情况,有针对性地选取能够激发游客情感的故事、笑话,体现出相对"个性化"服务特色。

4.选取内容适度

讲故事、说笑话能够让客人精神愉悦,心情舒畅,体现出导游员的幽默风趣。但是,导游员真正的幽默风趣应该是高雅、智慧、真诚、耐人寻味、引人入胜、积极向上、健康、愉快的,所以导游员说笑话、讲故事时所选取的内容必须是阳光的、积极向上的、符合法律法规的。导游员在说笑话、讲故事时,不得涉及低级趣味、庸俗、黄色、阴暗、邪恶之类的内容。

二、编辑故事、笑话

(1)通过图书、网络等途径搜集小而精彩的故事。

(2)确定某几个旅游线路或景区,据此寻找恰当的故事。

(3)对故事、笑话情节和内容进行适当的编辑,篇幅宜短,结构严谨,引人入胜,制造一些悬念、穿插一些与游客的问答等,以吸引游客。

三、语言表述训练

(1)熟悉故事情节和细节,能流利地描述。

(2)吐字清楚,语速适中。

(3)注意副语言和姿态语言的运用,增加故事和幽默的吸引力。

📖 **实战训练**

导游员讲故事(说笑话)技能训练

训练项目	在旅途中讲故事、说笑话
训练要求	1.掌握讲故事、说笑话的基本知识。 2.学会讲故事、说笑话的技巧。 3.根据时间、对象正确选择故事(笑话)内容,增强游览的趣味性,活跃旅游气氛
训练地点	旅行社模拟实训室
训练材料	麦克风、音响设备、模拟实训场景
训练内容与步骤	一、训练准备 1.查阅相关资料,初步了解本次实训所需掌握的知识。 2.收集适于旅途中能够讲的故事、笑话的相关资料。 3.根据团队情景资料对故事、笑话进行编辑,使其具有针对性。 4.学生分组,分别扮演导游、游客。 5.旅游团背景资料及场景布置。 二、训练过程 1.要求参加训练的同学,应掌握在旅游途中如何调节气氛,尽可能使游客满意。 2.选择适合团队背景的故事、笑话进行表演。 3.注意把握恰到好处的时机,特别是抖包袱的时机。在引人入胜时,导游员要掌握好速度和节奏,抖出包袱,让游客大出意外,获得最佳效果。 4.注意声音和表情的运用,利用停顿吸引游客注意。 5.指导教师点评,小组互评,纠正讲故事、说笑话过程中存在的问题。 三、训练结束
主要观测点	1.学生讲故事、说笑话的才艺水平。 2.灵活应变能力

实训项目三　娱乐游戏类才艺

📖 **实训目标**

通过实训,使学生具备一定的娱乐游戏类才艺表演技能,掌握旅途中娱乐游戏活动组织的方法与技巧。

实训任务一　语言类游戏

🐰 **案例引领**

猜地名

西安导游员李晓红接待了一个来自广州的旅游团队,在前往黄帝陵的途中,为了活跃车上气氛,缓解长途坐车带来的沉闷、疲劳感,小李组织游客进行了猜谜语活动。考虑到游客都来自广东,她选择了两个与广东地名有关的谜语——"菩萨岭和沟渠不浅,分别打两个广东地名。"游客们开始了热烈的讨论,有点像学校里的学生,车内气氛立刻被调动了起来。大家七嘴八舌地说着答案,还真有游客猜对了,是佛山和深圳。小李给答对的游客奖励了两个棒棒糖,大伙哈哈大笑。

【案例解析】 在带团过程中,团友有老有小、有保守派也有流行派,所以在车上讲笑话或者是出谜语时,必须要考虑到所有人的可接受程度。同时,还要考虑到游客的文化素质程度,这关系到准备的谜语的难度。如果带的是文化程度比较高的团队,就需要准备一些有水平的谜语,才能调动他们的积极性;但如果是文化程度比较低的游客,难度太大,大家都猜不出来,就显得无趣了。

【任务导入】

时间:2020 年 10 月 7 日。

地点:旅游大巴车。

人物:地陪薛亮、游客。

事件:导游员小薛接待了一行 23 人的来自浙江的旅游团,在旅游大巴上,小薛为活跃车内气氛,跟大家一起玩猜谜语、脑筋急转弯及绕口令的游戏。

任务:导游人员在旅游大巴车上跟大家一起猜谜语、玩脑筋急转弯及绕口令的游戏。

带团中有时需要活跃一下气氛,跟客人多做些互动,拉近与游客之间的距离。导游人员开展语言游戏,可根据游客的兴趣选择适当的形式。同时,导游在组织猜谜语或绕口令活动时要密切注意旅游者的反应,选取的谜语或绕口令不应太难,应尽量选用经过短暂思考就能找到答案或是比较有趣味性的谜语。如果难度有些大,尽可能多地给游客一些提示,不要冷场。

(1)正确选择语言类游戏活动的形式。导游常用的语言类游戏项目有猜谜语、绕口令、脑筋急转弯、文字接龙、飞花令等。

①为提高游客的猜谜积极性,达到活跃气氛的效果,导游选取的谜语不应太难,应尽量选用经过短暂思考就能找到答案,又比较有趣味性的谜语。

②在绕口令的选择上,最好选择有一定内容和趣味的绕口令;篇幅不宜太长,先易后难。在绕口令活动的安排上,一般是由导游先提出一个自己熟知的绕口令,并能流利地念出,演示一遍后,再一句一句地教游客说,然后由游客来演示。导游可采取竞赛的形式,定出处罚和奖励规则。

③在进行脑筋急转弯活动时,导游应有意选择通俗易懂的脑筋急转弯,以方便大家的参与,同时要考虑到游客的年龄、文化差异;内容上一般选择一些幽默诙谐的脑筋急转弯,激发大家的兴致。

④针对文化水平比较高或文学素养较高的团队,可以开展飞花令、成语接龙等游戏活动。

(2)搜集整理适合旅途中开展的语言类游戏资料,并能熟记在胸。

(3)掌握不同类型语言类游戏的组织方法与技巧。

(4)开展语言类游戏训练。

实战训练

导游员语言类游戏技能训练

训练项目	在旅途中开展猜谜语、绕口令、飞花令等语言类游戏活动
训练要求	1.掌握猜谜语、绕口令、飞花令等语言类游戏活动的基本知识。 2.学会猜谜语、绕口令、飞花令等语言类游戏活动的技巧。 3.根据时间、对象正确选择猜谜语、绕口令、飞花令等语言类游戏活动内容,增强游览的趣味性,活跃旅游气氛
训练地点	旅行社模拟实训室
训练材料	麦克风、音响设备、模拟实训场景
训练内容与步骤	一、训练准备 1.查阅相关资料,初步了解本次实训所需掌握的知识。 2.收集适于旅途中的猜谜语、绕口令、飞花令等语言类游戏活动的相关资料。 3.根据团队情景资料对猜谜语、绕口令、飞花令等语言类游戏活动内容进行编辑,使其具有针对性。 4.学生分组,分别扮演导游、游客。 5.旅游团背景资料及场景布置。 二、训练过程 1.要求参加训练的同学,应掌握在旅游途中如何调节气氛,尽可能使游客满意。 2.选择适合团队背景的猜谜语、绕口令、飞花令等语言类游戏活动进行表演。 3.自己必须对猜谜语、绕口令、飞花令等语言类游戏活动内容熟练且做好充分准备。 4.注意声音和表情的运用,吸引游客广泛参与。 5.指导教师点评,小组互评,纠正猜谜语、绕口令、飞花令等语言类游戏活动过程中存在的问题。 三、训练结束
主要观测点	1.学生猜谜语、绕口令、飞花令等语言类游戏活动的才艺水平。 2.灵活应变能力

实训任务二　娱乐游戏

案例引领

离要参观的景点还有两个多小时的车程,介绍完景点的大概情况后,发现还有一个多小时,导游员小张为了活跃气氛打算跟游客玩几个游戏。考虑到团内成员都是大学生,参与的人数会比较多,于是组织大家做了几个适合年轻人的游戏。第一个游戏是《青蛙落水》,从坐在前排的游客开始,第一个人说:"一只青蛙一张嘴,两只眼睛四条腿,扑通一声落下水。"第二个人说:"两只青蛙两张嘴,四只眼睛八条腿,扑通扑通落下水。"以此类推,说错者为大家表演节目,游戏重新开始。第二个游戏是《搞笑合影》,游客自由组合,拍搞怪的表情,最后评选出最搞怪组合,颁发小礼品。通过这些游戏,增进了团内成员彼此之间的感情。

【案例解析】如果路途时间比较长,正规的讲解结束后,还有一些时间,导游可以适当地安排一些游戏,一方面可以调节车内气氛,另一方面还可以拉近和游客之间的距离。但是,安排的游戏一定是适合游客的,因为不是所有的游戏都适合所有的团队。老人团、青年团、学生团、教师团等所做的游戏应该是不一样的,因此导游要充分了解团队性质,做好细致的准备,才不至于在车内出现尴尬的局面。

【任务导入】

时间:2020 年 10 月 7 日。

地点:旅游大巴车上。

人物:地陪、游客。

事件:某旅游团前往景点游览途中,地陪与大家一起玩起了游戏。

任务:导游在旅游大巴车上与游客一起玩游戏。

提示:根据游客特点选择合适的游戏,并让大家都参与进来。

一、掌握设计娱乐游戏的基本要求

导游可以在游戏内容的设计上多动脑子,让游戏的内容更多地与游客的工作环境、工作实际或者日常生活挂钩,让游戏更"真实",更有针对性。

(1)选择内容健康的游戏。

(2)可选择与旅游者工作或生活实际或者旅游内容相关的游戏。

(3)注意把握游戏的难度,避免过易或过难的游戏。

(4)考虑游戏的时间。游戏的组织一定要紧凑,导游对每一个环节都要心中有数,要适当控制游戏的时间,避免占用过多的讲解时间,冲淡沿途讲解的效果。尤其是在时间有限的情况下,更不允许在游戏上占用过多的时间。

二、根据团队特点设计旅途娱乐游戏

导游在接团前,就应该仔细研究接团计划,研究该团的游客,设计出符合该团游客的游戏。旅途娱乐游戏应包括的内容有:游戏目的,游戏参与人员,游戏所需辅助设备或材料,游戏规则(包括游戏时间等),游戏活动步骤,游戏后续活动,其他。

三、组织开展娱乐游戏

在旅途中,导游应组织开展娱乐游戏活动,活跃旅途中的气氛。

实战训练

导游员娱乐游戏技能训练

训练项目	在旅途中组织开展游戏活动
训练要求	1.掌握娱乐游戏活动的基本知识。 2.学会娱乐游戏活动的技巧。 3.根据时间、对象正确选择娱乐游戏活动内容,增强游览的趣味性,活跃旅游气氛
训练地点	旅行社模拟实训室

训练材料	麦克风、音响设备、模拟实训场景
训练内容与步骤	一、训练准备 1.查阅相关资料,初步了解本次实训所需掌握的知识。 2.收集适于旅途中的娱乐游戏活动的相关资料。 3.根据团队资料对娱乐游戏活动进行设计,使其具有针对性。 4.学生分组,分别扮演导游、游客。 5.旅游团背景资料及场景布置。 二、训练过程 1.要求参加训练的同学,应掌握在旅游途中如何调节气氛,尽可能使游客满意。 2.选择适合团队背景的娱乐游戏活动,开始活动。 3.与游客互动。 4.指导教师点评,小组互评,纠正娱乐游戏活动过程中存在的问题。 三、训练结束
主要观测点	1.学生娱乐游戏活动的才艺水平。 2.灵活应变能力

实训项目四　摄影技巧

生活中,美无处不在。发现美、欣赏美、赞扬美、传播美,是旅游活动中最能考验一个导游观察能力的标准。一个优秀的导游总是能将游客带到景点中最美、最能吸引游客的地方。

如何让游客留住旅游中美的体验、美的享受、美的回味,重要的手段就是摄影留念。

导游员掌握最基本的摄影技术,不仅能提高自己的人格魅力,增强游客对自己的信任,还能为游客提供更优质的服务,为旅行社带来更多的客流量,更能为旅行社做无声的广告。

本项目我们以某旅行社导游刘梅为角色,分五个任务介绍旅游摄影的基本知识,以供旅游管理专业学生学习,并掌握旅游摄影的简单技巧。

实训任务一　摄影首先学曝光

实训目标

通过实训,使学生掌握不同测光模式的应用,掌握曝光模式的选择,根据具体场景进行测光、曝光的组合,获得正确的曝光。

案例引领

傻白的照片

刘梅是一位漂亮的姑娘,从旅游管理专业毕业后,如愿以偿地从事了自己喜欢的导游事业。她导游辞撰写引经据典,讲解技巧运用娴熟,工作积极负责,为人热情、诚恳,落落大方,受到游客的喜爱。

但最近发生的一件事,让刘梅有点高兴不起来。

事情是这样的。刘梅带了一个西安东线一日游旅行团。晚上看完《长恨歌》后,在华清池门口,有位游客喊道:"刘导,帮忙拍张纪念照,只需按下快门就行"。刘梅接过相机,按下快门。

回到酒店,游客查看照片时,发现照片傻白,对刘梅很有意见。

刘梅想搞清楚这其中的奥妙,她决定学习摄影知识。刘梅应该从哪里入手呢?

摄影,来源于古老的绘画艺术。人们常说"摄影是用光作画的艺术"。通过摄影,我们可以将在特定的时间、特定的空间、特定的对象所发生的瞬间形象凝固记录。同时,拍摄者通过影像可以向观察者传递思想。

光是摄影的灵魂,是摄影艺术的前提条件。正确的曝光是获得高质量摄影作品的基本保障,没有谁会将一幅黑蒙蒙看不清主体或白晃晃主体模糊的作品供人欣赏。

既然摄影是用光作画的艺术,作为一名合格的导游员,掌握最基础的摄影曝光技术就显得十分重要。

找来有关摄影方面的书籍,刘梅学习后,发现影响摄影曝光的条件主要有光圈设定、快门速度设定、感光度设定、被摄对象亮度四个方面。

【案例解析】通过学习,刘梅找到了自己给游客所拍照片失败的原因。

游客在观看《长恨歌》时进行拍摄,光线较暗,游客将曝光参数设置好后,进行拍摄。而到了华清池门口明亮的环境下,却没有进行参数调整,直接交代刘梅按下快门就好。这样就出现了曝光过量的结果,使拍出来的照片白晃晃一片。

曝光知识拓展

刘梅学习了摄影曝光知识后,再遇到游客让帮忙拍照时,会先确认一下相机光圈及快门速度、感光度是否合适,以保证所拍照片不会出现曝光不足或曝光过量的错误。

曝光口诀

实战训练

摄影曝光技巧训练

训练项目	曝光技巧训练
训练要求	1.掌握不同测光模式的应用。 2.掌握曝光模式的选择。 3.根据具体场景进行测光、曝光的组合,获得正确的曝光
训练地点	学校适合拍摄的任意场景
训练材料	单反相机
训练内容与步骤	一、训练准备 学生分组,学习委员将本班按每4人一组分成若干组别,每组选一人为组长;组长负责本组实训器材的借、还及实训过程的其他事宜。 二、训练过程 1.光圈优先模式,设置感光度自动,分别用光圈f5.6、f22拍摄同一人物,观察两张照片的区别。 2.速度优先模式,设置感光度自动,分别用快门1/15 s,1/500 s拍摄同一水龙头流水照片,比较两张照片的区别。 3.用感光度ISO200、ISO1000分别拍摄同一物体,比较两张照片的区别。 4.分别用评价测光模式和点测光模式拍摄同一物体,比较两张照片的区别。 三、训练结束 所有同学将自己的作业上交,大家进行交流探讨。
主要观测点	学生对摄影测光、曝光技术的掌握与应用能力

实训任务二　消除模糊对准焦

实训目标

通过实训,使学生掌握不同对焦模式的选择,掌握对焦区域的选择,练习不同对焦模式和对焦区域的组合,了解影响景深的条件,利用景深对照片进行艺术处理。

无论想要拍摄多么充满想象和创造性的作品,我们总是希望尽可能得到一幅清晰的影像。如果影像是模糊的,那么即使再具有创造性,其结果也是失败的。

在拍照的时候,如果要表现的对象模糊不清,那肯定是非常令人尴尬的事情。出现这种糗事的原因是多方面的,但主要元凶是对焦出了问题。

对焦,也称为聚焦,是指通过相机和镜头的功能来改变物距和相距的相对位置,使被拍摄对象从模糊到清晰的过程。对焦的准确与否,决定着画面的清晰度与锐度。对焦准确可以使主体在画面中清晰呈现;反之,则容易出现画面模糊不清的问题。

案例引领

刘梅带团在用餐时,有位游客用相机拍了张照片,刘梅发现要突出表现的母女俩模糊不清,而后边不相关的人物却比较清楚(见图10-2)。

刘梅想搞明白为什么会出现这样尴尬的事情,她找来相关资料开始学习。

无法对焦或拍摄出来的照片模糊不清,甚至出现想要突出表现的主体模糊,而不愿表达的陪体部分反而比较清楚的现象,这些现象的出现往往是在拍摄时对焦不准造成的。

图 10-2

对焦,简单来说就是将焦点对准画面中要表现的某部分时,该部分就是清晰的。

对焦是拍摄一切清晰影像的基础,没有过硬的对焦技术,就无法很好地完成拍摄。同时,焦点的选择除了可以让主体清晰,更可以利用焦外成像的模糊,来营造画面效果。因此,我们必须想尽一切办法与可能,熟练掌握对焦技术,并通过对对焦技术的巧妙运用来控制画面,完成一幅好的摄影作品。

对焦知识拓展

【案例解析】

通过学习,刘梅清楚了其中的原因。游客应该将对焦点放在要表现的母女俩位置,而不应错放在不相关的后边其他人的位置。这真是"放错对焦点,让人很尴尬"。

对焦口诀

实战训练

对焦技巧训练

训练项目	对焦技巧训练
训练要求	1.掌握不同对焦模式的应用。 2.掌握对焦区域的选择。 3.练习不同对焦模式和对焦区域的组合。 4.影响景深效果的练习

续表

训练地点	学校适合拍摄的任意场景
训练材料	单反相机
训练内容与步骤	一、训练准备 学生分组,学习委员将本班按每4人一组分成若干组别,每组选一人为组长;组长负责本组实训器材的借、还及实训过程的其他事宜。 二、训练过程 1.使用相同焦距,保持拍摄者和被摄者的固定距离。用最大光圈和最小光圈拍摄同一景物,分析拍摄结果,体会光圈大小对景深的影响效果。 2.使用相同光圈,保持拍摄者和被摄者的固定距离。用不同镜头焦距拍摄同一景物,分析拍摄结果,体会不同焦距对景深的影响效果。 3.使用相同焦距、光圈,改变拍摄者和被摄者之间的距离。拍摄同一景物,分析拍摄结果,体会拍摄者和被摄者之间的距离对景深的影响效果。 4.使用相同焦距、光圈,保持拍摄者和被摄者的固定距离。改变被摄者与背景的距离拍摄同一景物,分析拍摄结果,体会被摄者和背景之间的距离对景深的影响效果
主要观测点	学生对摄影对焦技巧的掌握与应用能力

实训任务三 画面构成突出主体

实训目标

通过实训使学生掌握画面构成中如何突出主体的几种方法,练习如何使用陪体、环境,学会留白的使用。

主题思想是摄影者通过摄影作品向外界传递的信息,摄影者通过照片中的艺术形象和造型语言,引起读者在欣赏过程中产生思想共鸣和审美感受。

摄影画面构成的各方面都应该是以突出主题思想为基本目标。摄影构图就是把所要表现的客观对象根据主题思想的要求,以现实生活为基础,运用比现实生活更富有表现力的表现形式有机地安排在画面里,使主题思想得到充分表达。

摄影画面构成就是要选取典型的拍摄对象,并通过独特的造型来表达主题思想,这也是摄影构图的实质。

案例引领

刘梅带团去丰图仪仓,返回途中,两位游客为图10-3这张照片争论不休。甲抱怨道:"什么水平,让你拍一张'陕西抗战河防指挥所旧址'的纪念照,结果你拍了一个背影、两个半拉人。"乙不服气的回应:"这不是取全了吗?"

图10-3 示例图片

摄影是挑选的艺术。同样的地方、同样的景点,不同的人选择的角度不同,要表达的主题思想不同,拍摄的艺术效果就会不同。怎样表达主题思想,使观察者能明白摄影者的意图,就需要学习画面的组织与安排。

画面的组织与安排就是画面的构成。画面的构成包括四个要素,即主体、陪体、环境与空白。主体是一幅作品的灵魂,其他三个要素是为主体服务的。

突出主体知识拓展

主体在画面的构成中占有重要的位置。重点突出主体可以将观察者的视线集中到主体上,使拍摄意图更加明显。

突出主体口诀

【案例解析】通过学习,刘梅明白了图 10-3 照片失败的原因。主题思想要表现"陕西抗战河防指挥所旧址",应该以全景的形式表现"陕西抗战河防指挥所旧址",而不能为了所谓的取全而用近景,拍出"一个背影、两个半拉人"的尴尬照片。

实战训练

画面构成训练

训练项目	画面构成技巧
训练要求	1.练习画面构成中如何突出主体的几种方法。 2.练习如何使用陪体。 3.学习使用环境。 4.学习留白的使用
训练地点	学校适合拍摄的任意场景
训练材料	单反相机
训练内容与步骤	一、训练准备 学生分组,学习委员将本班按每 4 人一组分成若干组别,每组选一人为组长;组长负责本组实训器材的借、还及实训过程的其他事宜。 二、训练过程 1.练习突出主体的几种方法,分别拍摄几组照片进行对比,掌握表达主题思想的技巧。 2.练习处理主体与环境的搭配选择。组内同学相互讨论并进行照片构图。 3.利用留白技巧拍摄几张照片进行对照。 4.将拍摄的照片进行归纳整理,领会如何突出主体
主要观测点	学生对摄影画面构成技巧的掌握与应用能力

实训任务四 构图精美学技巧

实训目标

通过本任务的学习,使学生掌握常用的构图技巧,合理地处理和安排景和人等各种元素,拍摄出主次分明,主体突出,赏心悦目且能突出主题思想,有深刻意境的摄影作品。

构图是摄影第一要素。你所有的想法,都要通过恰当的构图来体现。再好的题材或主题,你的构图不过关,就统统没戏。无论你到啥地方,碰到啥天气,拍摄啥题材,构图好,就先成功了一半。就算一切都不理想,至少图不难看。

🐰 **案例引领**

　　刘梅带团去陕北的路上,有一位游客拍了一张黄龙梯田的照片(见图 10-4)让刘梅欣赏。刘梅看着照片,心里总有一种莫名其妙的感觉,总觉得画面不是那么协调,富有美感。为了知道怎样能拍出有美感、能吸引人注意的精彩画面,她尝试着学习画面的构图技巧。

图 10-4　示例图片

　　什么是摄影构图? 构图就是指照片所设计的景和人等各种元素有序的安排和处理,并通过艺术技巧和表现手段,真正成为突出主题思想、具有深刻意境的摄影作品。

　　好的构图,其画面肯定能使人眼前一亮,具有强烈的视觉冲击力,能够引起观者的视觉印象。一个普通平常的景致,经过合理精美的构图技巧对画面进行处理,就可能展现出不为人知的精彩,也就是说,好的构图会给一个平凡的场景赋予更深刻的内涵。因此,我们要掌握基本的构图技巧。

构图知识拓展

　　【案例解析】通过学习,刘梅找到了图 10-4 照片失败的原因。照片中,两条电线将画面分割成两部分,且要表现的主体梯田所占画面小于前景的绿色植物。

构图口诀

📖 **实战训练**

构图精美技巧训练

训练项目	构图精美技巧训练
训练要求	通过本任务的学习,使学生掌握常用的构图技巧,合理地处理和安排景和人等各种元素,拍摄出主次分明,主体突出,赏心悦目且能突出主题思想,有深刻意境的摄影作品

训练地点	学校适合拍摄的任意场景
训练材料	单反相机
训练内容与步骤	一、训练准备 学生分组,学习委员将本班按每4人一组分成若干组别,每组选一人为组长;组长负责本组实训器材的借、还及实训过程的其他事宜。 二、训练过程 1.运用黄金分割、三分线、九宫格、三角形构图法练习拍摄人物照片,将人物放在突出位置。 2.运用水平线、垂直线、对角线、S形、V形构图法练习拍摄风景照片。 3.运用其他方法练习拍摄建筑、静物等照片。 4.将所拍照片进行分析,探讨如何构图才能拍出精美的照片
主要观测点	学生对构图精美技巧的掌握与应用能力

实训任务五 角度变换出奇效

实训目标

通过学习,使学生理解不同的取景角度、方位、距离将对照片效果产生很大的影响,其表现的主题思想有可能不同。掌握正面、侧面、背面拍摄方位的选择,合理运用俯视、仰视、平视拍摄角度,从而拍摄出更加完美的照片。

不同的取景角度、方位、距离,会使照片效果大不相同。拍摄景物不一定要从正面拍摄,改变一下角度,可能会收到出乎意料的效果。正面拍摄时光线不好,改变一下方位可能令照片更加完美。

案例引领

刘梅通过不断的学习摄影知识,在带团活动中总能给游客在摄影方面提一些中肯的建议,受到游客的好评。刘梅在同行中也有一些影响力,大家都愿意和她就一些问题进行交流探讨。有一天,有位同事给刘梅发了在同一地点、同一时间拍摄的两张照片,请刘梅分析一下这两张照片所表示的内容有什么差异(见图10-5、图10-6)。

图10-5 示例图片1　　　　图10-6 示例图片2

拍照片的角度,不仅对表达拍摄内容起重要作用,对形成优美的构图也是不可缺少的重要环节。不同的拍摄角度,拍出的照片差别很大;变换一下角度,能直接影响画面结构。例如,在同一距离、同一高度、用相同焦距的镜头,采用仰角、平角、俯角拍出三张照片,虽然前后景物没有变化,但画面内包括的内容就不同了。如果采用不同的高度,在同一距离,用仰角、平角、俯角再拍三张照片,就会发现前景和后景的变化很大。这说明相机与被摄物体的角度不同,产生的效果也不尽相同。镜头角度的变化,直接影响画面中的水平线和空间深度的改变。

角度知识拓展

实战训练

角度方位的选择

训练项目	1.正面、侧面、背面拍摄方位的选择。 2.俯视、仰视、平视拍摄角度的选择。 3.拍摄距离的选择
训练要求	通过学习,掌握正面、侧面、背面拍摄方位的选择,合理运用俯视、仰视、平视拍摄角度,从而拍摄出更加完美的照片
训练地点	学校适合拍摄的任意场景
训练材料	单反相机
训练内容与步骤	一、训练准备 学生分组,学习委员将本班按每4人一组分成若干组别,每组选一人为组长;组长负责本组实训器材的借、还及实训过程的其他事宜。 二、训练过程 1.寻找适合地点,练习高角度俯视、低角度仰视、平角度正视拍摄照片,对比分析不同角度所拍照片的特点。 2.从雕塑物的前、后、左、右四个不同方位拍摄照片,对比分析不同方位所拍照片的特点。 3.练习风景或人物拍摄,分别取四种不同距离拍摄全景、中景、近景、特写,讨论分析距离不同对照片表现意义的影响
主要观测点	学生对摄影角度方位选择技巧的掌握与应用能力

【案例分析】两张照片都是在西安长安南路过街天桥上同时拍摄的,属于高角度俯拍。图10-5在车流方向正前,反映车水马龙、争相前进的忙碌的城市夜晚。图10-6在车流方向的后方,车辆后刹车灯亮了一片,车辆像在停车场一样整齐排放,绿化带左侧车辆运行正常,说明该方向出现城市堵车现象。拍摄角度不同,反映的效果也截然不同。这也验证了"摄影是挑选的艺术"这句话。

角度口诀

课后思考

1. 您认为导游员应具备哪些才艺?

2. 根据个人特长,选择2～3个才艺有意识地进行训练,提升导游能力素养。

3. 如何才能为游客拍出一张画面优美的照片?

实训模块十一　常见的旅游团队带团实例

旅游团队是通过旅行社或旅游服务中介机构,采取支付综合报价或部分包价的方式,有组织地按预定行程计划进行旅游消费活动的游客群体。

随着旅游业的不断发展,旅游的形式和团队旅游的类型划分也越来越细,由于划分标准不同,其性质也不尽相同。

一、按旅游者到达目的地的范围划分

按旅游者到达目的地的范围划分,旅游活动可以分为国际旅游和国内旅游。

(1)国际旅游:国际旅游是指跨越国界的旅游活动,分为入境旅游和出境旅游。入境旅游是指他国公民到本国进行的旅游活动,出境旅游是指本国公民到他国进行的旅游活动。

(2)国内旅游:国内旅游是指人民在居住国内进行的旅游活动,包括本国公民在国内的旅游活动,也指在一国长期居住、工作的外国人在该国内进行的旅游活动。

二、按旅游性质和出游的目的划分

按旅游性质和出游的目的划分,旅游活动可分为以下六大类。

(1)休闲、娱乐、度假类:属于这一类旅游活动的有观光旅游、度假旅游、娱乐旅游等。

(2)探亲、访友类:以探亲、访友为主要目的的旅游活动。

(3)商务、专业访问类:属于这一类的旅游活动有商务旅游、公务旅游、会议旅游、修学旅游、考察旅游、专项旅游等,也可将奖励旅游归入这一类,因为奖励旅游与游客个人职业及所在单位的经济活动存在紧密关系。

(4)健康医疗类:主要是指体育旅游、保健旅游、生态旅游等。

(5)宗教朝圣类:主要是指宗教界人士进行的以朝圣、传经、布道为主要目的的旅游活动。

(6)其他类:上述五类没有包括的其他旅游活动,如探险旅游等。

三、按旅游活动的形式划分

按旅游活动的形式,旅游活动可分为团队旅游、散客旅游、自助旅游、互助旅游。

（1）团队旅游：团队旅游是由旅行社或旅游中介机构将购买同一旅游路线或旅游项目的10名以上（含10名）游客组成旅游团队进行集体活动的旅游形式。团队旅游一般以报价形式出现，具有方便、舒适、相对安全、价格便宜等特点，但游客的自由度小。

（2）散客旅游：散客旅游是由旅行社为游客提供一项或多项旅游服务，特点是预定期短、规模小、要求多、变化大、自由度高，但费用较高。

（3）自助旅游：旅游者不经过旅行社，完全由自己安排旅游行程，按个人意愿进行旅游活动，如背包旅游。其特点是自由、灵活、丰俭由人。很多人认为自助旅游是一种省钱的旅游方式，旅游内容粗糙，可能会有很多危险，旅馆没有预订会有不安全的感觉。其实，这是一种错误的认识。如果深入了解自助旅游特性，会发现自助旅游是一种相当精致且有特色的旅游形态。自助旅游使所有的花费都可依自己的喜好来支配，行程可弹性调整，又可深入了解当地民情风俗。

（4）互助旅游：互助旅游是网络催生的一种旅游模式，是以自主、平等、互助为指导思想的一种交友旅游活动，是一种经济旅行方式（没有中间商）。通俗地说，互助游就是为交朋友去旅游，使网络上的人脉关系走向现实世界，强调旅行不该只是我路过，而应该是我体验。互助旅游将成为当今人们主选的旅游模式之一，也是科技时代带给人们的现代社交观念与快乐生活的方式。

四、按旅游的时间划分

按旅游的时间划分，旅游活动可分为一日游和多日游。

本模块我们主要通过实证案例的形式对目前国内常见团队旅游形式、导游接待服务细则和规范进行阐述。

实训项目一 一日游旅游团队导游带团细则

实训目标

熟练掌握一日游旅游团队带团技巧，提升导游带团能力。

一日游团队按照游客类型又分为散客拼团、会务团队、旅行社中转团队和周边游团队四种类型。

实训任务一 一日游散客拼团导游服务解读

散客旅游与团队旅游在接待服务流程上有许多相似的地方，但是也有不同之处。目前的散客旅游分为独立成团和散客拼团两种。独立成团的散客，由于游客相互之间比较熟悉，接待相对简单；散客拼团，由于大多是从市区各个酒店接来的散拼团队，送团的地点多样，游客彼此之间不熟悉，所以在接待的过程中要特别注意方法和技巧。

我们以一个一日游散客拼团为例（见表 11-1），来分析完整的散客拼团导游接待服务细则。

表 11-1 旅行团队运行计划表（教育旅行社）

团号	JCJ-150812	人数	21	组团社	山西滨河饭店、太原金莘酒店商务中心、太原五洲大酒店，4人为我社收的直客		全陪	领队：王敏琪、蔡芮、赵雯雯（电话见下）

抵离时间	第一次	月	日	时	分由	酒店 航班/车次抵	地陪	方军/13954560065
		月	日	时	分乘	航班/车次返回酒店	驾驶员	陈旗/13649891400
	第二次	月	日	时	分由 乘	航班/车次抵	车型	26座 空调旅游车
		月	日	时	分由 乘	航班/车次赴	车号	晋 AL2106

行程安排	早餐地点	游览景点及时间	午餐地点	游览景点及时间	晚餐地点	购物点	自费项目	住宿酒店
08月12日		08：00 酒店接团，参观乔家大院（约2小时）	自理	参观平遥古城（含大通票，约3小时），返回市区酒店		无		

备注	1. 司机车费：签单（停过报销200元）。 2. 门票：乔家大院，签单；平遥古城大通票现付，120元/人×21人=2520元。 3. 导游借款：600元。 4. 接站方式：山西滨河饭店8人（领队：王敏琪/13977658700）；太原金莘酒店9人（领队：蔡芮/13525786588），山西滨河饭店8人要换住太原金莘酒店；太原五洲大酒店4人（领队：赵雯雯/13866655770），返回市区后客人自行前往火车站。 5. 导游上车现收客人团费320元/人×17人=5440元（山西滨河饭店、太原金莘酒店17人）；310元/人×4人=1240元

旅行社投诉电话	0351-8539580	各级旅游执法（质监）机构投诉电话	（区号）+96927

旅行社公章

一、计划单解读

教育旅行社委派导游方军接待一个在太原本地、入住三家不同酒店的零星散客组成的21人旅游团。团队中的17位游客来自酒店的商务中心，4位客人为教育旅行社自己收的直客。团队整个行程不含餐饮，参观景点相同，返程回到市区后，前两个酒店的客人返回同一家酒店，4位直客回到市区后自行前往火车站。

— 206 —

二、接待提示

在本团中,地陪方军在接待的过程中一定要注意以下几点。

(1)和上团司机电话沟通落实接团事宜,征求司机先去哪家酒店比较方便的意见。

(2)接团前一天要分别与三位游客领队电话联系,落实相关事宜,如到酒店接团的时间;提醒换住酒店和晚上乘火车离开的客人要提前退好房,带行李出行;团队全天不含餐,可以提醒游客提前备点方便携带的食品;和4位返程后乘坐火车的游客确认返程交通信息;等等。

(3)上团当天,按照约定时间在抵达酒店接到第一拨客人后,前往第二、第三家酒店之前,要提前电话联系客人领队,以确保客人顺利登车,全体客人到齐后统一致欢迎辞。

(4)本团中应特别注意,因为团费的差异化,地陪导游在现收团费环节一定要注意规避不同团队的客人,以免引起团队内部的骚动甚至矛盾。

(5)参观游览环节要反复强调景点的游览、集合时间以及地点。

(6)参观完毕,团队返程时,除致欢送辞外,可以适当推销本社的其他旅游线路。

(7)请三个酒店的客人代表分别填写团队质量反馈表。

(8)返程后,按照计划单的要求,送客人回指定酒店以及约定的地点。

(9)送完团后,按照约定和司机签好车单,及时回到旅行社报账。

另外,散客旅游因为没有全陪和统一的领队,所以导游在接待工作中要有心理准备,要耐心细致地讲解并解答、处理游客的各种问题,要有敏锐的观察力和准确的判断能力,提前预测游客的需求变化并做好针对性的准备,从而提高自身的服务效果。

实战训练

散客拼团的接待工作

训练项目	散客拼团的接待工作
训练要求	1.利用"导游实战演练平台"实训设备完成散客拼团的接待工作。 2.熟练掌握散客拼团导游服务程序与方法。 3.掌握解决接待过程中问题的处理方法
训练地点	模拟实训室
训练材料	多媒体设备("导游实战演练平台"实训设备)
训练内容与步骤	一、训练准备 1.把学生分为若干个小组,分别饰演导游、游客。 2.布置模拟现场场景的实训环境。 3.利用"导游实战演练平台"完成所接团队的所有工作程序。 4.解决接团过程中出现的问题。 二、训练过程 1.认真阅读旅游接待计划,了解团队游览活动内容及日程安排。 2.学生模拟导游员带团,完成所有规定的接待项目。 3.学生总结接待提示。 4.教师点评与考核。 三、训练结束
主要观测点	1.散客拼团导游带团的规范性与技巧。 2.应变能力与团队合作意识

知识链接

散客拼团

一、散客旅游的概念

散客旅游，又称自助或半自助旅游，它是由游客自行安排旅游行程，零星现付各项旅游费用的旅游形式。散客并非只是单个游客，可以是一个家庭、几个朋友，或是临时组织起来的散客旅游团，人数通常少于旅游团队，我国现行规定旅游人数在 9 人以下。散客并不意味着完全不依靠旅行社而全部旅游事务都由游客自己办理。实际上不少散客旅游活动都借助旅行社的帮助，游客可以在不同的景点、路线、价格中选择自己喜欢的旅游产品，甚至可以自己提出旅游计划和路线，由旅行社负责安排，确认出行时间，游客自由度相对较大。散客旅游是当今旅游活动的主要形式，在欧美等旅游发达地区，散客旅游的比例超过 80%，我国散客旅游人数的比例也达到了 70%。从目前旅游业的发展情况看，散客旅游的比例有逐年递增的发展趋势。

二、散客旅游与团队旅游的区别

散客旅游与团队旅游在制订旅游计划、付费方式、价格、人数、自由度、预订周期上有明显的区别。

1.旅游计划制订不同

散客旅游一般是由游客自行计划和安排其旅游行程；团队旅游则是由旅行社或其他旅游服务中介机构来计划和安排。

2.付费方式不同

散客旅游多采用零星现付方式，也就是游客根据所需随时购买，当场支付；团队旅游则采用包价方式，旅游费用要求在游客出游前一次性支付。

3.旅游所花费的价格不同

散客旅游活动项目是按零售价格支付，相对昂贵；团队旅游在某些项目上可以享受折扣优惠，相对便宜。

4.旅游人数不同

团队旅游人数一般在 10 以上(含 10 人)；散客旅游人数一般在 9 人以下(含 9 人)，可以是一个人、一个家庭，也可以是几个同事或好朋友。

5.自由度不同

散客旅游游客的随意性很强，自由度相对较大；团队旅游的游客要按照预定的行程随团活动，受团队约束，自由度小。

6.预订周期不同

团队旅游预订周期一般都比较长，因为旅行社要控制机票、预订酒店、提前选定地接社等；散客旅游的预订周期较短，可能随时修改行程计划。

实训任务二 一日游会务团队导游服务解读

地陪导游接待会务团队的工作相对繁杂，首先要配合会务活动的安排，而且会务团队往往人数较多,因此和相关工作人员、同行之间的配合也非常重要。

　　下面我们以西安康辉旅行社接待的大型会务团队为例,来分析一下完整的会务团队导游接待服务细则(导游计划单见表11-2)。

表 11-2　导游计划单

组团社名:泉州青旅		团号:XAKH-1010354		人数:160	
用房间数:自订					
抵达日期:10月10日			航班时间,厦门—西安:		
离站日期:10月13日			航班时间,西安—泉州:		
全陪:李建泉/13687656454					
日期	早餐	景点	午餐	晚餐	住宿酒店
10.09		康辉工作人员16:30到温德姆酒店统一开说明会			自理
10.10	自理	全天接机,送回酒店			自理
10.11	自理	全天会议(不用车,不用导游,不用工作人员)			自理
10.12	自理	兵马俑150元,含电瓶车5元;华清池150/125元,不含骊山往返索道60元;城墙54元(城墙跑步活动不能做任何搭建,组织统一出发,抵达终点撞线仪式);晚上在陕西歌舞大剧院观赏《仿唐歌舞》	含(大秦小宴)	含(陕歌饺子宴)	自理
10.13	自理	早上会议,11点开始关机,结束会务活动			
接　待　标　准					
用车情况:	会议接送机车队　负责人:杨万全/13992127878 所有53座大车,33座车,7座别克商务				
用餐安排:	酒店早餐自理;正餐:我社只负责旅游期间的两顿正餐				

注意事项	1. 总负责:所有工作听王一的统一安排(电话18629056544)。
	2. 车队:杨万全(13992127878)主负责我接待方车辆调配,衔接车队和过经理(会务方用车主负责:13690056555)的需求与实施,每天双方要确认清楚当次各种车型、总趟次。
备用金: 20000元	3. 所有接机人员需要负责自己接送客人的统计工作并让游客签字,接完后需要给王一一个明细和汇总。所有人在接机和接高铁的工作人员空白表格中填写清楚相关内容,并统一交于王一处。
	4. 参会接待导游每人一份接机表格和计划单,请注意核对内容。
	5. 12日团队旅游中的导游分别为:赵梅(1号车)、徐阳燕(2号车)、李晨旭(3号车)、张建国(4号车)。除负责接待旅游外,需配合王一完成城墙跑步的组织活动;12号两个正餐及《仿唐乐舞》表演随车导游清点人数,报王一统一签单。
	6. 所有的车辆会议结束后,主负责报账时补签车单。
	7. 接机人员服装统一,白色衬衫、黑色裤子;女生绑头发;男生不可以穿拖鞋;上团导游着社服,务必和司机交代好,车上的卫生记得打扫干净,车前没有杂物,车上配备矿泉水(由固定接机人员抵达机场接机时检查每辆车,同时把小车车前牌给到司机,提醒司机循环使用)。
	8. 酒店内发生的所有消费我社一概不负责,组团社自己预定的,我们做好相关协助工作!
	9. 城墙门票不用导游付,我社在管委会买了50张门票,不够的不用买,数人头进就可以;参观兵马俑请提前一天给景区打电话,申请走贵宾通道(不用排队),电瓶车也要提前一天联系好。
	10. 9日下午16:30在温德姆酒店召开说明会(和导游强调客户的重要性、接待注意事项),每位接待导游必须参会,将流程、注意事项等梳理一遍,确保每位导游都清楚自己的工作。
	11. 机场接机人员一共安排2位:固定一名机场接机人员,手举接机牌,接到客人马上通知司机将车开到二楼,引导客人上车,由司机接回酒店。而后在微信群里通知酒店工作人员"已接到××等几位,现从机场出发。"另一位接机人员押车待定

一、计划单解读

康辉旅行社委派赵梅等4名导游一起接待一个在会务间隙有一天旅游活动的团队,160名会务客人出游一天,分为4辆车,团队整个行程活动安排紧张充实,既有兵马俑、华清池这样传统的旅游景区,又有类似于"城墙跑步"这样简单的活动。虽然看似一天的旅游活动,但因为是客人方自定的酒店和会场,旅行社要负责前后的接送机以及旅游活动的接待工作,旅行社的相关工作人员要忙五天。

二、接待提示

在本团中,地陪导游赵梅等一行4人在接待过程中一定要注意以下几点。

(1)积极参加10月9日会务前期在指定酒店召开的说明会,明确该会务接待流程、注意事项,尤其是参与10日和13日接送机的导游,要清楚自己接送机的航班/车次、用车情况等。

(2)严格按照旅行社的要求着装,提前和车队负责人联系,明确具体上团车辆,落实相关号牌。

（3）在开完旅行社的大会后，4名接待导游要开小会，有相关工作流程不明确的地方要及时向相关工作人员落实统一，主要的落实工作有：

①落实兵马俑贵宾通道和乘坐电瓶车时的接待工作。

②落实12日的团队中餐（大秦小宴）、晚餐（陕歌饺子宴）以及《仿唐乐舞》表演的观看预订情况。

（4）严格按照大会的流程以及时间表执行12日的旅游接待任务。

（5）在12日的旅游接待工作中，尤其是进景点参观的时候，一定注意清点本车的团队人数，反复多次提醒客人不要串车/串团，强调团队的集合时间和地点，若参观人数有变化及时告知相关签单人员。

（6）配合总负责人进行"城墙跑步"活动，组织好自己车上的客人，抵达景区前强调"城墙跑步"活动的相关注意事项，确保活动安全、有序进行。

（7）在整个的接待工作中，4名导游要注意随时沟通，留意会务组群里的通知，积极有效地完成相关接待工作。

（8）接待工作结束后，按照会务组的相关要求及时向负责人汇报工作。

实战训练

会务团队的接待工作

训练项目	会务团队的接待工作
训练要求	1.利用"导游实战演练平台"实训设备完成会务团队的接待工作。 2.熟练掌握会务团队导游服务程序与方法。 3.掌握解决接待过程中问题的处理方法
训练地点	模拟实训室
训练材料	多媒体设备（"导游实战演练平台"实训设备）
训练内容与步骤	一、训练准备 1.把学生分为若干个小组，分别饰演导游、游客。 2.布置模拟现场场景的实训环境。 3.利用导游实战一体机完成所接团队的所有工作程序。 4.解决接团过程中出现的问题。 二、训练过程 1.认真阅读旅游接待计划，了解团队游览活动内容及日程安排。 2.学生模拟导游员带团，完成所有规定的接待项目。 3.学生总结接待提示。 4.教师点评与考核。 三、训练结束
主要观测点	1.会务团队导游带团的规范性与技巧。 2.应变能力与团队合作意识

知识链接

会务团队

近些年来,由于各大城市之间经济的发展,城市与城市之间的商业会务活动越来越多,由此形成了旅游行业中相对高端的一种团队类型——会务团队。

当然,除了旅行社,各地的会务、会展公司,甚至是会务旅游网都会有与会务相关的旅游业务,但是会务间隙的旅游活动的最终落实是由旅行社(导游)来负责实施的。会务团队利润较高,是旅行社团队旅游的重点服务对象。

相比传统的旅游团队,会务团队相对高端,有时旅行社只负责会务间隙的旅游活动,有时还要配合整个团队的会务活动安排,细分如下。

1. 公务考察团

公务考察团队是旅行社团队旅游的重点对象,包括政府部门和国企、私企考察、交流等活动。自从新旅游法实施和中央"八项规定"出台以来,中国旅游市场快速"去公务化",整个旅游市场出现新变局。但因为团队利润高、对价格不敏感等因素,公务考察团仍然是旅行社重点关注的团队类型之一。这类团队的特点是:①团队人数相对较少;②出游时间以工作日为主;③会务等活动安排周密,以旅游为辅、会务为主的旅游团队。

对于公务考察团队的接待,有时是旅行社和地方政府共同完成接待,有时是由旅行社单独完成接待,不管是哪一种接待方式,对导游员的综合素质要求较高。

2. 商务考察团

商务考察团队以商务团体客户为主,其业务范围涵盖了国内/国际会务、商务考察、会务旅游、票务等相关领域。旅行社为这类客户团体提供服务时,要时时注意和他们的商业考察活动相对接。这类团队的特点有:

①人数相对较少,但出行次数较为频繁。

②在对旅游服务的要求方面,强调舒适和方便,会因工作(会务活动)的变动随时调整出游计划,这就要求接待人员要时刻注意在客人有效的时间内将工作考察与旅游相结合,按照客人的时间,给出最优化的出游方案。

③由于他们的出行是出于工作的需要,所以不受季节的影响。

④由于出游时间有限,所以对出游目的地的选择性较小。商务考察团的重点是商务考察,所以是以考察工作为主、旅游为辅的团队。

3. 会议奖励团

近几年来,企业奖励旅游已经发展成为企业薪酬福利的一个重要组成部分,而且有的企业会专门要求旅行社设计一条全新的线路,在整条旅游线路中再安排一个"特别"的会务活动,尤其是像很多重视个人业绩的行业,如直销、保险等行业,都将旅游这一形式作为对员工的奖励,以进一步调动员工的积极性,增强企业的凝聚力。

在接待这一类团队的时候,旅行社工作人员以及导游要提前与企业负责人多多沟通,特别是要对企业作适当的了解,才能在具体的接待过程中将企业文化很好地融入该次的旅游活动中,达到企业最初奖励旅游的目的。

4.游学团

游学团是一种主题旅游,就是在旅游的同时提供学习异地或异国文化的经历。越来越多的学生家长现在都愿意让孩子在正规课程之外,能和班级的同学一起,去某地(某国)学习感受异地文化、增长见识、加强纪律管理等。尤其是近几年来,随着家长对孩子期望值的升高,很多家长都特别乐于让孩子参加这类异地的游学活动,因为这类团队一能增长孩子的见识,刺激求知欲望;二能提高学生的学习兴趣,而且大多是由学校组织,以班级为单位,出游安全有保障。

在接待这一类旅游团队时,相关工作人员一定要注意旅游安全。在游学活动中,组织活动时注重学生的参与性,以及与目的地学生、教师之间的交流,要真正地让游览景点与学生的游学目的相结合,以达到最好的出游效果。

实训任务三　一日游旅行社中转团队导游服务解读

地陪导游对旅行社中转团队的接待工作要认真仔细,核对接送站航班/车次信息,抓住团队有效的游览时间将本地最美的一面展现给游客,多多推介宣传当地的旅游资源,为城市留住团队游客做出贡献。

下面我们以洛阳中旅接待的一个合肥中转洛阳去陕西旅游的团队为例,来分析完整的旅行社中转团队导游接待服务细则(团队计划单见表11-3)。

表11-3　团队计划单

组团社名:合肥青旅	电话:026-65487532		地接社:洛阳中旅
团号:HNJ-150806	人数:14		司机:何永利/13891434549
用房间数:无			
抵达日期:08月06日	航班/车次时间:合肥—洛阳 K62(22:12—08:45)		
离站日期:08月06日	航班/车次时间:洛阳龙门—华山 G1929(18:55—19:59)		
领队:王颖/13477656765	地陪:赵晓勇/13656215876		

日期	早餐	景点	午餐	晚餐	住宿酒店
8月06日		早08:45洛阳火车站接K62次火车,参观佛教进入中国的第一站——白马寺(35元),中餐后,游览世界著名文化遗产——龙门石窟(100元,含往返电瓶车20元),游览香山寺、唐代伟大诗人白居易长眠之地——白园。晚18:55洛阳龙门站送G1929次高铁赴华山	御香园		

接 待 标 准	
用车情况:	26座空调旅游车
用餐安排:	一正餐,餐标30元/人,御香园/0379-65790154

续表

备　注	1.司机车费：600元/台（含停过），现付。 2.门票：白马寺，现付，35元/人×14人＝490元；龙门石窟，签单，往返电瓶车20元/人×14人＝280元。 3.导游借款：2000元。 4.接站方式：举"欢迎王颖贵宾一行14人"。 5.其他：洛阳龙门—华山14张高铁票请随身携带好

一、计划单解读

洛阳中旅导游赵晓勇接受旅行社委派，接待这个从合肥中转洛阳去陕西华山旅游的团队：洛阳接火车，洛阳白马寺、龙门石窟、香山寺一日游，团队含一个中餐，团队行程结束后，洛阳龙门站送高铁前往陕西华山。

二、接待提示

在本团中，地陪导游赵晓勇在接待的过程中一定要注意以下几点。

(1)领计划时要细心和确认单进行核对，尤其是团队的抵达和送站时间。

(2)团队赴华山的14张高铁票要提前落实并从相关工作人员处领取，清点数量，随身携带保管好。

(3)此团无全陪，所以在领到计划单后要及时和客人领队取得联系，落实接团相关事宜。

(4)要特别注意此团的接团地点为洛阳火车站，送团地点为洛阳龙门高铁站，要及时将相关信息准确无误地告知上团司机。

(5)认真进行景点讲解，带领团队客人用好中餐。

(6)注意把握下午团队的游览时间，送站前配合领队一起分发高铁票，让领队和游客代表填写质量反馈表，送站时提醒客人注意安全、进站后集中候车，提醒领队及时联系下一站接站导游。

(7)送团后按照旅行社的要求及时报账。

实战训练

旅行社中转团队接待工作

训练项目	旅行社中转团队接待工作
训练要求	1.利用"导游实战演练平台"实训设备完成旅行社中转团队的接待工作。 2.熟练掌握旅行社中转团导游服务程序与方法。 3.掌握解决接待过程中问题的处理方法
训练地点	模拟实训室
训练材料	多媒体设备（"导游实战演练平台"实训设备）

训练内容与步骤	一、训练准备 1.把学生分为若干个小组,分别饰演导游、游客。 2.布置模拟现场场景的实训环境。 3.利用导游实战一体机完成所接团队的所有工作程序。 4.解决接团过程中出现的问题。 二、训练过程 1.认真阅读旅游接待计划,了解团队游览活动内容及日程安排。 2.学生模拟导游员带团,完成所有规定的接待项目。 3.学生总结接待提示。 4.教师点评与考核。 三、训练结束
主要观测点	1.旅行社中转团队接待工作的规范性与技巧。 2.应变能力与团队合作意识

知识链接

旅行社中转团队

　　旅行社中转团队一般是指在没有直达某地的航班/车次的情况下,需要在中间某城市转车、经停顺带进行短线旅游的团队。这类团队大多在某地停留一天时间,但也有过夜游,让团队游客在入住酒店后休息一晚,稍做调整后再继续踏上接下来的旅程。

　　旅游的差异性使得各地的旅游资源相当不平衡,这也使得很多交通便利的城市成了长线团的中转地。如江西南昌,虽然是省会,但是当地的过夜游团队很少,在京九铁路进行商业运营之前,也主要是作为江西的交通中心,接待中转前往各旅行区的外省团队;深圳,作为发达城市的代表,在旅行社的接待统计中,中转团队却占到了50%,25%为游广珠线为主,25%为游深圳;还有比较典型的西部城市西宁,是国内大部分城市的旅游者去西藏拉萨的最好中转站;同时,西安也是"丝绸之路"沿途中最好的中转城市之一。

　　中转团队最鲜明的特点就是接送站、各站点之间的衔接非常频繁,旅行社需要有强大的票务团队的支持,因为这类团队在一地的停留时间往往很短,有时只是一个接送站,有时会有简单的团队旅游行程,做短暂停留。

实训任务四　旅行社周边一日游导游服务解读

　　周边游团队,一定意义上可概括为以大城市或某省会城市为中心,覆盖其周边及邻近省份城市的旅游市场,行程主要以1~3天为主,以周六、周日为主要时间点的旅游团队。旅行社接待的周边游团队多为某单位组织员工出游,客人提出大概意向、费用预算等,旅行社针对团队来设计产品,有时会结合单位的要求增加一些类似于攀岩、漂流、拓展等项目体验,还有一部分为旅行社在公众媒体上招徕的散客拼团组成的周边游团队。这类团队有别于传统的旅游观光团队,多以放松心情、亲近大自然为主。

下面我们以上海龙华旅行社接待的一个去周边泡温泉的团队为例,来分析一下完整的旅行社接待的周边一日游团队细则(团队计划单见表 11-4)。

表 11-4 旅行团队运行计划表(地接社)

团号	SHJ-150821		人数	38	地接社	上海龙华旅行社		全陪	王艳(领队)/ 13654281258
抵离时间	第一次	08 月 21 日 07 时 30 分由上海 乘旅游大巴 航班/车次抵溧阳					地陪		李峰/ 13665215876
		08 月 21 日 16 时 00 分乘旅游大巴 航班/车次返回上海					驾驶员		王德/ 13989143454
	第二次	月 日 时 分由 乘 航班/车次抵					车型		45 座空调旅行车
		月 日 时 分乘 航班/车次赴					车号		沪 LH1085
行程安排	早餐地点	游览景点及时间		午餐地点	游览景点及时间		晚餐地点	购物点	自费项目 住宿酒店
08 月 21 日		早 07:30 普陀区真如体育场集合出发,前往天目湖御水温泉景区(约 3.5 小时),参观石岩里古村落		御水温泉酒店自助餐	御水温泉 5 大泡池区充分享受各色温泉,活动完毕乘车返回上海市普陀区真如体育场,散团			无	
备注	1. 司机车费:4500 元/台(现付含停过)。 2. 门票:现付 198 元/人×38 人=7524 元。 3. 用餐:天目湖御水温泉酒店自助,现付 118 元/人×38 人=4484 元,电话:0519-87938888。 4. 导游借款:17000 元。 5. 接站方式:上海市普陀区真如体育场集合出发(注:客人为华夏人寿保险招待上海当地客户,客人自行抵达集合地点)。 6. 其他:给客人准备矿泉水,保证每天每人一瓶。 7. 天目湖御水温泉景区协议请妥善保管,团队结束后请尽快带回社里								
旅行社投诉电话	021-85395801			各级旅游执法(质监)机构投诉电话			(区号)+96927		

旅行社公章

一、计划单解读

上海龙华旅行社导游李峰接受旅行社委派,接待上海出发去溧阳天目湖御水温泉的周边一日游团队,团队客人从约定地点出发,约 3.5 小时的车程抵达温泉体验区,先参观古村落,统一安排用中餐,中餐过后下午温泉体验,团队行程结束后,乘大巴车返回上海。

二、接待提示

在本团中,地陪导游李峰在接待的过程中一定要注意以下几点。

(1)领计划时,注意从旅行社领取天目湖御水温泉景区协议(复印件)并妥善保管,团队结束报账时及时归还。

(2)要提前和天目湖温泉酒店预订团队中餐,团队出发和抵达前要反复多次确认并告知餐厅准确的用餐人数。

(3)领计划后要及时和客人领队取得联系,告知出发的时间和地点,电话沟通后,务必以短信形式再次提醒领队相关注意事项。因为团队游客是领队单位招待上海当地 VIP 客户,所以地陪导游只需要和领队对接,但是,要注意提醒领队一定通知到团队客人,尤其本团是温泉体验,强调泡温泉时要带的东西等。

(4)及时和上团司机取得联系,告知其团队约定的出发时间和地点,可烦请司机代劳买两件矿泉水放到车上,结算车费时一并付给司机,同时提醒司机一定要提前抵达约定地点。

(5)上团当天,地陪导游应提前抵达约定的出发地点,等待游客的陆续到来。

(6)本团中,因为没有全陪,导游身兼地陪导游与全陪导游的职能,因此,不但要做好计划单要求的最基本的接待工作,还要负责与团队客人和领队之间的沟通。

(7)因为是带上海本地客人出游,从上海到溧阳天目湖御水温泉景区需要大约 3.5 小时车程,所以导游的沿途服务一定要注意,除了沿途讲解以及全天团队活动安排的介绍外,还可以进行一些沿途互动小游戏等来调节气氛,但也要注意适当的时候要安排客人休息。

(8)抵达景区后,要按照计划单的要求带领客人先参观石岩里古村落,午餐后进行温泉体验,因为本团的活动重点为天目湖御水温泉体验,所以导游一定要强调温泉体验的相关注意事项,尤其是安全问题。

(9)团队返程后将团队客人送到约定地点,如有变更,做好变更单让客人领队签字确认,请领队和客人代表填写质量反馈单。

(10)和司机结算车费以及矿泉水费用,现金支付要按照要求开具相关单据(发票、收条)。

(11)送团后按照旅行社的要求及时报账。

实战训练

周边游旅游团队接待工作

训练项目	周边游旅游团队接待工作
训练要求	1.利用"导游实战演练平台"实训设备完成旅行社中转团队的接待工作。 2.熟练掌握旅行社中转团队导游服务程序与方法。 3.掌握解决接待过程中问题的处理方法

训练地点	模拟实训室
训练材料	多媒体设备("导游实战演练平台"实训设备)
训练内容与步骤	一、训练准备 1.把学生分为若干个小组,分别饰演导游、游客。 2.布置模拟现场场景的实训环境。 3.利用导游实战一体机完成所接团队的所有工作程序。 4.解决接团过程中出现的问题。 二、训练过程 1.认真阅读旅游接待计划,了解团队游览活动内容及日程安排。 2.学生模拟导游员带团,完成所有规定的接待项目。 3.学生总结接待提示。 4.教师点评与考核。 三、训练结束
主要观测点	1.周边游旅游团队接待工作的规范性与技巧。 2.应变能力与团队合作意识

实训项目二　多日游常见团队导游接待实例分析

实训目标

熟练掌握多日游旅游团队带团技巧,提升导游带团能力。

在日常接待中,旅游行业内部一般按大交通类型将旅游团队划分为双飞团队、双卧团队、单飞单卧团队、自备车团队。

实训任务一　双飞团队导游接待实例分析

一、组团社导游接待

近些年来,随着民用航空公司业务的发展,选择乘坐飞机出游的游客越来越多。旅行社包机、包航线等相关业务的出现,也使得机票的价格更加亲民,这样一是降低了游客的出游成本,二是为游客节省了时间。双飞团队是旅行社几种团队类型的主流,下面我们以上海青年旅行社组织的山东泰山、曲阜三孔双飞游的团队为例,分析完整的组团社接待双飞游团队细则,旅行社出团计划单(组团社)见表11-5。

表 11－5　旅行社出团计划单（组团社）

接团地址	上海青年旅行社门口集合	团号	SHQ－160714098	人数	25 人	车号	沪 AY3278
出团导游	田萧芳/18629398975	时间	7 月 14 日—7 月 16 日	司机		曹涛/13653422335,37 座空调旅游车	
地接导游	高伟/13162883862	地接社	济宁教育旅行社	联系人		王媛（客人领队）/13457634232	
出发航班/车次	上海/济宁 MU9173	时间	10：50—12：25				
返程航班/车次	济宁/上海 MU9174	时间	19：45—21：30				

时间	团　队　行　程	住宿及用餐
7 月 14 日	08：40 旅行社门口集合乘车前往上海浦东机场，乘 MU9173（10：50—12：25）航班赴济宁曲阜机场，抵达后乘车前往曲阜入住酒店	曲阜东方儒家花园酒店
7 月 15 日	早餐后，乘车前往泰山景区（车程约 1.5 小时），抵达后游览五岳独尊的东岳泰山（游览约 6 小时）；天外村乘环山车（15 km，30 分钟，含上、下环山车费）至中天门，步行登山经云步桥、五大夫松、朝阳洞、十八盘至岱顶景区，游览南天门、天街、唐摩崖石刻日观峰、极顶——玉皇顶，后乘下行索道抵达中天门，乘环山车下山。参观结束后，乘车返回曲阜	曲阜东方儒家花园酒店
7 月 16 日	早餐后自由活动，午餐后游览世界文化遗产——三孔（孔庙、孔府、孔林）（含孔林内电瓶车），参观结束后乘车前往济宁曲阜机场，晚上 19：45 乘 MU9174 航班返回上海，市区体育场散团	（含中餐）
备注	1. 曲阜东方儒家花园酒店（用房 13 标，陪同与客人拼住，已协调好）。 2. 地接给客人每天保证足量农夫山泉矿泉水；地接导游接站方式：举"接田萧芳贵宾一行 26 人"。 3. 支付司机往返接送 1100 元车费（市区送团，含停过）。 4. 导游借款 2000 元作为紧急处理费用备用；随团赠送包、帽每人一套。 5. 团款结算方式：电汇	

（一）计划单解读

上海青年旅行社导游田萧芳接受旅行社委派，带领一个双飞旅游团队去山东泰山、曲阜三孔旅游，按照约定客人从旅行社门口集合出发前往机场，团队含两早一正餐，主要的游览点有东岳泰山、曲阜三孔，团队入住在曲阜当地的酒店，共住两晚。第三天团队行程结束后直接从曲阜机场乘坐飞机返程回上海，返程后再由旅行社统一安排车辆接机送回市区。

（二）接待提示

在本团中，全陪导游田萧芳在带领团队前往山东济宁的接待服务过程中一定要注意以下几点。

（1）领计划时注意和确认单进行核对，核对项目主要有：团队客人出发和返程的航班时间、航班号,出团游览内容,团队用房用餐情况,领队以及地接导游联系方式等。

(2)领计划时注意领取随团赠送给团队客人的旅游包、帽以及团队客人名单。

(3)领计划后及时和客人领队取得联系,落实出团相关事宜,明确告知客人领队团队集合出发的时间、地点,提醒团队客人携带有效身份证件,电话联系后并以短信形式再次提醒客人领队。

(4)和送团司机取得联系,告知团队出发的时间和地点,并提醒司机出发机场为浦东机场。

(5)和地陪导游取得联系,落实团队相关事宜,明确航班号、接站后的安排等。因为本团接站后直接入住酒店,下午没有行程,所以最好和地陪导游提前沟通,能让其给出两种团队活动方案以供客人选择。

(6)出发当天,全陪导游要提前抵达旅行社门口,当团队客人陆续到来时要主动积极、一一和客人打招呼,认找领队并和领队核实团队信息,再次提醒团队客人是否携带有效身份证件。

(7)当客人到齐后,再次清点团队人数,分发旅游包、帽,配合司机一起将客人大件行李有序摆放到行李箱,提醒客人贵重物品随身携带。车子启动后,致欢迎辞,随后告知客人离站航班/车次信息、团队游览内容、提醒飞机场(火车站)离站注意事项等,在大巴车抵达机场前再次确认出发的具体航站楼并明确告诉司机。

(8)抵达机场后,带客人有序进入候机大厅,提醒客人集中等候,收取团队客人身份证件前往指定柜台为客人办理团队登机手续并提醒托运行李的游客随自己一起到值机柜台排队。

(9)办理完值机手续后,将身份证件、登机牌等分发给游客并提醒大家妥善保管,再次清点人数后,带领团队客人有序推进安检,过安检后提醒客人集中等候登机。

(10)待听到广播通知后,提醒客人带好随身物品有序登机,同时电话或短信告知地陪团队已经登机。

(11)飞机落地后,提醒客人带好行李物品下飞机,提醒托运行李的游客在传送带提取行李,后引导团队游客出站并按照约定的方式主动寻找地陪导游,和地陪碰面后要注意清点团队人数并将地陪介绍给客人领队。

(12)从地陪导游接站时起,全陪要注意监督、配合地陪工作,尤其是入住酒店、游览、用餐环节,保证整个团队的接待工作顺利完成。

(13)团队返程时,因为有地陪协助办理登机手续,全陪应时时提醒客人注意随身物品安全,待客人有序推进安检后集中候机,并要及时和返程接站司机取得联系,明确告知其接站的时间和地点。

(14)团队返程带客人上车后,全陪导游应该致欢送辞,将客人送至约定的散团地点,和客人挥手再见,按照计划单要求和司机结算车费等,下团后及时到旅行社报账。

二、地接社导游接待

同样一个团队,山东济宁地陪导游的团队计划和接待服务细则与上海的全陪导游是完全不同的,旅行团队运行计划表(地接社)见表 11-6。

表 11-6　旅行团队运行计划表(地接社)

团号	SDJ-150714　地接社:山东济宁教育旅行社		人数	25+1人	组团社	上海青年旅行社	全陪	田萧芳/18629398975
抵离时间	第一次	07月14日12时25分由上海乘 MU9173 航班/车次抵济宁				地陪		高伟/13162883862
	第二次	07月16日19时45分乘 MU9174航班/车次赴 上海				司机		赵永康/18099133688
		月 日 时 分由 乘 航班/车次抵				车型		37座空调旅游车
		月 日 时 分乘 航班/车次赴				车号		鲁 HY2068

行程安排	早餐地点	游览景点及时间	午餐地点	游览景点及时间	晚餐地点	购物	自费项目	住宿酒店
07月14日				济南曲阜机场接 MU9173(10:50—12:25)航班,前往曲阜,入住酒店	自理			曲阜东方儒家花园酒店
07月15日	酒店含早	前往泰山景区(约1.5小时),参观泰山(天外村)	自理	参观泰山景区(含往返环山车,含下行索道),返回曲阜	自理	无		曲阜东方儒家花园酒店
07月16日	酒店含早	自由活动,中午退房	东来顺饭庄曲阜店	参观孔府、孔庙、孔林(三孔联票,含孔林电瓶车),参观结束后济宁曲阜机场送 MU9174(19:45—21:30)航班返回上海	自理	无		

备注	1.用房13标,全陪与客人拼住,房费签单,前台电话:0537-5053114。 2.司机车费:签单(含停过)。 3.门票:泰山,现付;泰山(天外村),大门票124元/人+往返环山车60元/人+下行索道90元/人=274元/人×25人=6850;三孔,联票签单,孔林电瓶车20元×25人=500元。 4.用餐:东来顺饭庄曲阜店,现付,60元/人×25人=1500元,电话:0537-3199677。 5.其他:给客人准备农夫山泉矿泉水,保证每天足量。 6.导游借款:9000元。 7.导游接站举"接田萧芳贵宾一行26人"

(一)计划单解读

山东济宁教育旅行社导游高伟接受旅行社委派,接一个上海来山东泰山、曲阜三孔三日游的旅游团队,团队人数25+1,接机当天无行程直接入住曲阜当地酒店,第二天曲阜出发泰山一日游,行程结束后入住酒店,第三天早上自由活动,下午曲阜三孔参观,参观结束后送机场返程。虽然是三天的团队行程,但时间相对比较轻松。

(二)接待提示

在本团中,地陪导游高伟在接待此团的过程中一定要注意以下几点。

(1)领计划时注意和确认单进行核对,核对项目主要有:团队客人出发和返程的航班时间、航班号,团队人数,团队行程中所含具体景点(尤其是泰山行程中的环山车、索道等),团队用房用餐情况,全陪导游联系方式等。

(2)领计划后及时和上团司机联系,落实接团相关事宜,拜托司机给车上提前备两件农夫山泉矿泉水,结算车费时费用一并结算给司机;和入住酒店联系,因为接团后直接入住,相对较早,提醒酒店提前准备好房间;和随团全陪联系,落实团队信息,如团队人数、航班号、团队行程(本团中三日行程较松,可提前给全陪几种备选方案,让团队活动更加充实)、接站相关事宜等。

(3)认真核对计划单上的费用预算以及签单数量,并在旅行社财务处进行预借,准备好接站牌等上团物品。

(4)接站当天按照约定的时间和司机提前抵达机场,在机场接站口等候团队到来,在听到机场广播通知后,拿好导游旗、举起接站牌,站在显眼的位置迎候团队到来。

(5)主动认找团队,接到团队后要和全陪核实团队相关信息(尤其是接站后的首站行程),避免接错,提醒团队游客去洗手间,烦请全陪清点团队人数后带客人有序上车。

(6)致欢迎辞,如果团队想直接回酒店休息,不可强迫客人参加任何活动,直接带客人回酒店休息;接站当天以及泰山游览过程中因为都不含中、晚餐,可适当推荐酒店附近的美食并提醒客人结伴前去品尝,同时建议客人可以提前备点食品以供第二日泰山游览时食用;团队第二日行程为泰山,所以提前强调泰山游览的相关提示,尤其是穿着建议等。

(7)抵达酒店为团队客人办理入住手续后,配合全陪导游一起分房,强调次日的早餐时间、地点、出发时间等信息,引导团队客人至电梯口后同全陪导游核对接下来的团队日程以及接待细则。

(8)在从酒店出发前往泰山景区的沿途讲解中要反复多次强调游览过程中的安全问题,抵达景区后在景区游览图前再次强调本团的参观游览线路,尤其是提醒客人保存好相关环山车票、索道票等;参观游览过程中建议客人根据自己的体力量力而行,团队解散自由活动时强调集合时间和地点以及安全问题。

(9)泰山参观完毕返程回酒店的车上在进行完相关讲解后,建议以客人休息为主。

(10)针对第三日早上的自由活动时间,可适当给客人推介曲阜当地的商业街等,建议团队客人三五成群结伴而行,提醒客人注意随身财物安全以及团队集合退房的时间。

(11)对于团队行程中唯一的一个中餐,地陪导游要提前进行电话预订,用餐过程中要及时巡餐,带领客人用好这一中餐。

(12)团队行程中,对于曲阜三孔的参观讲解要细致入微。前一天是山岳景观的游览,由于团队客人体力的差异化可能无法相对集中听讲解,所以在曲阜三孔景区,地陪导游要注意弥补一下前面行程中讲解方面的缺失,参观完毕后,注意提醒客人集合时间和地点,以免误机。

(13)在前往机场送站时要致欢送辞并对全陪以及团队客人表示感谢,在适当的时候电话提醒派团计调团队即将顺利返程,是否需要进行催收团款等工作。

(14)抵达机场后,地陪导游的送机服务同前面全陪一样,但同时地陪导游要注意团队返程前请全陪以及客人领队、客人代表签好团队质量反馈单,有行程变更的,填写相关单据,请全陪签字确认。

(15)送团后按照计划单要求和司机签好车单、结算相关费用,下团后及时到旅行社报账。

实训任务二 双卧团队导游接待实例分析

一、组团社导游接待

无论什么时候,火车出游一直是很多人的首选,尤其是暑假、金秋时节的专列,还有铁路部门针对一些季节性的景观专门开通的旅游专列。夕发朝至的车次安排、亲民的票价、相对准点的抵离时间、距离主城区较近的车站、几乎不受自然天气影响的车次安排等,使得火车出游一直都很受欢迎。一直以来,火车出游也是旅行社接待团队中非常有代表性的,下面我们以北京金桥国旅组织的一个去河南云台山、少林寺出游的双卧团队为例,来分析一下完整的组团社接待的火车双卧游团队细则,旅行社出团计划单(组团社)见表11-7。

表 11-7 旅行社出团计划单(组团社)

接团地址	北京西站广场德克士门口集合	团号	BJQ-160628234	人数	35人	司机	
出团导游	王巨峰/13996035665	时间	6月28日—7月01日	联系人	王郑国(领队)/13856538630		
地接导游	高祥/13862663869	组团社	北京金桥国旅	地接社	河南焦作康辉旅行社		
出发航班/车次	北京西/焦作 K589	时间	10:31—18:50				
返程航班/车次	洛阳/北京西 K1364	时间	19:42—05:42				
时间	团 队 行 程				住宿及用餐		
6月28日	09:20北京西站广场德克士门口集合,10:31乘K589次列车赴焦作,18:50抵达焦作,晚餐后入住酒店				焦作银河花园酒店(含晚餐)		
6月29日	早餐后,前往云台山景区参观(含景区观光车),游览温盘峪(又名红石峡,约2小时),游览小寨沟(又名潭瀑峡,约2小时),下午观云台山主峰——茱萸峰(1308米),后前往凤凰岭玻璃栈道,感受万丈凌空的惊险,参观结束返回酒店				焦作银河花园酒店(含早、晚餐)		
6月30日	早餐后,乘车前往嵩山少林寺景区(车程约3小时),中餐后,参观游览嵩山少林寺(含往返电瓶车,约3小时),晚19:42洛阳火车站送K1364(19:42—05:42)次火车返回北京				火车上(含早、中餐)		

7月01日	05:42抵达北京西站散团,结束愉快的旅程	
备注	1.焦作银河花园酒店(用房18标+1陪同房,领队单独用房)。 2.团队客人中有3名年龄较大者,请细心照顾。 3.导游借款1000元作为紧急处理费用备用。 4.地接导游接站方式:举"接王巨峰贵宾一行36人"。 5.随团赠送旅游帽、徽章,每人一套。 6.返程火车票地接社已出,及时联系地陪导游	

(一)计划单解读

北京金桥国旅导游王巨峰接受旅行社委派,带领一个火车双卧团队去河南云台山、少林寺旅游,按照计划单的约定客人直接在火车站广场集合出发,团队含两早三正餐,主要的游览点有云台山景区、嵩山少林寺,火车抵达用晚餐后入住焦作当地酒店,第二日全天云台山参观游览,第三天从焦作前往嵩山少林寺景区,参观完毕从洛阳站乘火车返回北京,第四天凌晨抵达北京西站就地散团,结束整个团队行程。

(二)接待提示

在本团中,全陪导游王巨峰在带领双卧团队前往河南云台山、少林寺旅游的接待服务过程中一定要注意以下几点。

(1)领计划时注意和确认单进行核对,领计划后联系落实地陪导游、客人领队,明确告知领队团队集合出发的时间和地点,随后以短信形式再次通知。

(2)领好出团物品以及本团的去程火车票,清点数量并妥善保管。

(3)团队出发当日,全陪导游应提前到达和团队游客约定的地点等待团队游客到来,当游客陆续到来时,要主动认识领队、给团队客人做简单的自我介绍、一一提醒游客身份证件是否携带,等团队游客到齐后,配合领队一起分发火车票以及旅行社随团赠送的旅游帽、徽章等。

(4)分发完火车票后,再次清点人数,提醒团队客人注意随身行李物品的安全,随后带领团队客人到火车站"进站"口,提醒客人出示身份证件以及火车票,引导客人进站并配合引导客人安检,进站后提醒客人集中候车,进站上车时注意不要拥挤。

(5)上火车后,全陪导游要明确团队中客人的大体铺位,逐一告知客人大体的抵达时间以及自己所处的车厢铺位,火车到站前再逐一通知团队客人准备携带好行李物品下车集中等候。

(6)团队客人下火车后,全陪导游要再次清点团队人数,同时电话通知地陪导游团队已经到站,用导游旗引导客人有序出站并和地陪导游汇合。

(7)地陪导游接站后,全陪应再次清点人数,提醒客人紧跟地陪导游的旗子上车,抵达旅游车跟前时,将地陪导游引荐给客人领队。

(8)从地陪导游接站时起,全陪、地陪导游应该相互配合,共同努力接待好此次团队。

(9)接团当天用完晚餐入住酒店,全陪导游应积极主动地为团队客人分房并登记房号,待客人进房间后根据情况进行巡房并告知团队客人自己的房间号以及手机号,以便客人能够随时找到自己。

(10)云台山以及嵩山少林寺的游览过程中要注意团队客人的旅游安全,尤其是团队中 3 位年纪较大的游客,时时留意他们的体力情况,提醒他们量力而行。在团队行程结束前提醒地陪导游要及时拿到团队的返程火车票。

(11)团队行程结束后,带团队客人返程回到北京西站是凌晨时分,此时要注意提前提醒客人准备好行李物品后及时下车,带团队统一出站后,和团队客人逐一告别,就地散团。

(12)下团后及时回到旅行社报账。

二、地接社导游接待

同样一个团队,河南焦作地陪导游的团队计划和接待服务细则与北京全陪导游是完全不同的,旅行团队运行计划表(地接社)见表 11－8。

表 11－8 旅行团队运行计划表(地接社)

<table>
<tr>
<td rowspan="2">团号</td>
<td colspan="2">HNJ－1606280243
地接社:河南焦作康辉旅行社</td>
<td>人数</td>
<td>35＋1 人</td>
<td>组团社</td>
<td colspan="2">北京金桥国旅</td>
<td>全陪</td>
<td>王巨峰/
13996035665</td>
</tr>
<tr>
<td rowspan="4">抵离时间</td>
<td rowspan="2">第一次</td>
<td colspan="3">06 月 28 日 18 时 50 分由 北京西 乘 K589 航班/车次抵焦作</td>
<td colspan="2">地陪</td>
<td colspan="2">高祥/
13862663869</td>
</tr>
<tr>
<td colspan="5">06 月 30 日 19 时 42 分乘 K1364 航班/车次赴 北京西</td>
<td>司机</td>
<td>孙康/
15399133677</td>
</tr>
<tr>
<td rowspan="2">第二次</td>
<td colspan="5">月 日 时 分由 乘 航班/车次抵</td>
<td>车型</td>
<td>45 座空调旅游车</td>
</tr>
<tr>
<td colspan="5">月 日 时 分乘 航班/车次赴</td>
<td>车号</td>
<td>豫 CY2068</td>
</tr>
<tr>
<td colspan="2">行程安排</td>
<td>早餐地点</td>
<td>游览景点及时间</td>
<td>午餐地点</td>
<td>游览景点及时间</td>
<td>晚餐地点</td>
<td>购物</td>
<td>自费项目</td>
<td>住宿酒店</td>
</tr>
<tr>
<td colspan="2">06 月 28 日</td>
<td></td>
<td></td>
<td></td>
<td>焦作火车站接 K589(10:31—18:50),入住酒店</td>
<td>宜君餐厅</td>
<td>无</td>
<td></td>
<td>焦作银河花园酒店</td>
</tr>
<tr>
<td colspan="2">06 月 29 日</td>
<td>酒店含早</td>
<td>参观云台山景区(含景区观光车)、红石峡、小寨沟</td>
<td>自理</td>
<td>茱萸峰、凤凰岭玻璃栈道,返回酒店</td>
<td>焦作银河花园酒店</td>
<td>无</td>
<td></td>
<td>焦作银河花园酒店</td>
</tr>
<tr>
<td colspan="2">06 月 30 日</td>
<td>酒店含早</td>
<td>乘车前往少林寺景区(约 3 小时车程)</td>
<td>禅缘食府</td>
<td>参观少林寺(含往返电瓶车),洛阳火车站送 K1364(19:42—05:42)返回北京</td>
<td>自理</td>
<td></td>
<td></td>
<td></td>
</tr>
</table>

续表

备注	1.用房18标＋1陪同房,领队单独入住,房费现付,360×18－360(16 免1)＋100(陪同房)＝6220(元),前台电话:0391－7707111。 2.司机车费:签单。 3.门票:云台山,签单,观光车,60 元/人×35 人＝2100 元;少林寺,门票现付,100 元/人×35 人＝3500 元;往返电瓶车 25 元/人×35 人＝875 元。 4.用餐:宜君餐厅、禅缘食府,签单;银河花园酒店,现付 100 元/人。 5.导游借款:16000 元。 7.导游接站举"接王巨峰贵宾一行 36 人";客人返程火车票请随身携带好		
旅行社投诉电话	0379－63322729	各级旅游执法(质监)机构投诉电话	(区号)＋96927

旅行社公章

(一)计划单解读

河南焦作导游高祥接受旅行社委派,接待这个从北京来的双卧旅游团队,焦作火车站接站,晚餐后入住酒店,团队行程中含云台山、少林寺景区,行程结束后从登封前往洛阳火车站送站返程。团队含两早三正餐,两晚入住焦作同一家酒店,三天行程两大景区,沿途车程相对较长,对游客的体力消耗也比较大。

(二)接待提示

在本团中,地陪导游高祥在接待这个北京双卧团队的过程中一定要注意以下几点。

(1)领计划时注意和确认单进行核对,领计划后及时进行团队入住的酒店落实、上团车辆落实,以及和全陪进行团队接站落实等。

(2)认真核对计划单上的费用预算以及签单数量,并在旅行社财务处进行预借,准备好接站牌等上团物品,尤其是本团的现金额相对较大,注意妥善保管。

(3)接站当天要提前为团队预定晚餐,告知餐厅餐标、进行特殊口味提醒、团队大约抵达时间等;按照约定的时间和司机提前抵达火车站,如果两人是陆续抵达,一定要确认司机的具体停车位置;在火车站动态显示屏上查看本团车次的相关信息,在听到车站广播通知后,拿好导游旗、举起接站牌,站在显眼的位置迎候团队到来。

(4)主动认找团队,接到团队后要和全陪核实团队相关信息,避免接错,再次确认团队人数,告知全陪先去用晚餐然后入住酒店,烦请全陪清点团队人数后带客人有序上车。

(5)致欢迎辞,告知游客接下来的团队安排,带领团队用好第一餐,用餐过程中要及时巡餐,多多征求全陪以及团队客人对用餐的意见和建议。

(6)用完餐后带客人回酒店入住,为团队客人办理入住手续后,配合全陪导游一起分房,强调次日的早餐时间、地点、出发时间等信息,引导团队客人至电梯口后同全陪导游核对接下来的团队日程以及接待细则。

(7)团队行程中云台山景区的游览要反复多次强调游览过程中的安全问题以及本团的参观游览线路,可以建议团队中年纪较大的 3 位游客只游览云台山景区中的精华景点,为明天的出游节省一点体力。另外，提前提醒客人在景区中餐自理，强调自由用餐过程中的食品安全等事项。

（8）云台山景区参观完毕返回酒店用餐时，强调第二天早上的叫早、早餐，以及退房时间，提醒客人用早餐时可以将行李物品带下来，为酒店查房、团队出发节约时间。

（9）针对团队行程中的少林寺景区，由于焦作到登封少林寺之间的车程距离相对较长，地陪导游要注意沿途讲解的内容，可在车上组织活动来调节气氛，同时提醒司机不要疲劳驾驶，在适当的时候在服务区停车，安排客人下车休息。

（10）少林寺景区的参观游览，地陪导游要带领客人集体参观并进行讲解，自由活动解散时一定要强调团队的集合时间和地点，明确告知客人从少林寺景区到洛阳火车站大概需要2小时的车程，提醒客人要遵守时间，以免误火车。

（11）送站途中要致欢送辞并对全陪以及团队客人表示感谢，并将返程火车票交予全陪，清点数量，可在车上配合全陪一起分发火车票；同时请全陪以及客人领队、客人代表签好团队质量反馈单，有行程变更的，填写相关单据，请全陪签字确认；在适当的时候电话提醒派团计调团队即将顺利返程，提醒其进行催收团款等工作。

（12）抵达火车站后，提醒团队客人带好所有行李物品下车，待客人下车后提醒全陪再次上车检查客人是否有物品遗落在车上，用导游旗引导团队客人前往检票口检票进站并和客人一一挥手再见。

（13）送团后按照计划单要求和司机签好车单、结算相关费用，下团后及时到旅行社报账。

实训任务三　单飞单卧团队导游接待实例分析

一、组团社导游接待

我国的旅游资源众多，我们也常说："最美的风景就是在路上！"所以，有的旅游线路在设计的时候就是单飞单卧的行程，比如我们常说的青藏旅游线，从西宁坐火车抵达拉萨可以看到乘坐飞机看不到的美景，青藏铁路、可可西里、唐古拉山脉……而且随着海拔慢慢地升高，进藏旅游的游客也有一个很好地适应过程，参观游览完西藏的美景后，从拉萨直接乘坐飞机返程。另外，有些团队的行程安排也非常适宜在往返大交通的选择上安排单飞单卧出游，单飞单卧团队是旅行社接待旅游团队中比较普遍的一种。下面我们以郑州光大旅行社组织的一个去山东日照、青岛出游的单飞单卧团队为例，来分析一下完整的组团社接待的单飞单卧游团队细则，旅行社出团计划单（组团社）见表11-9。

表11-9　旅行社出团计划单（组团社）

接团地址	郑州火车站广场	团号	ZZQ-160722432	人数	30人	车号	豫A3L278
出团导游	郭明娟/13687645343	时间	7月22日—7月26日	司机			曹涛/13007867543,33座

地接导游	李超/ 13162883862	组团社	郑州光大旅行社	地接社	日照山水旅行社
出发航班/ 车次	郑州—日照 2150	时间	21：00—07：35		
返程航班/ 车次	青岛—郑州 JD5206	时间	13：30—15：20		

时间	团 队 行 程	住宿及用餐
7月22日	19：40 在郑州火车站广场天泉酒店门口集合，21：00 乘 2150 次列车前往日照	火车上（不含餐）
7月23日	早上07：35 抵达日照火车站，后乘车前往海中小岛——桃花岛风情园（含往返快艇，出海捕鱼 100 元/人自理，游览约 2.5 小时），中餐后，乘车前往日照海滨森林公园，可自愿自费选择海上摩托艇、空中飞伞、沙滩车、多人自行车等多种娱乐项目	森林公园内湖心岛宾馆（含中餐）
7月24日	森林公园内全天自由活动	森林公园内湖心岛宾馆（含早餐）
7月25日	早上乘车前往青岛（约 2.5 小时车程），中餐后参观青岛极地海洋世界（约 3.5 小时）后入住酒店	青岛怡堡精品酒店（含早、中、晚餐）
7月26日	早餐后，参观青岛栈桥（约 1 小时）、中山路商业街自由活动和购物，乘车前往流亭国际机场（约 30 分钟），13：30 乘 JD5206 次航班返回郑州，统一乘大巴返回市区二七广场附近散团	（含早餐）
注意事项	1.森林公园内湖心岛宾馆用房：15 标海景房＋1 陪同房；青岛怡堡精品酒店用房：15 标＋1 陪同房。 2.客人领队：王华/13699867766。 3.支付司机接机车费 500 元。 4.导游借款 2000 元作为紧急处理费用备用。 5.地接导游接站方式：举"接郭明娟贵宾一行 31 人"	

（一）计划单解读

　　郑州光大旅行社导游郭明娟接受旅行社委派，带领一个单飞单卧团队去山东日照、青岛旅游，按照计划单的约定，团队乘火车去，飞机返程。整团含三早三正餐，团队行程安排以海滨度假为主。团队乘火车先抵达日照，游览桃花岛风情园，午餐后直接入住日照海滨森林公园内的湖心岛宾馆，次日是一整天的公园内自由活动时间。随后乘旅游大巴前往青岛，主要景区有青岛极地海洋世界、青岛栈桥，还有中山路商业街的自由活动和购物，中午从青岛乘飞机返程回郑州，然后结束整个团队行程。

二、接待提示

　　在本团中，全陪导游郭明娟在带领此单飞单卧团队前往山东日照、青岛旅游的接待服务过程中一定要注意以下几点。

（1）领计划时认真和确认单进行核对，核实团队的相关信息，在旅行社财务处领取出团物品（离站火车票）；领计划后及时和客人领队以及地接导游取得联系，落实接团事宜。

（2）团队火车离站的服务细则同前面双卧团队。

（3）地陪导游接站后直接开始团队行程，团队首站的桃花岛旅游区含快艇往返，但计划单中的"出海捕鱼"活动为客人自费，全陪导游要注意团队客人的反应，地陪可以动员，但是不能强迫客人参加自费活动。

（4）团队入住日照海滨森林公园内的海景房后，有一天的自由活动时间，在地陪导游介绍完景区的相关游览点以及游乐项目后，全陪导游在适当的时候要注意反复多次强调旅游安全和相关注意事项，尤其是本团一天自由活动的用餐卫生和安全，可建议地陪导游适当推荐景区内性价比较高的餐厅供游客选择。

（5）自由活动当天，可在早餐团队客人相对集中时再次强调参加娱乐项目和自由活动期间的安全，要求客人在当天返回酒店休息时以电话或短信形式告知已经安全回到酒店。

（6）团队从日照前往青岛的途中，车程距离较长，全陪应配合地陪一起做好途中服务。团队行程中的青岛栈桥景区为一个半开放型景区，景区游客相对较多，提醒团队游客注意安全，不要到未开放水域嬉水；中山路商业街自由活动和购物前，提醒团队游客注意随身财物的安全，建议团友三五成群、结伴而行，注意团队的集合时间和地点。

（7）团队从青岛流亭机场返程时的服务细则同前面双飞团队，但是要特别注意提前电话联系返程接站司机，飞机抵达后带客人乘大巴回约定的二七广场散团。

（8）下团后及时回到旅行社报账。

二、地接社导游接待

同样一个团队，日照山水旅行社地陪导游的团队计划和接待服务细则与郑州全陪导游是完全不同的，旅游团队运行计划表（地接社）见表 11－10。

表 11－10　旅行团队运行计划表（地接社）

团号	SDJ－160723232 地接社：日照山水旅行社		人数	30＋1 人	组团社	郑州光大旅行社	全陪	郭明娟/ 13687645343
抵离时间	第一次	07 月 23 日 07 时 35 分由郑州　乘　2150　航班/车次抵日照					地陪	李超/ 13162883862
		07 月 26 日 13 时 30 分乘 DJ5206　航班/车次赴郑州					司机	赵小川/ 13688809913
	第二次	月　日　时　分由　乘　航班/车次抵					车型	37 座 空调旅游车
		月　日　时　分乘　航班/车次赴					车号	鲁 LY2068

续表

行程安排	早餐地点	游览景点及时间	午餐地点	游览景点及时间	晚餐地点	购物	自费项目	住宿酒店
07月23日		早07:35日照火车站接2150（21:00—07:35）次列车，参观桃花岛风情园（约2.5小时，出海捕鱼100元/人，费用自理）	福海泉海鲜馆	参观日照海滨森林公园，入住森林公园内酒店	自理	无		日照湖心岛宾馆
07月24日	酒店含早	森林公园内全天自由活动	自理		自理	无		日照湖心岛宾馆
07月25日	酒店含早	早上乘车前往青岛（约2.5小时车程）	甲天下酒楼	中餐后参观青岛极地海洋世界（含欢乐剧场，约3.5小时）后入住酒店	青岛怡堡精品酒店			青岛怡堡精品酒店
07月26日	酒店含早	参观青岛栈桥（约1小时）、中山路商业街自由活动和购物		乘车前往流亭国际机场（约30分钟），13:30乘JD5206次航班返回郑州				
备注	1.日照用房：15海景房＋1陪同房，房费签单，电话：0633-3680388；青岛用房：15标＋2陪同房，现付，260元/人×15人＝3900元（陪同房免），电话：0532-5680300。 2.司机车费：签单（含停过）。 3.门票：桃花岛风情园，日照海滨森林公园，签单（含往返快艇）；青岛栈桥（免费）；青岛极地海洋世界160元/人×30人＝4800元。 4.用餐：福海泉海鲜馆，签单（50元）；甲天下酒楼、怡堡酒店，现付50元/人×30人×2＝3000元。 5.导游借款：12000元。 6.导游接站：举"接郭明娟贵宾一行31人"。							
旅行社投诉电话	0633-8565856			各级旅游执法（质监）机构投诉电话				（区号）＋96927

（一）计划单解读

　　日照山水旅行社导游李超接受旅行社委派，接待这个从郑州来山东日照、青岛的单飞单卧旅游团，团队乘火车抵达日照，完成在日照海边的两日团队行程后，乘旅游大巴到青岛，参观青岛极地海洋世界、青岛栈桥以及中山路自由活动和购物后，从青岛流亭机场乘飞机返回郑州。

整个团队住宿两家酒店,含三早三正餐,团队主题以海滨休闲度假为主。

(二)接待提示

在本团中,地陪导游李超在接待整个过程中一定要注意以下几点。

(1)领计划时注意和确认单进行核对,领计划后及时进行团队入住的两家酒店落实、上团车辆落实、和全陪进行团队接站落实等。

(2)认真核对计划单上的费用预算以及签单数量,并在旅行社财务处进行预借,准备好接站牌等上团物品,尤其是本团的现金额相对较大,注意妥善保管。

(3)接站当天要提前为团队预订中餐,告知餐厅餐标、特殊口味、团队大约抵达时间等;接火车的服务流程参考前面双卧团队服务细则。

(4)本团接站后直接带领团队前往桃花岛风情园游览,因为是此次游览行程的首站,所以地陪导游一定要提醒团队游客将贵重物品、有效证件等随身携带,同时提醒团友做好防晒措施等;对于景区中的自费项目"出海捕鱼",地陪导游可以适当推介,但需在征求全体游客同意的情况下新增,不得强迫游客参加。

(5)提前预订过的中餐,也是本团行程中的第一餐,地陪导游要带团队用好午餐;用餐前重点强调吃海鲜时的注意事项,建议客人以"品尝"的心态来用餐,因为在海滨城市用餐有一个适应的过程。

(6)本团所入住的酒店位于团队行程中的景区内,所以地陪导游应该安排客人先入住酒店,放下行李,稍事休息调整后再带领团队客人参观景区。

(7)抵达团队所入住的酒店,地陪导游要特别提醒团队游客将所有行李物品都带下车,因为下午和次日的团队行程都将在景区内活动,不用车。

(8)团队入住酒店休息调整后,在出发前往海滨森林公园的游览行程中,地陪导游应该将景区的游览线路、娱乐项目、饮食消费等情况一一详细地介绍给团队客人,建议团友下午先游览景区内的文化旅游区,自由活动时去体验景区内的娱乐项目。

(9)因为本团是入住在景区内的酒店,加上后一天是全天在公园内的自由活动时间,所以地陪导游需强调,如果有人外出,可在前台写书面说明并办理相关手续。

(10)对于团队接下来一整天在海滨公园内的自由活动时间,地陪导游在当天行程结束时要做好相关引导和安全警示工作,并提醒后一天团队叫早、早餐以及退房时间。

(11)团队从日照前往青岛的途中,车程距离较长,地陪应当和全陪一起做好途中服务。

(12)抵达青岛后的极地海洋世界景区的参观,建议大家先紧跟团队游览,观看完欢乐剧场演出后再安排自由活动时间。

(13)团队入住青岛当地的酒店,除安排好团队客人外,地陪导游还需要安排好上团司机和自己的陪同房。

(14)青岛栈桥景区的参观一定要强调安全事项,尤其是中山路商业街自由活动时,建议客人结伴而行,提醒团队的集合时间和地点,将送机航班时间等信息明确地告诉游客,以免误机。

(15)团队送机的服务细则同前面全陪导游双飞游以及地陪导游双飞游。

(16)青岛流亭国际机场送团队客人返程后,同上团司机一起返程回到日照,并按照计划单要求和司机签好车单、结算相关费用,下团后及时到旅行社报账。

实训任务四 自备车旅游团队导游接待实例分析

一、组团社导游接待

　　自备车旅游团队是指乘坐旅游公司的旅游大巴或者自驾车去异地旅游的旅游团队。现在的自备车旅游团队分为两种:一种是由旅行社或者旅游公司组织游客出游,从本城市乘坐大巴出游到异地;还有一种是游客自驾出游,由旅行社来规划线路,派出相关随团导游以及联络异地的接待事宜等。无论是哪一种方式,自备车出游都不同于飞机、火车、高铁等传统的交通工具,沿途不可预见的情况也比较多,加上长距离的行车游客容易感到疲劳、旅途中的不确定隐患等,使以前自备车旅游团队都是旅行社接待团队中的小众。但是,由于费用预算不高、不同地域(省份)之间车价的差异、高速公路的发展等众多因素,近几年来,越来越多的自备车旅游团队出现在了异地的旅游景区,旅行社以及导游接待外地自备车旅游团队的机会也越来越多了。下面我们以石家庄春秋国旅组织的一个去山西平遥古城、壶口瀑布和陕西延安出游地跨两省地接的旅游团队为例,来分析一下完整的组团社接待的自备车出游团队服务细则,旅行社出团计划单(组团社)见表 11-11。

表 11-11　旅行社出团计划单(组团社)

接团地址	春秋国旅门口集合	团号	SJZC-38-160808121	人数	36 人	车号	冀 A2L013
出团导游	赵卫国/13676534322	时间	8月8日—8月11日	司机	孙明科/13598923222,45 座空调车		
地接导游	(山西段)王浩/13831682862	组团社	石家庄春秋国旅	地接社	1. 太原大地旅行社 2. 延安新华旅行社		
出发航班/车次	石家庄—太原	时间	07:00—10:30				
中转航班/车次	平遥—壶口	时间	07:30—12:00				
中转航班/车次	壶口—延安	时间	15:00—17:00				
返程航班/车次	延安—石家庄	时间	08:00—16:00				
时间	团 队 行 程				住宿及用餐		
8月8日	早 07:00 旅行社门口集合出发,前往太原,导游高速路口接团后前往平遥古城用中餐,中餐后前往平遥古城入住酒店,下午游览平遥古城(含平遥古城大通票)				平遥福康居客栈(含中餐)		

续表

8月9日	早餐后,乘车出发前往山西吉县,中餐后游览壶口瀑布,之后前往延安,入住酒店	延安亚圣大酒店(含早、中、晚餐)
8月10日	早餐后,参观枣园、杨家岭、革命纪念馆,宝塔山下延河边自由活动,观看大型舞剧《延安保育院》	延安亚圣大酒店(含早、中、晚餐)
8月11日	早餐后,乘旅游大巴返回石家庄(约8小时车程),返回市区后文化广场附近散团	含早餐
备注	1.客人领队:王启华,电话13567656555。 2.山西平遥福康居客栈(住一晚);延安亚圣大酒店(住两晚)(用房18标+1陪同房)。 3.导游借款16000元,除支付司机车费、团款外,作为紧急处理费用备用。 4.地接导游接站方式:山西导游太原高速路出口接,延安导游延安高速路出口接(延安导游联系方式:方明海/13891078676)。 5.司机车费签单(停过现付);接团时现付山西导游11600元团款;接团时现付延安导游2510元团款。 6.每天每人提供矿泉水一瓶	

(一)计划单解读

石家庄春秋国旅导游赵卫国接受旅行社委派,带领一个36人的自备车旅游团队去山西平遥古城、壶口瀑布和陕西延安旅游。团队乘旅行社安排的旅游大巴往返,需要山西、陕西两省地接社的协助接待。团队在山西平遥古城住宿一晚,在陕西延安住宿两晚,团队中含3早5正餐以及计划内的歌舞剧《延安保育院》,团队行程结束后从延安返回石家庄,整个团队行程历时4天,行车距离接近1700多公里。

(二)接待提示

在本团中,全陪导游赵卫国在带领此自备车团队前往山西平遥古城、壶口瀑布和陕西延安旅游的接待服务过程中一定要注意以下几点。

(1)领计划时认真和山西、陕西两地的团队确认单进行核对,核实团队的相关信息;在旅行社财务处预借团款并妥善保管;领计划后及时和客人领队以及山西、陕西两地的地接导游取得联系,落实接团事宜,尤其是和接站导游电话沟通落实接团地点等事项。

(2)和出团司机取得联系,落实出团事宜,提醒司机检查好车况、打扫好车内卫生、委托司机提前购买出团沿途中给客人提供的矿泉水、商议大概行车线路以及对不熟悉路况的及时查询等。

(3)出团当天提前抵达旅行社门口等待团队游客到来,并积极主动地和陆续到来的游客打招呼,提醒客人是否携带身份证件,主动认找领队并和领队核实团队信息;对于自备车出团的行李物品,全陪导游在出发时要特别注意提醒客人将大件行李放到行李箱,贵重物品随身携带,提醒团队以往有晕车症状的客人尽量前排就座等;等全部人员到齐后,再次清点人数,通知司机开车。

(4)车子启动,全陪导游致欢迎辞后,要强调自备车出游的注意事项,如提醒游客一定要保持车内的环境卫生,长途旅行不要在车厢里来回走动、打闹,团队游客坚决不允许在车厢内吸烟,行车途中有上洗手间的要提前告知车上的司陪人员,等等。

（5）本团是自备车出游团队,石家庄距离太原有近 4 小时车程,所以全陪导游还要注意时刻提醒司机不要疲劳驾驶,在适当的时候和司机商议在服务区停车并安排团队游客下车休息,并随时和山西导游保持电话联系,确认团队的抵达时间以及接站地点等。

（6）在团队即将抵达提前约定的太原高速路出口时,全陪导游应该电话联系山西地陪导游,再次确认接团地点并告知团队的车型和车牌号,叮嘱地陪在方便停车的地方等候旅游团队。

（7）地陪导游顺利接团上车后,全陪导游应配合地陪的工作,共同搞好山西段的接待工作,同时注意在适当的时候将旅行社委托转交给山西地陪导游的团款支付给对方并按照要求拿到发票（或相关收据）。

（8）山西站导游接站后,用完中餐先入住酒店,全陪导游要注意妥善安排好随团司机的住宿,并提醒地陪导游给客人预留一定的休息调整时间再参观平遥古城,同时提醒游客在平遥古城自由活动以及自由用晚餐时的安全、卫生问题。

（9）在壶口瀑布景区游览时要提醒客人注意安全,请勿到未开放区域内游玩,在山西段用中餐的同时电话联系陕西延安段的导游,通知其团队抵达延安的大概时间。

（10）山西段导游在壶口瀑布送团后,从山西吉县壶口瀑布到延安段的途中,要随时和陕西段导游保持电话联系,进一步明确接团时间和地点。

（11）陕西延安导游自备车接站服务细则同山西段,团队抵达延安后先入住酒店,休息调整后用晚餐,但要提醒出门自由活动的游客结伴而行,注意安全。

（12）延安是红色教育基地,所有景区的参观游览要提醒客人注意形象,同时配合陕西延安地陪导游的工作,组织游客观看大型舞剧《延安保育院》并有序退场。

（13）团队最后从延安返程回石家庄之前,要注意提醒出团司机再次检查车况、提前准备好沿途团队用水等,返程途中注意和司机商议在适当的服务区停车并引导团队游客在停车休息时自由用中餐。

（14）即将抵达时,全陪导游要致欢送辞,对领队以及团队客人表示感谢,并号召全体游客对司机一路上的辛劳表示感谢,有团队变更的提前做好团队变更并让领队签字,同时请领队以及游客代表填写质量反馈表,将客人送到约定的散团地点,提醒客人带好所有行李物品并和客人一一再见后散团。

（15）再次向司机表示感谢,按照计划单的要求给司机签好车单,现金结算停过费用以及司机垫付的团队用水费用,收回相关票据。

（16）下团后按照旅行社要求及时报账。

二、地接社导游接待

虽然对于石家庄春秋国旅的全陪导游来说这是一个团队,但实际上却是山西太原大地旅行社和陕西延安新华旅行社两家旅行社来接待的,这两家旅行社的地陪导游的团队计划和接待服务细则与石家庄的全陪导游是完全不同的,其计划单见表 11-12、表 11-13。

表11-12　旅行团队运行计划表（地接社）

团号	SXJ-160080867 地接社：山西太原大地旅行社		人数	36＋2人	组团社	石家庄春秋国旅	全陪	赵卫国/ 13676534322
抵离时间	第一次	08月08日10时30分由 石家庄 乘 自备车 航班/车次抵 太原				地陪		王浩/ 13831682862
		08月09日15时00分乘 自备车 航班/车次赴延安				司机		
	第二次	月 日 时 分由 乘 航班/车次抵				车型		自备车
		月 日 时 分乘 航班/车次赴				车号		

行程安排	早餐地点	游览景点及时间	午餐地点	游览景点及时间	晚餐地点	购物	自费项目	住宿酒店
8月8日		约10:30太原高速路出口处接团，前往平遥古城用中餐	平遥福康居客栈	平遥古城参观游览（大通票）	自理	无		平遥福康居客栈
8月9日	酒店含早	前往吉县（约4小时）壶口瀑布景区	晋乡村	吉县壶口瀑布参观游览，壶口送团		无		

备注	1.用房：18标＋3陪同床，房费签单，免三司陪，前台电话：0354-5682902。 2.门票：平遥古城，现付大通票120元/人×36人＝4320元；壶口瀑布：签单。 3.用餐（签单）：福康居客栈（0354-5682904）；晋乡村（0357-7986086），餐标40元/人。 4.导游借款：500元；接团时现收全陪导游团款11600元，并将发票带给对方。 5.从壶口返回太原市区车已联系好，联系人张红军/13562587456。 6.导游接站：太原高速路出口接站，请提前联系全陪导游，提前抵达接站地

旅行社投诉电话	0351-8565856	各级旅游执法（质监）机构投诉电话	（区号）＋96927

旅行社公章

表 11－13　导游计划单

地陪：方明海/13891078676

组团社名：石家庄春秋国旅/地接社：延安新华				团号：YAXH－0809354		人数：36＋2
用房间数：18 标＋1 陪同房（全陪和自备车司机拼住）						
抵达日期：08 月 09 日		航班时间：壶口—延安，15：00—17：00（自备车）				
离站日期：08 月 11 日		航班时间：延安—石家庄，08：00—16：00（自备车）				
全陪：赵卫国/13676534322		客人领队：王启华，电话 13567656555				
日期	早餐	景点		午餐	晚餐	住宿酒店
8月9日		约 17：00 延安十里铺转盘处接团，入住酒店后用晚餐			延安亚圣大酒店	延安亚圣大酒店
8月10日	酒店含早	早餐后，参观枣园、杨家岭、革命纪念馆，宝塔山下延河边自由活动留影，观看大型舞剧《延安保育院》		四妹子餐厅	君豪餐厅	延安亚圣大酒店
8月11日	酒店含早	早餐后，酒店送团				
接　待　标　准						
用车	自备车，司机孙明科/13598923222,45 座					
用餐	酒店含早；正餐：三正餐，全部签单（40 元/人）					
注意事项	1.用房：18 标＋1 陪同房（全陪和司机拼住，已协调好），房费签单，免两司陪，前台电话0911－2138777。 2.门票：枣园、杨家岭、革命纪念馆免票，注意提前预约。 3.《延安保育院》门票：现付，100 元/人×36 人＝3600 元；联系人：张晓军/13678766677。 4.用餐（签单）：延安亚圣大酒店、四妹子餐厅、君豪餐厅。 5.导游借款：1500 元；接团时现收全陪导游团款 2510 元，并将发票带给对方。 6.导游接站：延安十里铺转盘处接团，请提前联系全陪导游，提前抵达接站地。 7.团款：1500 元					

（一）计划单解读

　　山西太原大地旅行社导游王浩以及陕西延安新华导游方明海其实接待的是一个旅行社的自备车团队，团队自备车从石家庄出发，先到山西太原，由山西太原大地旅行社导游王浩接待，参观平遥古城、吉县壶口瀑布，在平遥古城内住宿一晚，山西段含一早两正餐，第二天山西导游从壶口景区送团，这样山西段的接待工作就结束了。

　　接下来，团队在全陪导游的带领下从壶口瀑布景区继续乘自备车前往延安，陕西延安新华导游方明海在延安接站，接站后直接入住延安，第二天带领团队游览枣园、杨家岭、革命纪念馆，观看大型舞剧《延安保育院》，在延安住宿两晚，陕西延安段含两早三正餐，第三天早餐后团队从延安返程，乘自备车返回石家庄，结束整个的团队行程。

（二）接待提示

看似简单的四天行程，却有两个省份的两家地接社来接待，那么山西、陕西的地陪导游在接待这种自备车旅游团队的过程中一定要注意以下几点。

（1）领计划时注意和团队确认单进行核对（组团社应该给山西、陕西两家地接社发了两份内容不同的确认单），领计划后及时和团队入住的酒店进行落实，和全陪进行团队接站落实等。

（2）认真核对计划单上的费用预算以及签单数量，并在旅行社财务处进行预借，特别注意在旅行社财务处领取现收团款后开具给对方的发票；陕西段导游还要注意进行计划内的舞剧演出《延安保育院》票务预订（或确认）工作。

（3）接站当天要提前为团队预订中餐（山西段导游预订中餐，陕西导游要提前为团队预订晚餐），告知餐厅餐标、特殊口味、团队大约抵达时间等。

（4）接站当天要提前抵达约定的接站地点，尤其是自备车旅游团队，由于交通不甚方便，因此要预留出充足的时间，随时和自备车全陪保持联系，尤其是要用电话指引自备车旅游团队下高速后的行车线路，再次确认自备车旅游团队的车型/车牌号，然后站在方便停车的地方迎接旅游团。

（5）地陪导游在接到团队上车后，除了致欢迎辞，还有一项特别重要的任务就是沿途讲解中要给司机指路，要特别注意提前告知司机大概的行车线路，尤其是变道/拐弯时一定提前告知，指路途中多用左拐、右拐、直行等词汇。

（6）地陪导游在接团后，在适当的时候要和全陪办理团款结算手续，认真清点团款金额，确认无误后，将旅行社委托的发票转交全陪。

（7）山西段导游在平遥古城的参观游览要特别注意明确告知客人参观游览线路，客人所入住客栈在古城的大体方位，尤其是自由活动时建议客人三五成群、结伴而行；壶口瀑布景区注意强调游览安全。

（8）陕西段导游在带领团队参观枣园、杨家岭、革命纪念馆等红色景区前，要按照景区要求提前进行票务预约，保证团队顺利参观。按照演出的预定时间要求，组织游客前去观看《延安保育院》的舞剧演出，并进行相关讲解。

（9）山西段导游在壶口瀑布景区，要提前签好团队质量反馈单、变更单等，送团时要致欢送辞、告知自备车司机大体的行车线路、将自备车引领到大路口后下车并和团队游客挥手再见，同时及时联系社里为自己联系的顺车，及时返回太原市区。

（10）陕西段导游在延安送团前，要提醒全陪是否需要给车上补充客人沿途用水、食物等物资，如果需要，地陪导游要积极配合；同样，需将自备车引领到大路口后送团。

（11）下团后，两地接社导游各自回到旅行社按照要求及时报账。

🏠 **实战训练**

多日游常见团队导游接待工作

训练项目	多日游常见团队导游接待工作
训练要求	1.利用"导游实战演练平台"实训设备,完成双飞、双卧、单飞单卧旅游团队的接待工作。 2.熟练掌握双飞、双卧、单飞单卧旅游团队导游服务程序与方法。 3.掌握解决接待过程中问题的处理方法
训练地点	模拟实训室
训练材料	多媒体设备("导游实战演练平台"实训设备)
训练内容与步骤	一、训练准备 1.把学生分为若干个小组,分别饰演导游、游客。 2.布置模拟现场场景的实训环境。 3.利用"导游实战演练平台"实训设备完成所接团队的所有工作程序。 4.解决接团过程中出现的问题。 二、训练过程 1.认真阅读旅游接待计划,了解团队游览活动内容及日程安排。 2.学生模拟导游员带团,完成所有规定的接待项目。 3.学生总结接待提示。 4.教师点评与考核。 三、训练结束
主要观测点	1.双飞、双卧、单飞单卧旅游团队接待工作的规范性与技巧。 2.应变能力与团队合作意识

自备车旅游团队导游接待工作

训练项目	自备车旅游团队导游接待工作
训练要求	1.利用"导游实战演练平台"实训设备完成自备车旅游团队的接待工作。 2.熟练掌握自备车旅游团队导游服务程序与方法。 3.掌握解决接待过程中问题的处理方法
训练地点	模拟实训室
训练材料	多媒体设备("导游实战演练平台"实训设备)
训练内容与步骤	一、训练准备 1.把学生分为若干个小组,分别饰演导游、游客。 2.布置模拟现场场景的实训环境。 3.利用"导游实战演练平台"实训设备完成所接团队的所有工作程序。 4.解决接团过程中出现的问题。

续表

训练内容与步骤	二、训练过程 1.认真阅读旅游接待计划,了解团队游览活动内容及日程安排。 2.学生模拟导游员带团,完成所有规定的接待项目。 3.学生总结接待提示。 4.教师点评与考核。 三、训练结束
主要观测点	1.自备车旅游团队导游接待工作的规范性与技巧。 2.应变能力与团队合作意识

❓ 课后思考

1.简述散客旅游与团队旅游的区别。

2.简述会务团队的分类。

3.简述不同种类一日游团队的接待工作方法。

4.简述不同种类多日游团队的接待工作方法。

5.利用"导游实战演练平台"完成不同类别旅游团队的接团任务。

参 考 文 献

[1] 岳冬菊.导游带团实用教程[M].西安:陕西师范大学出版社,2019.

[2] 全国导游资格考试统编教材专家组.导游业务[M].5版.北京:中国旅游出版社,2020.

[3] 张建梅.导游实务[M].上海:上海交通大学出版社,2016.

[4] 王煜琴.模拟导游[M].北京:旅游教育出版社,2011.

[5] 曾艳,濮元生.模拟导游实训教程[M].北京:中国轻工业出版社,2014.

[6] 王喜华.模拟导游实训教程[M].厦门:厦门大学出版社,2012.

[7] 张金霞.导游接待礼仪[M].北京:旅游教育出版社,2007.

[8] 杜炜,张建梅.导游业务[M].3版.北京:高等教育出版社,2018.

[9] 赵冉冉.导游应急处理一本通[M].北京:旅游教育出版社,2008.

[10] 周晓梅.导游带团技能一本通[M].北京:旅游教育出版社,2007.

[11] 朱红霞,佘曙初.新编导游业务实训教程[M].杭州:浙江大学出版社,2012.

[12] 梁文生.导游实务[M].济南:山东科学技术出版社,2010.

[13] 杨培玉.导游技能[M].天津:南开大学出版社,2005.

[14] 叶骁军.导游技能实务[M].天津:南开大学出版社,2008.

[15] 孙乐中.导游实用礼仪[M].北京:中国旅游出版社,2005.

[16] 胡静.实用礼仪教程[M].2版.武汉:武汉大学出版社,2007.

[17] 熊剑平.导游实务与案例[M].武汉:湖北教育出版社,2014.

[18] 殷开明.导游实务[M].镇江:江苏大学出版社,2018.

[19] 杨红颖,王雪梅.旅游服务礼仪[M].重庆:重庆大学出版社,2016.

[20] 田莉.旅游礼仪实务[M].2版.北京:中国铁道出版社,2017.

[21] 谢丽英.新编基础礼仪教程[M].长春:吉林人民出版社,2019.

[22] 洪玲,欧阳代越,贾芸.职业形象塑造[M].重庆:重庆大学出版社,2016.

[23] 樊莲香,阿理,汤海燕.形体与形象塑造[M].广州:中山大学出版社,2004.

[24] 李俊.旅游服务礼仪[M].2版.武汉:武汉大学出版社,2012.

[25] 艾建玲.旅游礼仪教程[M].长沙:湖南大学出版社,2006.

[26] 中国旅游协会旅游教育分会.优秀导游词集锦(Ⅱ)[M].北京:旅游教育出版社,2018.